세효각 백씨 이야기

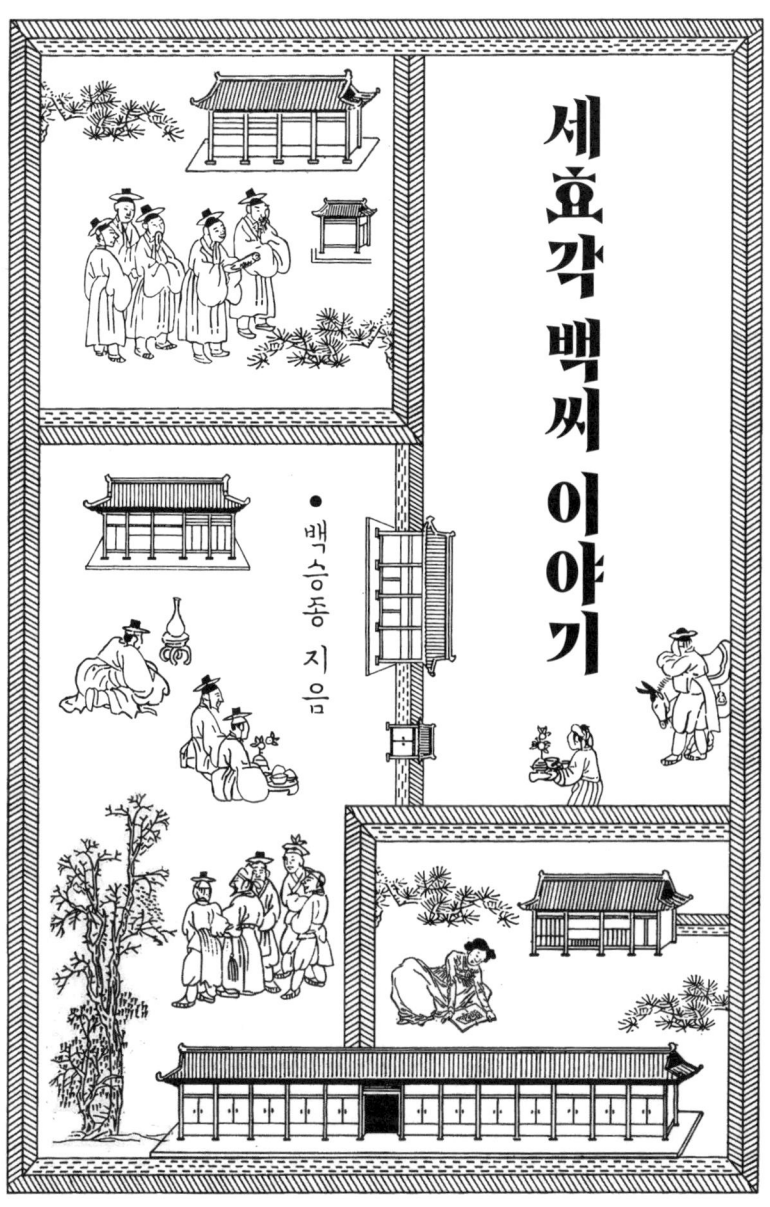

세효각 백씨 이야기

● 백승동 지음

사우

머리말

....

이 책은 세효각世孝閣 사람들, 즉 글쓴이의 선조에 관한 이야기이다. 그들의 성은 백白이며 본관은 수원水原인데 지난 4백 년 동안 줄곧 전주에 살았다. 책에 등장하는 인물 중에는 김구 선생이나 안중근 의사 또는 황희 정승이나 다산 정약용처럼 이름 석 자만 들으면 누구나 알아차릴 만큼 유명한 인물은 없다. 조선시대 평범한 선비들의 이야기인 것이다.

독자 가운데 '세효각'이 무엇인지 아는 이는 거의 없을 것이다. 그러므로 다음 세 가지 사항을 먼저 간략히 밝히고자 한다. 세효각 사람들은 누구인지, 이 책은 왜 쓰이게 되었는지, 그리고 이 책의 주요 내용이 무엇인지에 대해 차례로 서술할 것이다.

세효각과 세효각 사람들

세효각世孝閣이라는 용어는 사전에 나오지 않는다. 그러나 글자를 한 자씩 풀이하면 그 뜻이 금세 드러난다. 대대로(世) 효자(孝)가 나온 집안閤이란 말이다. 글쓴이의 집안에서는 14명의 효자와 3명의 열녀가 나왔다. 조선시대에는 효자와 열녀가 나오면 정려旌閭가 내리기 마련이었다. 예전에는 고을마다 효자, 열녀 또는 충신을 기념하는 공간이 많았다.

　전주에 살던 글쓴이의 선조 중에는 효자가 여럿이었으므로 헌종은 "세효려世孝閭"라고 하는 글씨를 어필御筆로 적은 현판을 만들어 하사했다고 한다. 후세에 별로 인기가 없는 헌종이지만 알고 보면 학문이 깊은 왕이었다고 한다. 고궁박물관에는 헌종이 친히 새긴 인장印章도 여러 개 있다. 바로 그런 왕이 "세효"라는 표현으로 시골의 한 선비 집안을 일컬었다는 사실은, 가문의 무한한 영광이 아닐 수 없었다. 그런 이유로, "세효각 사람들"이라는 호칭이 등장했다.

　세효각의 역사는 임진왜란 때 전주로 피난한 영곡靈谷 백구민白龜民이란 선비에서 시작된다. 그의 4대 종손인 중암重庵 백상희白尙熙로부터 효행의 역사가 대대로 이어졌다. 글쓴이는 중암의 8대손이자 영곡의 12대손이다.

한 집안의 소소한 역사를 기록한다는 것

이 책을 쓰는 동안 글쓴이는 "종자저장소Seed Vault"라는 단어를 가끔 떠올렸다. 이 시설은 핵전쟁, 기상이변 또는 예기치 못한 재난으로 식물 자원이 고갈될 사태에 대비하여, 전 세계의 식물 종자를 최대한 수집·보관하는 목적을 지닌다. 세계에서 가장 잘 알려진 종자저장소는 노르웨이 스발바르 제도에 있으며, 더 정확히는 스피츠베르겐 섬의 지하 깊은 곳에 자리하고 있다. 우리나라의 경상북도 봉화군에도 중요한 종자저장소 하나가 더 있다. 지하 깊숙이 저장고를 만들어 섭씨 영하 20도를 유지하며 100만 점에 달하는 종자를 영구 보관하게 될 것이라고 한다.

이러한 종자저장소가 식물에만 국한되어야 할 이유는 없다. 인류의 기억에서 사라질 가능성이 있는 모든 역사적 기록도 어딘가에 저장해두면 좋겠다. 곰곰이 따져보면, 이 책에서 서술한 자잘한 이야기도 지금 기록해두지 않으면 곧 망각의 늪에 빠지고 말 것이다. 선조에 관한 글쓴이의 이야기는 어쩌면 그리 대단한 것이 아닐 수도 있다. 그러나 별다르게 내세울 것 없는 그와 같은 소소한 역사적 경험들이 축적되어 현재의 글쓴이를 만들었다고 볼 수도 있다.

어디 글쓴이 한 사람만 그렇겠는가. 이 책을 손에 쥔 여러분도 대개는 그와 비슷한 처지일 것으로 짐작한다. 우리 모두의 가슴속에는 이 책에 담긴 이야기와 거의 같거나 매우 닮은 또 다른 삶의 기억들이 조용히 숨 쉬고 있을 것이다. 만일 우리가 각자 간직해온 소소한 역사적 기억들을 빠짐없이 채록할 수 있다면, 그것이 곧 역사와 문화에 관한 종자저장소가 될 것이다. 그처럼 수집된 기억의 종자가 다양하고 풍부할수록, 인류의 문화는 더욱 깊어지고 넓어질 것이며, 우리의 삶도 질적으로 향상될 것이다. 이 책을 쓰는 이유는 바로 그러한 인식에 있다.

세효각 이야기에 담긴 흥미로운 역사적 기록

이 책은 지난 수백 년 동안 글쓴이의 집안에서 일어난 이야기인데, 물샐틈없이 정밀한 기록은 아니다. 공사公私의 문서에 기록되어 있거나 구전口傳으로 전해진 단편적인 이야기들을 모아 정리한 것에 불과하다. 마침 글쓴이가 역사가라서 헝클어진 여러 자료와 기억을 각 시대의 역사적 맥락에 맞게 정리할 수 있었다.

세효각 백씨 이야기는 가까운 과거에서 먼 과거로 시점이 이동하는 방식을 선택했다. 따라서 글쓴이는 우선 한국 근현대의 가족사부터 털어놓는다. 먼저 자신의 할아버지 청계靑溪(휘 남룡)가 겪은 다양한 사건을 중심으로 설명이 전개된다(제1장). 이어 청계의 혼인을 주도한 처조부 긍농肯農(휘 박준필)의 삶으로 시선을 옮긴다. 긍농은 학자이자 실무 관료로서 구한말의 역사 속에서 보조적인 역할을 담당한 인물이었다(제2장). 곧이어 이야기는 청계의 어머니 신씨 부인과 외조모 이씨 부인 등 이 집안 여성들의 책에 대한 깊은 애정에 초점을 맞춘다. 그 서술의 흐름에서, 청계의 아버지 수졸재(휘 낙기)가 겪어야 했던 시대적 고통에 대해서도 일정한 지면이 할애된다(제3장).

이후에 글쓴이는 18~19세기 세효각의 전통에 관해 서술한다. 전주라는 조선시대의 대도시에 세거한 선비 집안의 학문적 취향과 생활방식에 나타난 특징을 분석한 것이다. 이 과정에서 글쓴이는 청계의 조부 흑석(휘 인수)과 증조부 이은(휘 추진) 및 고조부 풍암(휘 동량)에 관한 다채로운 이야기를 차례로 풀어낸다(제4장~제6장). 흑석은 구한말 내우외환 속에서 깊은 고뇌에 빠졌으나, 이웃 사랑을 실천하며 삶의 자세를 잃지 않았다. 그의 아버지 이은은 사회가 아직 덜 불안하였던 만큼 문중서당을 건립하는 등 한결 적극적으로 여러 활동을 전개했다.

청계의 5대조 고암(휘 사성)과 6대조 중암(휘 상희)은 숙종부터 순조 때에 이르는 기간이었다(제7장~제8장). 돌이켜 보면, 그들 부자父子가 곧 "세효각"이란 집안의 전통을 본격적으로 만든 이였다. 특히 중암은 영조 때 전주 성안에 대형 화재사건이 일어났을 때 신기하게도 아무런 피해를 보지 않았다. 사람들은 그의 효행이 하늘을 감동하게 했다고 믿었는데, 이 사건으로 중암은 조정의 관심을 끌기도 했다.

이처럼 세효각의 역사를 서술한 글쓴이는, 시간을 거슬러 올라가며 집안의 역사를 쓴다. 이야기는 조선 초기부터 고려시대를 가로질러 통일신라 말기까지 거침없이 달려간다(제9장). 그러고는 시선을 다시 현대로 옮겨 청계(휘 남룡)의 아들과 딸들에 관하여, 특히 글쓴이의 아버지인 은석(휘 정기)에 초점을 맞춘다(제10장). 끝으로, 글쓴이 자신이 역사가로 살아온 과정을 담담히 서술하며 이야기를 맺는다(남은 이야기).

이 책은 이른바 "세효각 백씨"의 역사적 기억을 쏟아놓은 것만으로 보기는 어렵다. 각 장에서 글쓴이는 역사에 관심이 있는 시민이라면 누구라도 흥미를 느낄 만한 주제를 2~4가지씩 다루고 있다. 소소한 것이지만 쉽게 구하기 어려운 여러 가지 문서도 소개한다. 예컨대 1949년에 작성한 자동차 매매계약서도 있고, 구한말에 탁지아문에서 지방 관서에 내려보낸 공문서도 등장한다. 또, 세효각 할머니들이 고소설을 읽고 쓴 독후감이라든가 필사본을 만들 때 기록한 일종의 작업일지도 있다. 조정의 유명 인사가 써 보낸 만사(輓詞)도 우리의 눈길을 끈다.

감사의 말씀

책을 쓰기란 참으로 어려운 일이다. 자료를 수집하고 분석해 누구나 이해할 만한 문장으로 정리하기도 쉽지 않고, 그렇게 만든 원고를 출판에 붙이기란 더더욱 어렵다. 이 글을 쓰는 과정에서 글쓴이는 여러 인사로부터 따뜻한 격려와 응원, 그리고 실질적인 도움을 받았다. 실명을 밝혀 일일이 감사드릴 수는 없으나 그런 덕택에 이 책이 완성되었으므로 고개 숙여 감사드린다.

애는 썼으나 글쓴이가 만든 원고에는 거친 생각과 정연하지 못한 서술이 곳곳에 발견되는 등 부족함이 많았다. 사우 출판사 편집진의 노고가 없었더라면 읽을 만한 책이 되기 어려웠을 것이다. 지난 10년 이상 부족한 글쓴이를 도와 여러 권의 책을 만들어준 은혜를 다시 한번 가슴에 새긴다.

책을 쓸 때마다 글쓴이는 아내 최은미에게 큰 신세를 진다. 이번에도 엉성한 원고를 철저히 검토해 잘못된 문맥을 바로잡아주고, 글의 맥락과 순서가 제대로 되었는지를 함께 고민해주었다. 아내의 헌신적인 도움이 없었더라면 원고가 완성될 수 없었을 것이다.

여러모로 부족한 책이지만, 이 책을 조부모님과 부모님 영전에

바친다. 특히 글쓴이에게 이름을 지어주신 조부 청계 선생의 은혜
가 뼈에 사무친다.

"승종아, 네 이름에 승承이란 한 글자를 넣은 데는 할아비의 간절
한 뜻이 있다. 너는 집안의 전통을 꼭 이어야 한다."

2025년 을사년 초겨울에 평택 석양재石羊齋에서

저자 백승종 삼가

夫者殆庶義焉親孝之淩薾摶而一道家禮籜

廬墓剛朝夕哀薾遠士近讀咸補其孝脈既古昏日省墓怵惕遑細

不忘遽歸如是者二十年蓋一日西墓前拜跪之時兩膝所着忱而

之咸坎洊淚所淙草 之畫枯此崔非誠孝之至文者予愴此兩世

至行誠曠代罕有而且其異讀若是相應王祥之冬鯉孟宗之冬筝

美獨尊義屯哉 蓋前渡迎相李公鐫刑李公教柬甄刻 啟聞

庚子癸卯兩年次苹表揚特其旋門斯真非誠孝攸格而其子若孫

之業咸无當如而武慮孝於父安圖是人子之當然之藏西頫今世

叙日降倫紀非 為人子西不儆畫其 者多焉此寶可慨若使全

世之人能如自孝之孝則宣徒為尊七孝義之入屯冗我鄉里民字曜

是閭而焭式萃遠蹈而基效則宣不義武宜不嘉武余雖病義文

指摘有誠其誠孝之屯篤 撰樣之文固為之記惟頫自孝子孫世

永傳家之孝必濟其美而旨摈此樟梖刑亦宜孝堂不永錫有類于

上之即作九年癸卯十月之望通訓大夫前鄉貢金義李馨撰

世孝閣記

昔韓文公董生行曰嘻哉董生孝且慈惟有天翁知又曰董生無與
儔天翁既知之且無與儔則其能篤之行固已孝感天人型範一世而
割艾不能薦天天子不聞名聲千載之下識者之歎蔗有梣孝夫
董生雖不過若時得鞱公而乃表見於世笑惟吾鄉白公孝子父
子以一方之公議名微　九重戴家　恩褒其至行果與董生何如
耶嗚呼白公孝子諱尙爀故忠南公休春諱仁傑六代孫盖其源
流有自来矣自在髫齡性行純篤養親事親之道戒有疾未能歆
食則亦不食必待其夫復父命出而未還則侍門而望必待其
還歸家無厭石贈燕衣西鴻其親適口之味便體之物鷄力伏
奉愛歇備至怡聲婉色先意承順且富其親癠之尢甌嘗糞
驗其差劇侍天願以身代而及其遘變醜柴毁骨立幾乎滅性羞衣
十里之杷曰往辰甚戎佳寮雖利寒愛著未甞戎慶如是者九十有八年矣
已至至閭制之爰親燒
粤首丁亥剡削狀之笑一府延燒數千尸而斯公之廬獨全於火矣
如非至誠之孝天為有神明之寃佑代父公凱子德民自初有純孝于生)

〈세효각기〉.
세효각은 전주에 살았던 근암 백시만의 자손을 일컫는다.
조선 후기에 무려 14명의 효자와 3명의 열녀가 나온 집안이다. 〈세효각기〉는 석하 이형만이 저술한 글로,
백시만의 아들 중암 백상희와 장손인 고암 백사성의 효행에 초점을 맞추고 있다.

01.
청계靑溪
백남룡白南龍
─난세의 등대

청계青溪는 나의 할아버지이다. 스무 명도 넘는 자손을 두었지만, 그중 그분의 사랑을 받지 않은 이는 없었다. 특히 내게는 죽는 날까지 잊지 못할 두 가지 은혜가 있다.

　내가 태어나던 날, 어머니는 한밤중에 임신중독으로 정신을 잃었고, 위급한 상황에서 청계 할아버지가 병원으로 옮겨 생명을 구했다. 핏덩이였던 나를 정성껏 돌보며 일 년이 넘도록 품에 안아 길러준 분이 바로 할아버지 내외이다. 그래서 나는, 지금도 할아버지를 친아버지처럼 생각한다.

　내가 일고여덟 살쯤 되던 어린 시절에는 청계 할아버지가 나를 데리고 주무셨으며, 틈틈이 《천자문千字文》을 가르쳐주었다. 돌아가시기 전까지 비가 오나 눈이 오나 내 손을 붙잡고 자신의 아버지 수졸재守拙齋(낙기樂器)의 묘소 가까이 가서 인사를 드렸다. 청계의 언행을 통해 나는 집안에 유교의 전통이 있다는 점을 체득體得했다.

청계는 1896년(고종 33, 병신) 6월 27일에 전주부 부남면 은석동隱石洞에서 태어났다. 성격이 명랑하고, 키가 크며 날렵한 데다, 언행이 늘 시원시원하고 막힘이 없었다. 평생 남들이 쉽게 해내지 못하는 많은 일을 이루었으며, 1968년(무신) 3월 27일에 작고하였다. 그가 병원에서 운명했다는 소식을 듣고 나는 이루 말할 수 없이 슬펐다. 향년이 73세였으므로 짧은 삶이라 할 수는 없지만, 평소에 워낙 강건하던 분이라 주위 사람들 모두가 깊이 애석해하였다.

청계의 가족

그의 호는 청계靑溪요, 휘諱(고인의 이름)는 남룡南龍이다. 수원백씨 시조 송계松溪 우경宇經 공부터 헤아리면 28세손이다. 부친은 구한말에 부사용副司勇을 지낸 수졸재 낙기樂器이며, 모친은 열녀烈女 영월신씨寧越辛氏이다.

청계는 밀양박씨 금주 여사와 함께 3남 3녀를 얻었다. 장남은 전주 시의원을 지낸 송암松庵 성기盛基, 차남은 내 아버지 은석隱石 정기正基, 삼남은 미국으로 이주한 학암鶴庵 홍기弘基이다. 3녀는 차례로 복기福基, 완기完基 및 덕기德基이다.

청계는 제1공화국 자유당 독재가 시퍼렇던 시절에 무소속으로 출마해 전북 완주군 상관면장에 선출되었다. 그때 면민의 압도적인 지지가 있었다고 한다. 또, 전주향교의 장의掌議(유생 대표)로 유림儒林을 위해 활동이 많았으며, 효행과 학문이 탁월해 많은 칭송을 받았다. 아울러, 수원백씨 전주 화심花心 문중의 문장門長으로 오랫동안 봉사하였으며, 특히 기해보(1959년에 간행한 백씨 대동보) 편찬에 공헌했다.

일제강점기에는 남선제지南鮮製紙 회사를 창업해 전주의 특산물인 한지를 북한과 만주지방까지 판매해 큰 재산을 모았다고 한다.

어렵게 얻은 용

부친 수졸재와 열녀 신씨 부인은 일찍 결혼했으나 오랫동안 아들이 태어나지 않았다. 해가 갈수록 고심이 깊어져 신씨 부인이 부남면 색장리 안골(현 전주시 색장동 은석동)에서 100일 동안 치성을 드리게 되었다. 해 뜨기 전 이른 새벽, 기도처에 가서 촛불을 밝히고 산신山神께 아들을 점지해달라며 간절히 기도하였다. 만약에 부인이 오고 가는 길에 사람을 만나거나 짐승을 만나는 일이 생기면 기도의 효험이 모두 사라진다고 했으므로 여간 조심스러운 일이 아니었다.

극도로 긴장된 99일간의 기도를 마치고 100일째가 되는 날이었다. 그날 새벽에 부인은 안골 바위 아래로 찾아가 기도를 드렸다. 몇 번이나 절을 올리고 산신령께 간절히 빌고 난 뒤, 조심스레 집으로 돌아오는 길이었다. 갑자기 "움메" 하는 소리와 함께 송아지 한 마리가 방죽 가에서 울며 부인의 품으로 달려들었다. 신씨 부인은 소스라치게 놀라며, "이 짐승을 보고야 말았으니 모든 것이 헛일이 되고야 말았구나!"라고 생각하며 애석해했다.

그것은 한낱 꿈이었다. 부인은 겨우 진정하고 마당을 내다보니 아직 어둑한 새벽이었다. 그날따라 더욱더 조심스럽게 온 정성을 기울여 안골 신령님께 빌고 또 빌었다.

그날부터 신기하게도 태기胎氣가 있어 열 달 뒤에는 청계를 낳았다. 당시에 신씨 부인의 나이는 서른아홉이었다. 결혼한 지 26년 만에 드디어 옥동자를 분만하였으니 그 기쁨은 이루 말할 수가 없었다. 수졸재 부부는 세상에 둘도 없는 보배를 얻은 셈이었으므로 이름을 용龍이라 지었다. 항렬에 따라 남룡이라고 하였으나 본뜻은 하늘이 점지한 용이란 글자에 있었다. 알다시피 용은 신령한 상상의 동물로 불법佛法을 지키는 존재이다. 그러므로 수졸재와 신씨 부인은 장차 이 아들이 난세에 집안을 지키고 이웃을 보호할 영웅이 되기를 바라며 용이란 글자를 골랐다고 한다.

청계는 신씨 부인이 안골 산신령에게 치성을 드려서 얻은 아들이란 사실을 잊지 않았다. 말년까지도 해마다 여름철 음력 6월 초순이면 미역국과 제사상을 마련하여 안골로 찾아가서 산신령에게 제사를 올렸다. 나도 여덟 살 무렵 청계의 손에 이끌려 안골로 함께 다녀온 기억이 있다. 바위 밑에 병풍을 두르고 칠순의 청계가 경건한 모습으로 제사 지내는 모습을 지켜보았다.

천정배필 박금주 여사

청계는 어릴 때부터 유난히 총명하고 씩씩하며 벗들 가운데서도 신의가 있어 사람들이 귀하게 여겼다. 부친 수졸재(휘 낙기)는 용력勇力이 뛰어날 뿐만 아니라 글공부를 잘하여 기대하는 사람이 많았다. 당연히 좋은 벗도 여럿이었는데 그중에는 긍농肯農 박준필朴準弼이

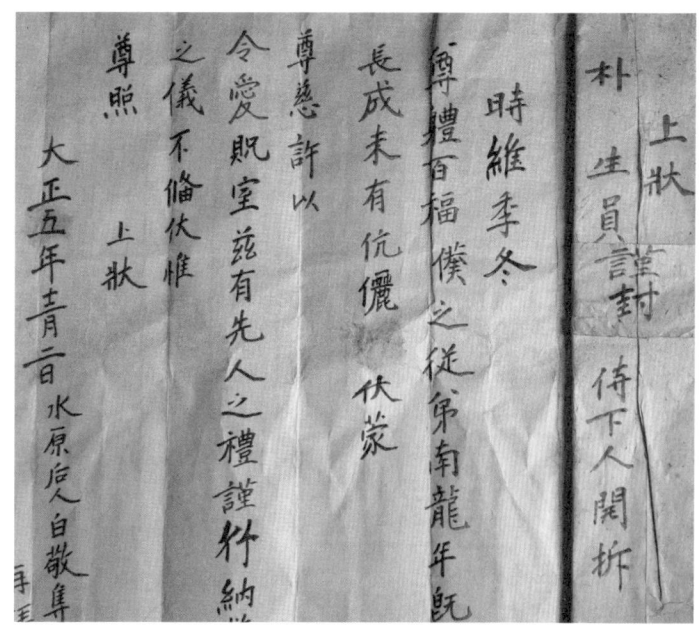

청계의 혼서.
긍농 박준필과 수졸재 백낙기는 심우心友였고,
그들의 약속에 따라 수졸재의 아들 청계 백남룡과 긍농의 손녀 박금주가 백년가약을 맺었다.

라는 빼어난 수재秀才가 있었다. 긍농은 조정에 나아가 여러 벼슬을 하고 국운이 기울자 1908년에 고향으로 내려왔다. 그의 고향은 본래 진안 좌포리(현 임실군 성수면)였으나 수졸재와 우의가 깊었으므로, 궁벽한 좌포까지 내려가지 않고 서로 이웃해 살기로 했다.

긍농 선생은 친구의 아들이요, 이제 열세 살이 된 소년 청계의 얼굴을 한 번 보자 큰 결정을 하였다. 친구인 수졸재에게 청하기를, "공의 아들 남룡과 나의 어린 손녀 금주를 부부가 되게 하세. 그리하면 우리 두 집안이 백 년, 아니 천 년이 지난 후에도 우리의 우정을 끝끝내 잊지 않을 것일세!"라고 했다. 긍농의 제안을 친구는 기쁘게 받아들였다. 두 선비 사이에 혼담이 오갈 때 금주今珠 여사의 나이는 겨우 일곱 살이었다.

그리하여 구슬 아가씨, 즉 미래의 박금주 여사가 "파과破瓜(초경)" 할 때가 되기를 기다려 스무 살 청계와 백년가약을 맺었다(1915년). 박 여사는 효성이 지극하고 서책書册을 사랑해 틈이 날 때마다 손에서 책을 내려놓지 않고 읽었다. 성품도 자애로워 가난한 이웃을 돌보는 데도 헌신적이었으므로, 생전에 사람들이 "생불生佛"이라 부르며 탄복하고 따랐다.

여사가 환갑과 진갑을 모두 넘긴 뒤, 조용히 운명하였을 때 면민들이 모두 조문하러 달려왔다. 만장挽章을 든 조문객들의 행렬이 수백 미터에 이르렀던 광경을 나는 지금도 또렷이 기억한다. 박금주 여사는 1902년(고종 39, 임인) 정월 23일에 태어나서 1963년(계묘) 2월 12일에 별세하였다. 부친은 선비 홍래鴻來요, 조부는 문장가로 이름난 긍농 박준필 선생이었다. 긍농의 시문은 현재 연세대학교

도서관에 소장되어 있고, 그 절반쯤은 내가 복사해서 가지고 있다. 박금주 여사 묘소는 전북 전주시 색장동 은석 후록後麓 묘좌卯坐에 있으며 부군府君인 청계와 합장하였다.

자수성가한 효자

청계는 세효각의 자손다운 이였다. 공의 조부인 흑석黑石(휘 인수麟洙) 공은 학문이 높고 가난한 친척과 이웃을 도와주기를 좋아하여 이름이 높았으며, 증조부 이은梨隱(휘 추진秋鎭)은 이름난 학자요 효우孝友로 명망이 있었다. 고조부 풍암楓庵(휘 동량東良)은 조정의 높은 관리 중에도 깊이 사귄 이가 많았으며, 효성이 지극하여 효자 정려를 하사받았다. 공의 5대조와 6대조 역시 효자 정려를 받았고 가까운 친척 중에도 효정孝旌(효자 정려)을 받은 이가 여럿이었다.

청계의 집안은 호남 제일의 만석꾼으로 여러 대에 걸쳐 부귀를 누렸다. 그런데 부친 수졸재는 집안의 둘째 아들로 태어난 데다가 구한말에 국가에 환란이 많아 조용히 은거하였다. 그러므로 살림이 예전 같지 않았다. 청계는 나이 일고여덟 살 어린 소년 시절부터 부친의 괴로움을 짐작하여 행동거지가 남달랐다.

부친의 담배 상자를 몰래 살펴 담배가 얼마 남아 있지 않으면 이웃의 착실한 농부를 찾아가 담배를 빌려다가 가득 채웠다. 그리고 부친이 부중府中에 오고 가는 길에 들르는 주막을 일일이 찾아가 주모에게 은밀히 다음과 같이 부탁하였다.

"주모, 우리 부친께서 술을 청하시거든 항상 사발에 가득 따라 웃는 낮으로 대접하시게. 장부에 일일이 기록해두면 내가 곧 융통하여 반드시 갚아드리겠네."

그리고는 주모들과의 신용을 지키려고 남몰래 노력하였다. 소년 청계는 이웃에 사는 친척 아우와 함께 깊은 산에 들어가 땔나무를 장만해서 조용히 부중으로 운반하여 팔고는 그 돈으로 부친이 잡수신 술값을 몰래 갚았다.

하루는 부중에서 돌아오던 수졸재가 그날따라 수중에 돈이 넉넉하게 있었던지라 주모를 불러 그간에 밀린 술값을 계산하려 했다. 그러자 주모가 정색하며, "어르신, 도련님이 이미 다 갚으셨습니다!"라고 대답하며 그간에 있었던 일을 알렸다.

집에 돌아온 수졸재는 아들 청계를 불러 크게 꾸짖었다. "네가 하라는 글공부는 어찌하고, 나도 모르는 사이에 초부樵夫(나무꾼)가 되었더란 말이냐. 네 효심은 참으로 가상하나 … 나는 참으로 부끄럽기 짝이 없노라."

그러자 청계가 다음과 같은 뜻으로 부친을 위로하였다고 한다. "지금은 세상이 난세라 아버님처럼 뜻이 높은 선비는 참으로 설 곳이 없사옵니다. 나날이 울분이 쌓이실 터인데 한 사발 탁주라도 아니 마시면 어찌하겠사옵니까. 세상에 자식이 하여야 할 도리는 첫째도 효도요, 둘째도 효도이옵니다. 공부는 틈틈이 하면 될 것이요, 부모를 섬기는 일은 하루 한시도 미룰 수가 없사오니, 부디 불편한 마음을 갖지 마소서. 선대에 이미 효성으로 몸과 마음을 바친 조상님이 여럿 계셨고, 그 음덕으로 우리가 이만큼 잘 지내온 것을 소자도 대강은 짐작하고 있습니다. 아버님께서는 부디 노여움을 내려놓

청계의 젊은 시절(사진 맨 오른쪽).
청계 백남룡은 젊은 시절에 전주의 특산물 한지를 대량 생산해
그 판로를 북한과 만주지역까지 넓혔다. 가까운 친구들과 함께 인천 월미도를 여행하며 이 사진을 찍었다.

으소서. … 소자의 불효 불충과 어리석음을 일깨워 주소서."

장성함에 따라 청계는 첫째도 부모님 봉양이요, 둘째도 부모님의 온전한 봉양을 위해 최선을 다했다. 그리하여 마침내 당대에 다시 큰 재산을 모았다. 부친이 은석동에 분가할 때는 기와집 한 채에 전답 조금이 전부였으나, 청계가 나이 서른 남짓 되었을 때는 도조睹租 수백 석을 헤아리는 부자가 되었다. 나이가 더욱 연만해지자 해마다 2천 석을 거두는 큰 부자로 성장했다. 특기할 일은 청계가 일제강점기에 남선제지라는 회사를 설립 운영한 사실이다. 이 회사는 당시 전국 굴지의 한지 제조 사업체였다. 이 모든 일이 그의 포부와 능력에서 비롯된 것이었으나, 놀라운 성공을 목격한 이웃들의 해석은 달랐다. 청계의 효성이 지극했기에 하늘도 그를 도우셨다고 본 것이다. 전통 시대의 사고방식은 그러했다.

청계의 효심과 정성은 누구나 익히 아는 사실이었다. 1950년대에 편찬한 《전주향교지》에는 청계의 이름이 "학행學行" 란에 올랐다. 또, 효행이 깊어 일제강점기에 전국의 여러 향교와 서원에서 보내온 〈통문通文〉이 아직도 남아 있다. 〈통문〉에는 청계의 효행을 칭송하고 격려하는 내용이 대부분이었다.

가난한 이웃을 위해 학교 세워

청계는 일제강점기 때부터 면민을 위해 많은 재산을 희사喜捨(기부)하였다. 상관초등학교, 대성초등학교, 남관초등학교가 건립될 때마다 학교 부지를 마련하는 데 앞장섰고, 교사校舍(학교 건물) 신축 비

일제강점기의 전주.
사진의 중심에 보이는 것이 전주천인데 다리의 왼편은 부중府中이고 오른편은 부남면이다.
전주천을 거슬러 올라가면 청계가 살던 상관면이 나온다. (위)

전주고등학교(1958년).
이보다 10년 전에 은석 백정기는
보안법 위반으로 이 학교에서 퇴학 처분을 받았다. (아래)

용으로 쓰라며 거금을 투척했다. 면내에 학교가 새로 설 때마다 청계는 후원회장 또는 기성회장期成會長을 맡아 면민이 자녀를 교육할 수 있게 하였다. 때로는 학교는 만들어 놓았는데, 수업시간을 알리는 종鐘이 없었다. 그때마다 청계는 사재를 들여 청동으로 만든 구리종을 선물로 내놓았다.

그러면서도 그는 자신의 '공적비' 같은 것은 하나도 만들지 못하게 막았다. "그까짓 이름이야 무엇이 중요한가. 그럴 돈이 있으면 칠판이라도 몇 개 더 새로 사시게. 사람은 자신의 도리를 다하는 것으로 그만인 게야."

이런 말을 할 때마다 청계는 자신의 선조인 두 할아버지를 떠올렸다. 한 분은 10대조인 영곡靈谷(휘 구민龜民)이었으니, 왜란 후에 대승동(완주군 소양면 대승동)에 서당을 열어 선비를 기른 선조였다. 또 다른 할아버지는 청계의 증조부인 이은梨隱으로 독서동讀書洞(완주군 용진면 관전리)에 '석양동石羊洞 백씨서당白氏書堂'을 연 분이다. 이은의 헌신 덕분에 훗날 백패白牌, 즉 생원진사시 합격증이 세 장이나 나왔다.

세상이 바뀌었기에, 청계는 더 이상 서당을 열어 직접 문도門徒를 길러낼 필요는 없었다. 그 대신 공교육 강화에 기대를 걸며, 어느 집안 자손이든 훌륭한 인재로 성장해 부강한 나라, 도덕과 문화가 융성한 문명국가가 되기를 꿈꾸었다.

영곡 종중의 문장

청계는 영곡靈谷 휘 구민龜民의 10대손이다. 영곡은 생원 유직惟直의 아드님인데, 한양에서 충주 가금리로 낙향하였다가 임진왜란을 만났다. 알다시피 왜군은 1592년(선조 25) 4월에 조선을 침략했다. 부산에 닻을 내리기 무섭게 선봉대가 한양을 향해 진격해 충주 탄금대에서 신립申砬 장군이 이끈 우리나라 최정예 육군을 무너뜨리고 한양으로 직행했다. 그러나 조선 수군의 방어에 힘입어 전라도와 충청도 서해안 일대는 안전했다.

영곡은 어린 누이 하나를 데리고 전라도 전주로 피난을 떠났다. 전주는 적의 침략에서 벗어나 있었을 뿐만 아니라, 그곳에는 선대로부터 물려받은 약간의 전토田土며 노비가 있었다. 더구나 이웃한 익산에는 가까운 일가들이 거주했다. 그래서 영곡은 산자수명山紫水明한 소양의 대승동에 깊숙이 들어앉아 학문에 힘쓰는 한편으로 제자들을 모아서 길렀다.

이후 세대를 거듭할수록 영곡의 자손은 그 수가 날로 늘어났고, 학문과 도타운 행실로 세상의 모범이 된 이가 적지 않았다. 청계의 선대는 영곡의 적장손嫡長孫이었다. 수졸재(휘 낙기)의 부친 흑석(휘 인수)이 영곡의 사손祀孫이요, 수졸재의 맏형인 부사용 낙승樂承이 그 뒤를 이었다. 요컨대 청계의 사촌형이 바로 영곡의 종손宗孫이었다.

인품과 덕망, 학식에 있어서도 청계는 흠잡을 데 없는 인물이었다. 그러므로 그가 장성함에 따라 영곡 문중, 즉 현재의 화심 문중(화심은 영곡 공이 정착한 또 다른 지명)을 이끄는 지도자가 되었다. 청계는 제사와 시향時享을 주관하기에 힘썼다. 나도 어린 시절에 그를 따라 선조의 묘소에서 봉향奉香한 기억이 아직 선명히 남아 있다.

전주향교 위성계

전주향교全州鄕校는 전국적으로 이름난 곳이다. 본래 전주는 한강 이남에서는 가장 물산이 풍부하고 인구도 많은 데다가 조선왕조의 뿌리가 있는 곳이며 사고史庫가 설치되어 실록을 보존하고 있었다. 임진왜란 때 다른 사고는 모두 왜군의 침략으로 온전하지 못했으나 전주 사고만은 무사했다. 안의安義와 손홍록孫弘祿을 비롯한 호남의 선비들 덕분이었다. 역사적으로, 호남 선비의 구심점이 곧 전주향교였다고 보아도 지나치지 않은 말이다.

청계는 젊은 시절부터 남다른 정성으로 전주향교를 돌보았다. 공자와 맹자를 비롯한 여러 유현儒賢을 존숭尊崇하고 명륜당明倫堂과 여러 부속 건물을 보수하는 일에 마음을 쏟았으며, 관내의 효자와 열녀와 충신을 현양顯揚하는 데도 힘을 보탰다. 그러다가 청계 자신이 모친 신씨 부인과 더불어 효열孝烈이 탁월한 인사로 추앙을 받기도 했다.

1945년 해방 후에는 심산心山 김창숙金昌淑 선생과 힘을 합쳐 향교의 역사에 오점을 남긴 친일親日 인사를 내쫓고, 향교를 근대적인 교육기관으로 바꾸기 위해 노력했다. 오늘날의 전북대학교는 전주향교재단이 건립한 명륜대학明倫大學을 모체로 한 것이다. 청계는 동지들과 함께 그 일에도 힘을 보탰다.

청계 백남룡 제관 망기望記.
청계는 일제강점기 때부터 전주향교 운영에 관여했다.
사진은 그를 제관으로 선정했음을 알리는 문서.

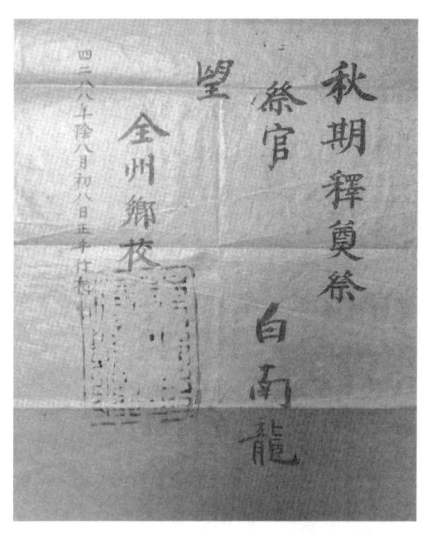

전주향교 대성전.
전주향교는 매우 유서 깊을 뿐만 아니라 규모도 컸는데,
해방 후에는 국립전북대학교의 산실이 되었다.

아울러 위성계衛聖契의 임원으로 유형과 무형의 방법을 총동원해 공자와 맹자, 주자朱子(주희)와 퇴계退溪(이황), 율곡栗谷(이이), 우계牛溪(성혼), 사계沙溪(김장생), 우암尤庵(송시열) 등 선현先賢의 가르침을 따르고자 힘썼다. 지금도 전주향교 앞쪽에 서 있는 위성계 공적비에는 청계의 이름 석 자가 뚜렷이 새겨져 있다.

험난한 세파를 넘어

청계가 살았던 시대는 구한말과 일제강점기 및 대한민국 초기여서 온갖 불행한 사건이 거의 해마다 점철되었다. 그야말로 역사의 혼란기요, 민족의 수난이 거듭되었다. 난세 중의 난세라 해도 과언이 아니었는데, 그는 슬기롭게 시대의 격랑을 헤쳐 나갔으며 공익을 위해 여러모로 이바지했다. 그 점은 이미 위에서 간단히 기술하였다. 아래에서는 청계와 직접 관계가 있는 몇 가지 사건을 남아 있는 문서를 중심으로 간단히 약술하려고 한다.

1949년 농지개혁 당시 '보상청구' 관련 서류

조선 후기부터 실학자들은 농지개혁을 주장하였다. "경자유전耕者有田(농사짓는 사람이 농지를 소유함)" 원칙을 실생활에 적용하자는 것이었다. 그러나 지주들의 반대로 현실에서는 아무 힘이 없는 이상론에 그쳤다. 그런데 해방공간에서 북한 당국이 1946년에 '무상몰수, 무상분배' 원칙을 적용해 토지개혁을 시행하였다. 이에 북한 농민들이 무척 환호하였으며, 남한에서도 토지개혁이 시급한 과제로 떠올랐다.

정치사회적 안정이 꼭 필요하였으므로 미국 정부는 이승만 정권을 압박해 농지개혁을 시작하게 했다. 지주들도 반대하고, 다수당인 한민당도 이 문제에 소극적이어서 당장에 개혁이 시행되지는 못했다. 그러다가 1949년 6월에 실천에 옮겨졌다.

그 당시 과수원과 임야는 농지개혁의 대상이 아니었고, 오직 논과 밭에 국한하여 '유상매상, 유상분배'를 방침으로 삼았다. 그 무렵 농가의 평균 경작 면적은 1.078헥타르(대략 1정보, 3천 평)였다. 이를 참작하여 농지개혁법에서는 농지의 소유 상한선을 3헥타르(3정보, 9천 평)로 정했다. 그러고는 정부가 지주로부터 농지를 거두어서 농민에게 경작을 맡기고, 그 대신에 농민은 연간 수확량의 30%를 5년간 국가에 현물로 납입하게 법으로 정했다. 이후에 농민은 그 경작지를 소유할 수 있었다. 그 결과 가난한 소작 농민도 최소한의 농지나마 확보할 수 있게 되었다. 농가의 실질소득이 다소 향상되자, 공산당의 체제 선전에 휩쓸리지 않도록 하는 효과도 나타났다. 만약 농지개혁이 시행되기 이전에 6·25 전쟁이 발발했더라면, 과연 농민 다수를 차지하던 소작농들이 남한 정부를 지지했을지는 의문이다.

그러나 농지개혁으로 중소지주는 대부분 몰락했다. 그들은 기업농으로 성장할 기회를 완전히 잃었다. 게다가 그 이듬해(1950)부터 3년간 온 나라가 6·25 전쟁에 시달리게 되어, 지주에 대한 보상이 온전히 이뤄지지도 못했다. 이로 인해 중소지주들은 산업자본으로 전환하지 못했고, 소액으로 지급된 지가 보상금은 생활비로 소진하고 말았다.

천만다행으로 농지개혁이 반쯤 성공해 지주 계급이 사라졌다. 이로써 1960년대에 군사정부가 본격적으로 추진한 산업화에 저항할 만한 기득권층이 근원적으로 제거되었다. 이는 군사정권의 활동에 대단히 유리하게 작용했다.

1949년 농지개혁 당시 청계는 대지주였다. 전라북도 완주군 상관면(현 전주시 색장동, 남고동 일부와 완주군 상관면)에서 한 해 소작료 수입이 2천 석쯤 되었다. 농지개혁 때문에 공의 경작지는 대폭 줄었다. 당시의 법에 따라서 청계 내외는 총 6헥타르(6정보, 1만 8천 평)를 보유하고, 나머지 경작지는 개혁 대상으로 내놓았다.

현재 남아 있는 서류를 살펴보면 청계의 전답 중에서 농지개혁의 대상이 된 것은 약 1만 5천 평, 즉 5헥타르(5정보) 정도였다. 그 밖에도 "위대용"이란 사람의 명의로 된 논밭이 있었는데, 그중에서도 3헥타르를 제외한 수천 평이 농지개혁 대상으로 지정되었다.

농지개혁의 조짐은 이미 수년 전부터 감지되었기에, 많은 지주가 다양한 방법으로 손실을 최소화하고자 했었다. 경작지 명의를 차명으로 돌리거나, 자녀에게 미리 증여하기도 했다. 청계 역시 이러한 방식을 일부 활용했을 것으로 짐작되나, 편법으로 개혁을 피해 간 농지 규모는 정확히 파악하기 어렵다. 남아 있는 서류를 종합하면 청계는 적어도 2만 평 이상의 논밭을 농지개혁 대상으로 내놓은 셈이었다. 전쟁 통에 보상을 착실히 받지 못했으므로, 적지 않은 손해를 입었다고 하겠다.

그러나 청계는 이런 사실을 한스럽게 여기거나 통탄한 적이 없었다. 공이야말로 "경자유전"의 이상을 가슴 깊이 가진 선비였기 때문이다. 청계는 모든 농민이 풍족하고 떳떳하게 살며 자녀와 손자녀를 마음껏 교육받게 하는 세상이 되기를 바랐다. 입현무방立賢無方, 즉 출신이나 지위에 구애받지 않고 오직 능력만을 기준으로 인재가 선발되는 세상이 오기를 늘 꿈꾸었다.

1949년 9월에 작성한 자동차 매매 서류

어린 시절에 듣기로, 우리 집안에서는 일제강점기부터 승용차를 소유했다고 한다. 선뜻 믿기가 어려운 일이기도 하고, 그게 사실이라면 가난하게 살던 동포들에게 참으로 미안한 마음이 들기도 하는 일이었다.

집안에 남은 여러 문서를 살피다가 마침 1949년 9월에 작성한 자동차 매매에 관한 서류 2건을 발견했다. 1948년 8월 15일에 대한민국 정부가 수립되었으므로 청계는 일단 시국이 안정되었다고 판단한 것 같다. 거금 64만 환을 지불하고 서울에서 도요타 승용차 한 대를 구입하였는데, 당시에는 새 차를 구하지 못해 중고차를 매입했다. 그 시절에는 일본과 국교가 차단되어 공식적으로는 자동차 무역이 불가능한 상태였다. 이 차는 1940년에 생산된 승용차였다.

청계는 당시 전주에서 손꼽히는 부유한 인물이었다. 자동차 운전은 그의 장남 송암松庵(휘 성기)이 맡았으며, 그로 인해 자동차 매매 계약서와 영수증에도 송암이 계약 당사자로 명기되어 있다.

〈영수증〉
(현대어 번역)

일금 640,000 환

위 금액을 중고 전륜(앞바퀴를 움직임) 자동차

도요타 1940년식 판매대금으로 수령함

단기 4282년(서기 1949년) 9월 12일 (9월 7일 본래 계약 이뤄짐)

판매인: 안영남

백성기 귀하

(영수증 원본에는 다음과 같이 기록되어 있다)

領收證

一金 六拾四萬圓也

右金額을 中古 前動 自動車 豐田 四拾年式

買入代로 正히 受領함

檀紀 四二八二年 九月 十二日 九月 七日 本

受領人 安英男

白盛基 貴下

과연 40년식 도요타 승용차는 어떻게 생겼을까? 도요타 회사 홈페이지에서 찾아낼 수 있었다. 1935년경에 나온 모델인데 제2차 세계대전이 끝날 때까지 모델을 조금도 바꾸지 않고 생산을 계속한 것으로 보인다.

〈중고 전륜(앞바퀴 구름) 자동차 매매 계약서〉
(현대어 번역)

서울특별시 종로구 예지동 26번지의 4

갑: 매매인 안영남

전라북도 완주군 상관면 색장리

을: 매수인 백성기

아래는 당사자 사이에서 전륜 자동차 매매를 위하여 편의상 안영남을
'갑'으로 하고, 백성기를 '을'로 부르고 아래와 같이 매매 계약을 맺음

1. 자동차의 표시: 도요타 1940년식 중고 1대: 엔진번호 62839호,
   차량등록번호 서울 3225호
1. 대금 지불 방법: 단기 4282년(서기 1949년) 9월 7일에
   한꺼번에 지불 완료.
1. 매매가 성립되면 소유권에 관한 모든 사무에서 발생하는
   손해가 있을 경우 '갑'이 모두 책임을 다함.
1. 본 계약이 이뤄진 후 자동차로 말미암아 생기는
   모든 사고의 책임은 '을'이 책임짐.
1. 본 계약서는 2통을 작성해 '갑'과 '을'이 제각기 나눠 가짐.

단기 4282년 9월 12일(9월 7일 본)

청계靑溪
백남룡白南龍

'갑' 안영남
'을' 백성기

입회인: 이창우, 김재만, 변정찬

〈中古前動自動車買賣契約書〉(원문)
서울特別市 鐘路區 禮智洞 二六番地의 四
甲 賣主 安英男)
全羅北道 完州郡 上關面 色長里
乙 買主 白盛基
右當事者間 前動自動車 買賣에 便宜上
安英男을 甲으로 白盛基를 乙로
稱하여 左記 買賣의 契約을 締結함
一. 自動車의 表示 豊田 四年式 中古物 壹臺
    機關番號 六二八三九號 車輛番號 서울 三二二五號
一. 支拂方法 檀紀 四二八二年 九月 七日 一時拂 完了
一. 買賣以上에 所有權上에 對한 一切의 .. 關係의 損害는 甲이 全責任함.
一. 本契約 作成後 車로 由하여 生한 一切의 事故責任은 乙이 全責任함.
    本契約書 二通作成 甲乙이 各各 所持함.
    檀紀 四二八二年 九月 十二日 (九月 七日 本)
甲 安英男
乙 白盛基
立會人 李彰雨 金在萬 邊貞贊

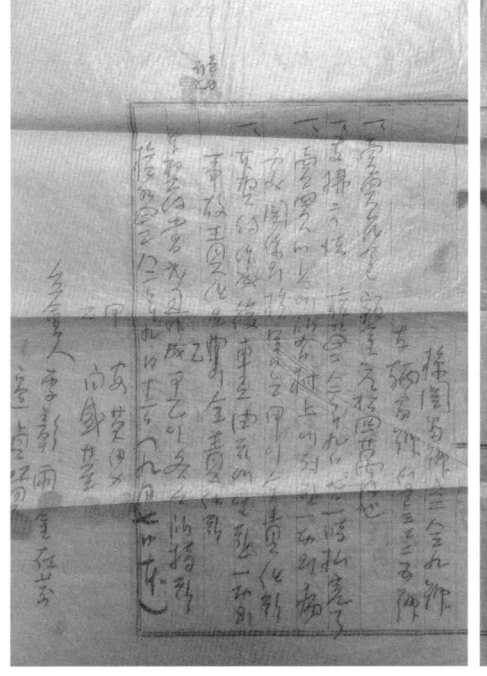
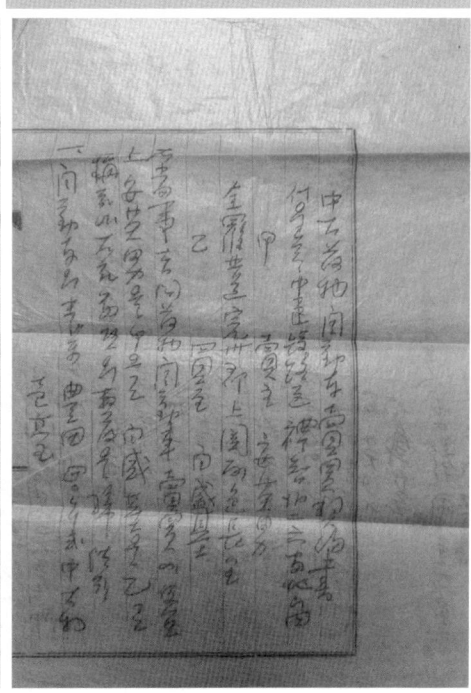

자동차 매매 계약서.
1949년 9월 12일 청계 백남룡은 큰아들 송암 백성기에게
도요타 자동차를 사 주었다.

거금을 주고 산 승용차였으나, 그 차와의 인연은 오래 이어지지 못했다. 자동차를 타고 다닌 지 약 10개월 만에 6·25전쟁이 일어났다. 그 바람에 귀한 자동차를 인민군에게 빼앗기고 말았다. 전쟁이 끝나고 또 자동차를 새로 구입하기는 하였지만 말이다. 나라가 어려움에 빠지면 부자로 사는 것도 죄스러운 일이고, 애써 모은 재산을 지키기도 어려운 일이었다. 물론 전쟁 중에도 꾀가 많거나 운이 아주 좋은 사람은 '떼부자'가 되기도 한다는 말이 있다.

반세기가 훌쩍 넘은 오래된 매매 문서를 바라보며, 나는 잠시 시간을 거슬러 이런저런 생각에 잠긴다. 인생이 허망하다고는 하나, 그것이 모두 헛된 것은 아닐 것이다. 내일은 알 수 없지만, 오늘 하루를 정직하고 성실하게 살아가는 것, 그 자체가 삶의 의미일지도 모르겠다.

"6·25전쟁"의 흔적

청계의 일생에도 6·25전쟁은 큰 충격을 주었다. 그의 둘째 아들이자 나의 선친인 은석이 전쟁 때 북한 편에 섰기 때문이다. 내 아버지는 전쟁이 일어나기 전에 조직된 "국민보도연맹"에 속해 있었다. 1949년 4월, 대한민국 정부는 좌익 전향자를 계몽하고 지도하기 위해서 바로 위와 같이 이상한 명칭을 가진 관변 단체를 조직했다. 그로부터 약 1년 뒤 6·25전쟁이 일어났다.

북한의 우세한 군사력에 밀려 정부가 후퇴하게 되자, 우리 정부는 수많은 "보도연맹원"을 대상으로 무차별적인 폭력을 자행했다.

군인과 경찰이 앞장서 좌익 전향자들을 선제적으로 숙청한 것이다.

그 과정에서 청계의 차남 은석(휘 정기) 역시 하마터면 총살당할 뻔한 위기를 겪었다. 그는 전주의 명문학교인 북중학교 재학 시절, 전라북도 학생연합조직 대표로 활동하다가 전향을 강요당했고, 결국 국민보도연맹에 소속되었다. 6·25전쟁 발발 직전에는 예비검속 대상자로 지목되어, 영장도 없이 형무소에 수감되는 고초를 겪어야 했다. 국군의 후퇴가 임박하자 '전주형무소'에 갇힌 모든 사상범이 살해되었는데, 청계의 아들은 구사일생으로 목숨을 구하였다.

'빨갱이'로 낙인찍혀 죽게 된 둘째 아들을 살려내기 위해서 청계는 물불을 가리지 않았다. 전쟁이 터지기 여섯 달쯤 전에는 전주 보도연맹에 기부금으로 10만 환이라는 거액을 납부하기도 했다. 보통 사람은 평생에 한 번 만지기도 어려운 액수였다.

북한군이 쳐들어오자 은석은 의용군이 되어 경상남도 진주의 낙동강 전선으로 내려갔다. 고향에 남은 아버지 청계는 공산당의 권유로 "애국 투사 후원회장"이 되었다.

그해 가을, 맥아더의 인천 상륙작전이 주효해 전주도 다시 대한민국 땅이 되었다. 청계는 인민군 치하에서 억지로나마 감투를 썼기 때문에 경찰서에 끌려가는 신세가 되었다. 청계의 가족은 일대 위기를 맞이하였다.

그때 한 통의 "진정서"가 등장했다. 청계의 석방을 촉구하는 청원 운동이 크게 일어났다. 불과 수개월 전, 인민군 치하에서 청계의 도움으로 목숨을 구한 이들이 적지 않았으며, 이번에는 그들이 앞장서 청계의 목숨을 지켜낸 것이다. 그들이 작성한 장문의 진정서 덕

〈진정서〉
(현대어 번역)

상관면민(전라북도 완주군) 일동은 상관면 색장리 거주 백남룡 군의 석방을 요구하며 이에 진정합니다.

올해 55세(1950년 당시 55세, 1896년생)인 (백남룡)군은 8·15 해방 후 좌익이 9할 이상을 점유한 상관면에서 사재를 던져가며 "대한독립촉성회"를 조직하여 그 회장으로서 열렬히 반공에 투쟁하였고, 저 '5·10 선거'(1948년 처음 선거) 때는 완주군 선거위원으로 역사적인 총선거에 헌신하였으며, '2·26 사건'(1948년 유엔 3차 총회에서 남한의 단독선거를 결정) 후에는 '지서(파출서) 후원회장', '향보단장'으로 군경의 후원은 물론 향토치안에 노력하였으며, '전라북도 경찰 후생협회 간사' 또는 상관면의 두 학교(상관초등학교 및 대성초등학교)의 '후원회장'과 '상관국민회장' 등 각 애국단체의 중요 간사로서 우익진영에서 열렬히 활약하여, 그 이름이 상관 면내는 물론이요, 전주와 완주군 방방곡곡까지 알려져 있습니다.

6·25사변(6·25전쟁)이 돌발하자 '완주군 비상대책위원회 위원' 및 '상관면 비상대책위원회 부위원장'으로 군경의 후원에 적극적으로 활약하던 군입니다. 그러나 슬프게도 꼭두각시 우두머리인 김일성 괴뢰의 침략을 당하고 말았습니다. 하늘을 우러러보며 놈들의 위협 아래서 그날그날 생명을 근근이 유지하고 있던 군은 역도들의 총부리와 강압에 못 이겨 괴뢰의 '애국투사후원회장'의 직책에 임명되었으나 본의가 아니었다는 것은 물론입니다. 희사금 징수 지시에도 아랑곳하지 않고 차일피일 미루며,

오직 대한민국 군경이 해방하기만 고대하였습니다. 이것이 군의 행동 일 체로서 자타가 인정하고 있었습니다.

하물며 대한민국 치하에 놓인 오늘에 있어서 군이 법의 심판을 받게 된다 는 것은 참으로 안타까운 마음을 금하기 어렵습니다. 이에 우리 면민 일 동은 눈물로써 이처럼 진정하오니, 관대한 처분으로 군을 석방하여 주시 옵기를 삼가 비옵니다.

단기 4283년 (1950) 11월 00일
전주경찰서장 귀하

(서명자)
유지 (상관면 공안위원회 부위원장) 정창수
유지 박영택
유지 (공안위원) 도판두
상관면 공안위원 홍종문
유지 김원배
상관면 자치후원회장 이영희
신리 3구 구장 (공안위원) 강연철
공안위원회 위원 조판석
유지 (공안위원) 강문욱

신리 4구 구장(공안위원) 나성규

신리 1구 구장(공안위원) 김상록

상관면장 나기봉

상관면 초등학교 교장 송태평

한청 상관면단부 단장 겸 공안위원회 회장 한동수

한청 상관면단부 부단장 겸 공안위원회 위원 박재천

위와 같음 박남규

한청 상관면단부 간부 함성춘

위와 같음 김금석

위와 같음 박세정

위와 같음 이준석

위와 같음 손태선

유지 정동섭

한청 상관면 총무과장 김재춘

유지(색장리 구장) 류봉선

상관면 공안위원회 위원 김춘실

상관면 공안위원회 위원 박병일

위와 같음 정수암(끝)

단기 4283년(1950) 1월 31일

전라북도 국민보도연맹

간사장 이기택

백남룡 귀하

〈사업자금 후원에 대한 감사장〉
(현대어 번역)

삼가 아룁니다.

그동안 건강하시옵고 사업도 나날이 번창하시기를 빕니다. 우리 연맹은 건국(1948년 대한민국 건국) 이후 시민을 구하려는 위대한 과업을 이루고자 국민의 보호와 지도라는 중대한 사명을 띠고 발족하였습니다. 이후 관계 당국은 물론이고 각계각층의 유지들이 적극적으로 후원하여 현재와 같은 발전을 보게 되었습니다. 깊이 감사 인사를 올립니다.

앞으로도 물심양면으로 적극적으로 원조하여 주시기를 간절히 바라오며, 본 연맹의 발전에 유익한 좋은 사업 구상을 제공해 주시고 사업 진행에도 적절한 지도를 해주시기 바랍니다. 더욱더 건강하셔서 조국 건설 사업에 크게 헌신하고 노력하시기를 바랍니다.

추신: 이번에 희사해 주신 원조금(기부금)에 관한 영수증을 별지에 동봉하오니 받아주시기 바랍니다.

영수증

금 일십만 환 100,000
내역: 원조금으로 위 금액을 정히 영수함.

단기 4282년(1949) 12월 15일
전라북도 국민보도연맹
간사장 이기택

백남룡 귀하

분에 청계는 무사하였다. 낙동강 전선에서 겨우 살아 돌아온 은석
도 우여곡절 끝에 살아남았다.

앞에 나오는 〈진정서〉는 1950년 11월에 전북 완주군 상관면 유지
들이 연명으로 작성한 것이다. 아울러 청계가 아들 은석을 살리고
자 '국민보도연맹'에 바친 기부금 영수증도 소개한다.

온 민족이 고통에 시달리던 난세에 무사히 살아남기란 쉬운 일이
아니었다. 천지신명이 도우신 덕택이기도 하고, 함께 살아가는 이
웃들의 따뜻한 손길 덕분이기도 했다. 오늘도 우리는 감사한 마음
으로 하루를 보내는 것이 옳겠다.

상관면장 당선 통지서

6·25전쟁이 끝나고 청계는 부역죄로 구속되는 등 한 차례 위기를
맞았으나 진정서 덕분에 무사하였다. 그는 살림을 추스르고 지역에
서 여러 가지 활동을 하며 지냈다. 1957년경에는 완전히 안정을 되
찾았는데, 그 무렵 청계의 삶을 보여주는 세 점의 문서가 남아 있다.
첫째는 한문투성이의 문서로, 단기 4291년, 즉 1957년 7월 3일에
시행된 지방선거에서 청계가 상관면장으로 선출되셨다는 사실을
전하는 당선 통지서이다. 그 당시는 이승만의 자유당 독재가 심하
였으나, 공은 무소속으로 출마하여 자유당 후보에게 대승을 거두었
다. 그 당시 청계의 나이는 이미 62세였다. 둘째는 상관면장으로 뽑
힌 뒤에 사용한 명함이다. 요즘 명함보다는 크기가 조금 큰데 "면장
백남룡"이라고 쓰고, 왼쪽 아래에 상관면이라고 적었다. 셋째는 낡

청계가
상관면장이던 시절의
명함

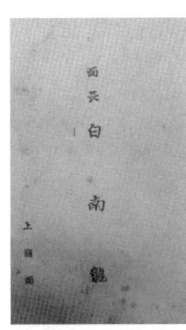

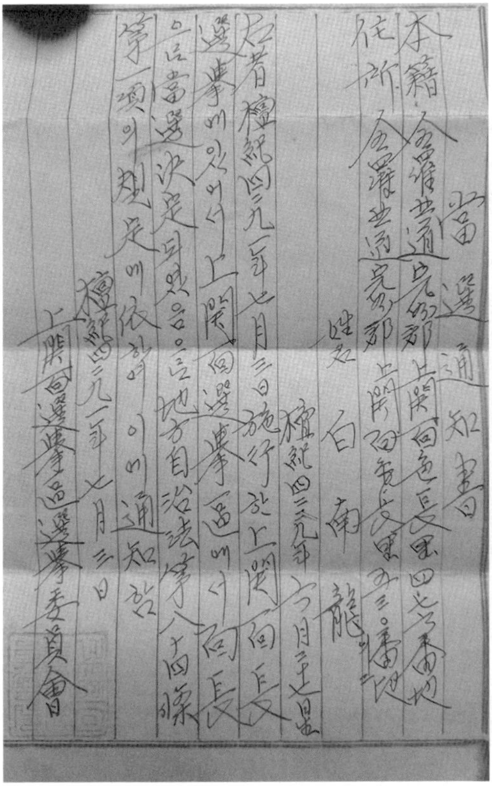

當選通知書
本籍 全羅北道 完州郡 上關面 色長里 四七六番地
住所 全羅北道 完州郡 上關面 色長里 三二番地
姓名 白南龍
檀紀四二三九年 六月 二十七日生
右者 檀紀四二九〇年 七月 三日 施行한 上關面 面長
選擧에 있어서 上關面選擧區에서 面長
으로 當選決定되었음을 地方自治法第八十四條
第一項의 規定에 依하여 이에 通知함
檀紀四二九〇年 七月 三日
上關面選擧區選擧委員會

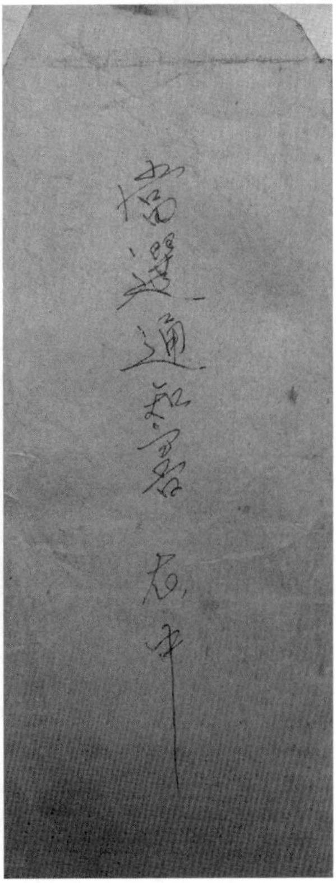

청계 백남룡 면장 당선 통지서.
1957년 7월 3일 청계 백남룡이 상관면장에 당선되었음을 알리는 통지서

1957년경 청계 백남룡은 상관면사무소 앞에서
면내 유지들과 함께 기념사진을 찍었다.

은 봉투이다. 청계의 당선 통지서를 넣은 것이라서 "당선 통지서 재중"이라고 적혀 있다. 상관면 선거관리위원회 선거위원회에서 인편에 전달한 것이다. 하찮은 문서라고 볼 수도 있으나 1950년대 후반의 사회상을 보여주는 귀중한 기록이기도 하다.

면장을 끝으로 청계는 노경老境에 접어들었다. 이후 십 년쯤 그는 장성한 세 아들과 스무 명을 헤아리는 손자 손녀를 지켜보며 비교적 조용한 여생을 보냈다. 그러고는 1968년(무신) 3월 27일 새벽 동틀 무렵에 조용히 눈을 감았다. 향년은 73세였다.

돌이켜보면 청계는 구한말에 전주 명문가에서 태어나 효우孝友의 전통을 계승하고, 학문에 정진하였으며, 종중과 이웃의 교육을 위해 힘써왔다. 그의 70 평생은 세기적 대혼란으로 조용할 틈이 없었으나, 지혜와 용기가 남달랐기 때문에 청계의 가족과 이웃은 생명을 보전하고 미래를 위해 비상할 기회를 얻었다. 그야말로 난세의 등대요 믿음직한 보호자였다. 청계의 부모님이 '호법용護法龍'을 떠올리며 그에게 '남룡南龍'이라는 이름을 지어준 일은, 지나고 보니 예사로운 작명이 아니었다. 이름 그대로, 그는 시대를 품고 사람들을 지킨 한 마리 용이었다.

02.
긍농肯農
박준필朴準弼
─호남 쌍봉湖南雙鳳

오늘날 긍농肯農 박준필朴準弼 선생을 기억하는 이는 아무도 없다. 긍농은 구한말 호남의 수재로 문필이 탁월한 선비였을 뿐만 아니라 관리로서도 다양한 업무를 능숙하게 수행한 양리良吏요, 애국계몽 운동에도 종사한 지사志士였다. 매천梅川 황현黃玹은 긍농을 학산鶴山 정인기鄭麟基와 더불어 "호남쌍봉湖南雙鳳", 즉 호남을 대표하는 두 명의 문장가라고 격찬했다. 불행히도 학산은 젊어서 요절하고 말았 으므로 아는 이가 하나도 없어 더욱더 안타깝다.

1장에서 언급한 대로 긍농은 수졸재(휘 낙기)의 절친切親으로, 하나밖에 없는 혈손인 금주 여사를 청계 공의 배필로 점지하였다. 그러므로 세효각 자손에게 긍농은 외조가 된다. 긍농에게는 손녀딸이 유일무이한 자손이었다. 그래서 손녀사위인 청계 공이 박씨 집안의 자손을 입양해 후사를 이었는데 얼마 후에 불행히도 파양罷養(양자관계를 깸)하는 사태가 일어났다. 결과적으로, 긍농을 포함한 박씨 집안의 제사는 청계 공의 몫이 되었다. 긍농 집안의 제사가 송두리째 외손인 수원백씨에게 넘어와 나의 아버지 은석이 줄곧 모셨다. 심지어 긍농의 묘소까지도 은석동 선산으로 이장해 보살폈으므로, 긍농은 한갓 이성異姓의 조상에 그치는 것이 아니다. 해마다 철마다 제상祭床에서 엎드려 절하며 뵈었던 친근한 내 할아버지이다.

돌이켜보면 참으로 신기한 일이, 갓 열 살을 넘긴 소년 청계의 사람됨을 긍농이 정확히 알아본 것이다. 그래도 설마 청계가 훗날 처가의 4대 봉사까지도 묵묵히 실행할 인물인 줄은 짐작하지 못했을 것이다.

긍농은 글공부가 탁월해 열네 살에 벌써 문과 초시에 합격했다. 나중에는 본도本道 복시覆試(2차시)에서 장원을 차지하기도 했다. 그 후에 유학생으로 뽑혀 중국을 다녀왔고, 이른바 광무光武 양전사업量田使業 때는 호남의 드넓은 경작지를 일일이 조사해 토지대장을 만들었다. 그에 앞서 그는 근대적 세무稅務 관서를 설치하던 초창기에 호남의 복잡다단한 세무를 총괄하는 위치에 있었다. 또, 북경에 공사관이 설치되자 서기書記로 나아가 막중한 외교 문서를 도맡아 작성하였으며, 공사관이 폐지된 뒤에는 내각內閣(왕실)에 들어가 왕실 문서를 담당했다.

긍농은 외세의 압박으로 고종이 퇴위하자 곧 관직을 버리고 초야로 되돌아갔다. 그는 애초 동학농민혁명이 일어나자 전라관찰사의 종사관從事官으로 발탁되어 정부의 편에서 동학농민을 위무慰撫하는 역할을 한 적도 있었는데, 나라가 망한 뒤에는 마음을 바꾸어 동학을 옹호하는 글을 지어 동학이 옳았음을 증명하기도 했다. 내가 모은 긍농에 관한 문서를 총정리하면 책 한 권이 되고도 남음이 있으나, 여기서는 몇 가지 문서와 시문을 바탕으로 그의 일생을 개관하고자 한다.

대한제국 관원 이력서

어린 시절부터 나는 "긍농 할아버님"을 익숙하게 알았다. 집에서 제사를 모시는데 어찌 모를 수 있으랴. 그러다가 서울에 가서 고등학교를 다닐 때 덕수궁 유물전시실에서 긍농을 우연히 다시 만났다 (1973년). 구한말의 여러 문헌이 전시되어 있었는데 그중에 《대한제국 관원 이력서》라는 두꺼운 책이 있었다. 한참을 뒤적여 "박준필"이란 관리도 그 안에 있는지를 알아보았다. 다행히 긍농의 이력서가 두 장이나 있었다. 책가방에서 볼펜을 꺼내어 긍농의 이력서를 열심히 베낄 때 얼마나 콧잔등이 시큰했는지 모른다. 기적과도 같은 조손祖孫의 재회였다.

'집에서, 제사상 너머로, 위패로만 뵙던 우리 긍농 할아버지시구나! 어른들이 자랑하는 말씀을 들으며 … 정말 사실일까 조금은 의심하곤 했는데 … 이제 보니 정말 그런 분이셨네!'

《대한제국 관원 이력서》의 31책 736쪽과 31책 724쪽에 긍농의 이력서가 나온다. 두 개의 이력서를 대조하여 그중 사실에 합당한 기록을 선택했다. 그리고 나의 느낌과 간단한 해설도 덧붙인다.

긍농은 36세에 호남지방의 세금을 운반하는 벼슬에 임용된 후에

〈이력서〉

이름   박준필朴準弼

본관   밀양密陽 – 일제강점기에 작성된 호적에는 손녀딸 박금주
         여사의 본관을 "전주"라고 기록했다. 본래는 "전주박씨"가
         맞을 것이다. 그런데 "밀양박씨"에서 갈라져 나왔다고 믿어
         긍농의 이력서에는 "밀양"이라고 쓴 것 같다.

생년월일   1856년 8월 3일 – 1856년(철종 7, 병진) 8월 3일생이 맞다.
         친구인 수졸재(휘 백낙기)보다 6살 위였다.

현주소   전라북도全羅北道 진안군鎭安郡 이서면二西面 좌포리左浦里
         – 그래서 긍농의 손녀인 박금주 여사를 "좌포댁"이라고 불
         렀다.

학력   1863년 10월 수업가숙受業家塾 수업受業 경사經史 산수算數
         등학等學 – 긍농은 8세에 공부를 시작했는데 일취월장日就
         月將(진보가 빠름)하였다. 경전과 역사는 물론이고 수학에도
         재능이 탁월했다.

경력 및 활동
1869년 등 향시登鄕試 – 글공부를 8살에 시작했으나 6년 만인 14살에 문과
초시에 당당히 합격했다. 보통의 선비는 평생의 목표가 "초시"에 합격하는

것이었다. 전라도 56개 고을에서 초시에 뽑히는 선비는 겨우 25명이었다. 긍농이 어린 나이에 초시에 합격하자 모두 신동이 나타났다고 놀랐다.

1876년 등향시登鄕試 - 7년 뒤에도 다시 초시에 합격했다. 시험이 워낙 어려워서 매번 합격하기란 불가능했다.

1883년 등본도복시登本道覆試 장원壯元 - 6년 뒤에 초시에 또 합격했다. 그리고 전라도 2차 시험에서 장원했다. 과거시험 제도상 도별로 2차 시험을 치르는 법은 없었다. 그러나 관찰사가 임의로 이런 시험을 보기도 했는데 긍농이 "장원"한 것이다. 한양에서 시행될 복시覆試에도 무난히 합격할 것으로 모두가 짐작했으나 불행히도 그 예측은 빗나가고 말았다. 실망이 여간 크지 않았는데, 긍농의 나이는 어언 28살이었다.

1885년 2월 유학 청국 천진留學淸國天津 - 2년 뒤에 나라에서는 긍농에게 기회를 주어 청나라에서 신문물을 배워 오게 했다. 긍농의 나이 30살이었다.

1891년 명 호남 전운위원命湖南轉運委員 - 호남의 전운위원으로 삼아 전라도에서 거둔 세금을 한양으로 운반하게 했다. 알다시피 조선은 농업사회였고, 전라도에서 거두는 세금이 가장 많았다. 그때 긍농은 36세였다.

1894년 4월 피임 호남 전운사 위원被任湖南轉運使委員 - 갑오년 1차 동학 농민혁명의 와중에 다시 전라도에서 세금을 실어오는 역할을 하였다. 긍농은 39세였다.

1894년 10월 명 호남위무사(이도재) 종사관命湖南慰撫使李道宰 從事官 - 2
차 동학농민혁명이 끝날 무렵에 위무사 이도재를 도와 호남지방을 위무
慰撫하는 역할을 하였다. 긍농의 나이 39세.

1895년 2월 피명 호남위무사 종사관被命湖南慰撫使從事官 - 아직도 동학
농민혁명의 여진이 가라앉지 않아 긍농은 관찰사를 보좌해 호남지방을
위무하는 역할을 수행하였다. 긍농의 나이 40세.

1895년 9월 해임解任 - 가을이 되자 동학농민혁명으로 혼란해진 민심이
대강 진정되어 위무사를 돕는 역할은 끝났다.

1895년 9월 서임 전주관찰부 주사敍任全州觀察府主事 - 근대적인 세무기
구가 마련되자 "주사"가 되어 고향인 전주에서 세무업무를 담당했다. 현
재의 세무서장에 해당한다.

1895년 10월 임 전주관찰부 주사任全州觀察府主事 판임관 8등判任官八等
- 그해 10월에 판임관 8등의 지위를 얻었다.

1895년 11월 해임解任 - 해임된 것은 제도가 바뀌었기 때문이며 실제로는
그 자리를 그대로 유지하였다.

1895년 11월 임 전주군 세무주사 판임관 8등任全州郡稅務主事 判任官八等
- 관제 개편으로 전주군 세무주사가 되어 사실상 전라도의 세무를 총괄
했다.

1897년 9월 인 세무주사 폐지 해임因稅務主事廢止解任 - 세무주사라는 직책이 폐지되어 "세무주사"를 그만두고 "주사" 관직에 종사하였다. 긍농은 41세.

1899년 10월 승6품陞六品 - 품계가 6품으로 올랐다. 긍농은 44세.

1900년 3월 명 양지아문命量地衙門 양무위원量務委員 행량 전남行量全南 영광靈光 나주羅州 흥덕興德 고창高敞 무장茂長 함평咸平 강진康津 장흥長興 남평南平 능주綾州 낙안樂安 흥양興陽 보성寶城 등 17군等十七郡 - 1900년 3월부터 한양의 양지아문 소속으로 옮겨 전국에서도 가장 비옥한 호남평야 대부분을 조사해 토지대장인 양안量案을 만드는 실무책임자가 되었다. 긍농이 관할한 지역은 총 17개 지역으로 위에 적은 바와 같다. 긍농의 나이 45세였다.

1902년 8월 인양지정무 해임因量地停務解任 - 양지아문이 해지되어 긍농의 임무도 종료되었다. 긍농의 나이 47세.

1901년 10월 임 중추원의관任中樞院議官 서 주임관 5등級奏任官五等/1902년 9월 서임 중추원의관級任中樞院議官 주임관 4등奏任官四等 - 조정에서는 긍농을 중추원의관에 임명해 녹봉을 받게 하였다. 벼슬도 높아져 대신이 왕에게 추천하여 얻는 "주임관" 4등이 되었다. 긍농의 나이 47세.

1902년 9월 해임解任 - 그러나 곧 해임되었다. 긍농에게는 다른 직책이 주어질 예정이었다.

1903년 12월 임 주청공사관 서기생任駐淸公館書記生 판임관 5등判任官五等-조선의 국익이란 측면에서 보면 가장 중요한 나라는 청나라였다. 베이징에 설치된 우리 공사관의 실무 관리인 "서기생"에 임명되었다. 긍농은 이제 유학생이 아니라 외교관이 되어 20년 만에 다시 청나라를 찾았다. 그의 나이는 49세였다.

1904년 2월 1일 주청공사관 서기생駐淸公使館書記生 서 판임관4등敍判任官四等-실무관리인 서기생 중에서 긍농은 가장 서열이 높아 판임관 4등이었다. 4품에 해당하였다. 긍농의 나이 50세.

1905년 12월 인 각국공관 폐지 회국因各公館廢止回國-을사늑약으로 말미암아 공사관이 모두 폐지되었다. 이에 긍농도 본국으로 돌아왔다. 긍농의 나이 51세.

1906년 2월 인 공사관 철폐 회국 휴직因公使館撤廢回國休職-그 이듬해 2월에 한양에 도착했으나 부임할 관서가 없어 임시 휴직 상태가 되었다. 긍농의 나이 52세. 어렸을 때 듣기로, 긍농은 중국어에 능통해 중국 황제로부터 칭찬을 받고 은으로 만든 복숭아 모양의 술잔을 하사받았다고 한다. 이 술잔은 나중에 긍농이 깊은 병이 들었을 때 약값을 마련하려고 전주에 거주하는 화상華商(중국 상인)에게 거금에 팔았다고 한다.

1906년 5월 승 정3품陞正三品-그때 고종이 평양을 방문하였는데 긍농도 함께 따라갔다. 고종은 수행한 여러 신하의 벼슬을 높여주었고, 그 덕분에 긍농도 정3품 당상관이 되었다.

1908년 4월 13일 임 내각주사任內閣主事 서 판임관3등敍判任官三等-긍농은 "내각", 즉 당시의 왕실에 문서를 취급하는 실무관리로 임용되었다. 그 가운데서도 서열이 가장 높아 "문서과장文書課長" 역할을 했다. 긍농의 나이 54세. 그 시절에 긍농은 정조 때 역모사건에 연루되어 억울하게 관직을 빼앗긴 송덕상宋德相의 복권을 성사시켰다. 송덕상은 우암尤庵 송시열宋時烈의 현손으로 명망 있는 산림山林 학자였다.

1908년 4월 13일 급 5급봉給五級俸-긍농은 구한말 봉급 체계 안에서 5위에 해당하는 녹봉을 받았다.

단 한 번도 징계를 받지 않았다. 세무를 비롯하여 민심을 어루만지는 정책 홍보와 양전사업, 외교 및 왕실 행정 등 여러 분야의 실무에 종사했다. 그러나 고종이 강제로 퇴위당하고 일제의 침략 야욕이 노골화되자 하루아침에 벼슬을 버리고 낙향했다. 그때 긍농의 나이 54세였다. 무려 18년을 관직에 종사했으나 한 떼기의 논밭을 새로 사들인 것도 없었고 수중에는 돈 한 푼 남아 있지 않았다. 씻은 듯 청렴하였으나 스스로 한마디 자랑도 하지 않았으니, 난세에 보기 드문 청백리였다.

내각 주사 박준필의 큰 죄

긍농은 벼슬을 그만둔 뒤에 잠깐 죄인이 되었다. 집안에서는 들은

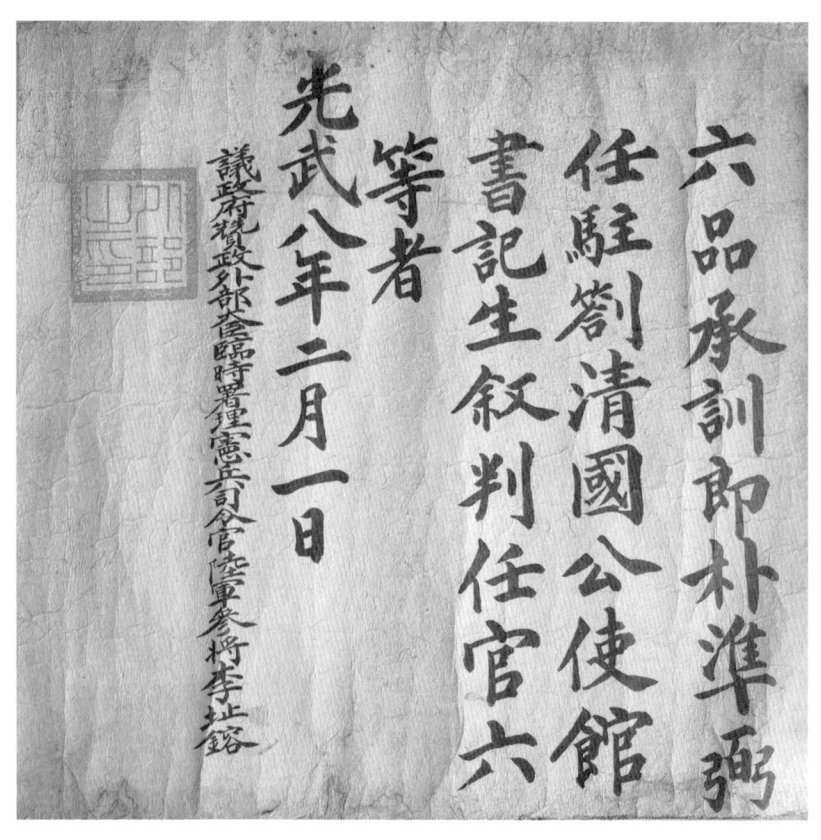

六品承訓卽朴準弼
任駐劄淸國公使館
書記生敍判任官六
等者
光武八年二月一日
議政府贊政外部大臣臨時署理憲兵司令官陸軍參將李址鎔

긍농 박준필을 청국 공사관 서기생으로 임명한다는
내용이 담긴 교지(敎旨).

바가 없는 이야기였다. 1909년 6월 12일자 〈대한매일신보〉에 "내각內閣 주사主事 박준필朴準弼"이 큰 죄를 지어 3년의 징역형을 선고받았다는 기록이 있다.

신문 기사 제목은 "박씨가 징역을 선고받았다"(〈박씨처역朴氏處役〉)라고 돼 있다. 그 내용을 현대어로 번역하면 다음과 같다.

"내각 주사 박준필 씨가 황제의 인장과 황제의 명령서를 위조한 사건 때문에 여러(날) 동안 감옥서에 갇혀 있었다. (이제 그 사건으로) 징역 3년 형을 받았다고 한다.(內閣主事 朴準弼氏가 御璽와 勅旨를 僞造혼 事件으로 監獄署(에) 多日 滯囚ㅎ얏더니 役三年에 宣告되얏다더라)"

과연 긍농은 내각주사로 근무한 적이 있었고, 그것도 정3품 통정대부로서 "문서과장"을 한 적도 있었다. 그와 같이 경력이 풍부한 관리가 고종 황제의 명령을 직접 위조하고, 거기에다 황제의 도장까지 찍어서 누군가에게 주었다는 것이 사건의 실체였다.

그쯤 되고 보면 아무래도 보통 범죄는 아니었던 것 같다. 국가의 법전인 《대전회통大典會通》에 따르면 이러한 범행을 저질렀으면 지위 고하를 막론하고 사형을 받아 마땅하였다.

그런데 우리가 읽은 구한말의 신문 기사는 조금 이상한 느낌을 준다. 〈대한매일신보〉는 긍농을 중죄인으로 매도하지 않았다. 범인이라면서도 호칭을 "박준필 씨"라고 했다. 기사 제목도 "박씨가 징역을 선고받았다"라고 해 결코 흉악한 범죄자로 몰지 않고 은근히 감싸는 분위기를 풍겼다. 긍농을 흉악범이라든가 파렴치범이라고 명시하지 않은 것도 보기에 따라서는 이상하다.

중대 범죄자 긍농 박준필이 황제의 가짜 명령서에 옥새를 찍어서 누구에게 주었으며 그 내용이 무엇인지를 한마디도 밝히지 않은 것도 의아하다. 게다가 긍농이 이런 범행을 통해 얼마나 막대한 금전적 이익을 보았는지 한마디도 기록하지 않았다. 너무도 비상식적인 기사가 아니겠는가.

때때로 우리는 행간의 침묵을 통하여 역사의 진실을 만날 수 있다. 구한말에 긍농이 조작하였다는 고종의 명령서는 돈을 받고 팔기 위한 것이 아니었다. 금전적 이익을 얻기 위해서가 아니었다면, 나이가 50세나 된 베테랑 관리가 왜 그처럼 무모한 짓을 저질렀을까? 그의 범죄는 과연 어떠한 것이었기에 보수적 성향의 〈황성신문〉은 침묵하였는가? 그보다 훨씬 애국적이고 진취적인 성향을 보인 〈대한매일신보〉는 왜 중죄인을 은연중에 감싸고돌았을까?

긍농은 궐내에서 여러 해 동안 고종 황제의 인사명령서나 행정에 관한 다양한 문서를 비롯하여 국가기밀에 관한 서류를 생산하는 전문관리였다. 망국을 눈앞에 두고 그가 저지른 범죄란 무엇인가? 우리는 그 누구의 설명을 기다릴 것도 없이 대뜸 짐작할 수 있다. 전국 각지에서 일어난 충성스러운 의병장들에게 황제가 건네주고 싶어도 공식적으로는 어찌할 수 없는 벼슬 임명장이었을 것이다. 고종 황제가 차마 입 밖에 꺼내기 곤란한 글, 즉 의병의 애국 투쟁을 선동하는 비밀 서한이 아니고 무엇이었겠는가.

긍농은 자신의 지위를 이용해 전국 각지의 의병장을 격려하고 그들의 투쟁을 촉구하는 문서를 많이 생산하였다. 그가 퇴직하자 그 사실이 뒤늦게 드러나 3년의 징역형을 선고받았음이 명백하다. 고종 황제는 강제로 양위할 수밖에 없는 처지였으나, 조정에서는 과연 긍농과 같은 충신을 정말로 감옥에 가둘 수 있었을까?

3년의 징역형을 선고받았으나 긍농은 바로 풀려나 고향인 전주로 돌아왔다. 황제의 옥새를 위조하고 황제의 가짜 명령서를 꾸민 중죄인 긍농의 자손이라는 사실이 조금은 자랑스럽다. 그런 엄청난 일을 해낼 용기가 나에게는 없으며, 도무지 그만한 처지도 능력도 안 된다. 우리는 조선이란 나라가 허무하게 망하고 만 것은 알아도 긍농과 같이 충직한 신하가 있었음을 모른다. 감히 황제의 명령을 조작해서라도 의병장들을 격려한 사실이 감동적이다.

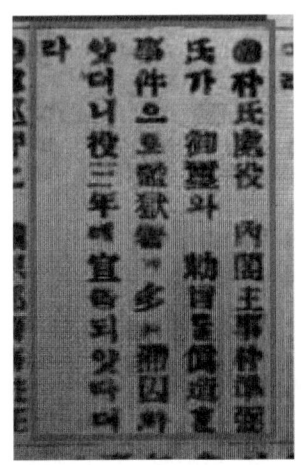

긍농 박준필에 관한 재판 결과를
알리는 신문 기사

"무궁화 꽃 피는 땅"

평생에 긍농이 사랑한 것은 시주詩酒(시와 술)와 마음이 깨끗한 벗이었는데 그중 제일이 수졸재(휘 낙기)였다. 그랬으므로 긍농은 진안의 좌포리로 돌아가지 않고, 친구와 함께 은석동隱石洞에서 말년을 보낸 것이다. 돌이 숨어 있다는 뜻을 가진 은석, 예로부터 선비가 그곳에 숨어 살았기에 만들어진 이름일 것이다.

관직에 있을 때 긍농은 남과 심하게 다투지 않았다. 그렇다고 그를 순응적이고 수동적인 인물이었다고 보면 오산이다. 긍농은 이따금 글을 지어 신문에 '기서壽書', 즉 기고하는 형식으로 자신의 사명을 다하고자 노력했다. 나는 20대 젊은 시절에 우연히 〈황성신문〉에 실린 긍농의 글 몇 편을 발견하고 깜짝 놀랐다. 이미 청국공사관에 서기로 근무할 때부터 긍농은 신문사에 글을 보내곤 했다.

19세기 말부터 많은 중국인이 미국에 이민을 가서 노동자로서 비참하게 운명을 마감한 이가 적지 않았다. 긍농은 베이징에서 외교관으로 지내며 그런 실상을 자세히 알게 되었으므로 〈황성신문〉에 장문의 글을 보내, 우리 백성이 다가올 비극을 모른 채 하와이로 이민 가면 안 된다고 경고했다. 장차 엄청난 시련을 겪고야 말 테니 노동이민처럼 위험한 일을 함부로 결정하지 말아야 한다고 당부했다.

1908년 긍농은 관직을 떠난 다음 호남학회湖南學會에 가입해 평의원으로 활동하며 애국계몽운동에 뜻을 두었다. 그러나 위에서 서술한 것과 같이 큰 사건이 드러나 곤욕을 겪은 뒤에는 더는 한양에 머물 생각이 없었다. 긍농은 남쪽으로 내려가 심우心友 부사용 공과 함께 강호江湖에 숨어 살았다. 그는 글을 읽고 시문詩文을 짓는 것으로 소일하였다. 가끔은 자신이 쓴 시문을 신문사에 보내 활자화되는 기쁨을 맛보기도 했다.

그중 하나를 소개한다. 1920년 12월 26일 자 〈매일신보每日申報〉 '문원文苑'란에 "종교"란 제목의 글이 있다. 〈매일신보〉라면 1904년 에 영국인 기자 베델이 창간한 〈대한매일신보〉의 후신이다. 1910년 에 일제가 조선의 국권을 강탈한 뒤에 〈매일신보〉라는 이름으로 개 명해 기관지처럼 이용하였다. 1920년 봄에 〈조선일보〉와 〈동아일 보〉가 창간될 때까지는 아무리 미워도 〈매일신보〉가 유일한 한국의 일간신문이라 무조건 버릴 수만도 없는 지면이었다.

그 신문에 실린 긍농의 한시를 읽어보자. "종교"는 1920년 늦가 을에 창작한 것으로 보이며, 식자들 사이에 회자되다가 신문에 실 린 것이다. 서툰 솜씨로나마 직접 번역하고 약간의 설명을 붙이면 다음과 같다.

종교

어찌하여 3유와 8묵이 있으며 何有三儒與八墨 – 보통은 "팔유 삼묵"이 라 하여 유가에 여덟 파가 있고, 도가에도 삼 파가 존재한다고 말한다. 긍농은 유교와 도교에도 분파 작용이 활발하다는 뜻으로 이 구절을 썼을 것이다.

무슨 이유로 조화를 일으켜 한 몸이 천억 개가 되는가 安得化作身千億

– 도술을 부리면 분신分身이 헤아릴 수 없이 많아진다는 뜻이다. 불교 및 도교의 신비한 이야기를 상징하는 표현이다.

예수교는 7만 명이 장로 자리를 차지하나 耶蘇七萬占長老 – 예수교가 세계 각국에 널리 퍼져 많은 교회당이 있다는 뜻이다.

본사 30만으로도 오랜 덕이 증명되나니 本山三十證古德 – 한국의 불교는 본사가 30가량인데, 이것만 보아도 부처님의 공덕을 후세가 얼마나 기리는지 알 수 있다는 뜻이다.

천도, 시천 그리고 청림이라 千道侍天及靑林 – 신종교인 동학도 그새 분파 작용이 활발해 천도교, 시천교 및 청림교로 나뉘었다는 뜻이다.

지역마다 신자를 얻고 또 얻는구나 隨處得得復得得 – 전국 각지에 천도교와 불교 및 기독교의 교세가 널리 확장되고 있는 현상을 말한다.

학교도 동쪽에서 일어나고 서쪽에서 일어나네 學校自東而自西 – 새로 학교가 조선팔도 어디서나 많이 세워지고 있으며 앞으로 더욱 많아져야 한다는 소망을 담은 구절이다.

종교도 남쪽에서든 북쪽에서든 일어나리니 宗敎自南而自北 – 무슨 종교든지 백성의 지혜를 일깨우는 것이라면 어디서든 번영하기를 축원한다는 뜻이다.

학은 구름 속에 살고 물고기는 진흙탕 속에 산다오 鶴在雲間魚在泥 -
저마다 성품과 특징에 따라 추구하는 종교는 얼마든지 다를 수 있다
는 말이다. 학은 진흙을 멀리할 것이요, 물고기가 어찌 소나무 가지 위
에 살겠는가. 사람마다 신앙은 다를 수 있으므로 차별하는 것은 부적
절하다는 말이다.

이천만 동포가 사는 무궁화 피는 땅일세 二千同胞槿花域 - 2천만 동포
가 사는 우리나라는 일제가 국권을 빼앗아 갔더라도 때가 되면 여전
히 무궁화 꽃이 피는 우리 땅이라는 뜻이다. 글쓴이의 조국애가 은근
히 나타난 구절이다.

중양절이 지났으므로 옛 뜨락을 그리워하네 重陽後日懷古園 - 국화 향
기 그윽한 중양절은 지났으나 벗들과 함께 모여 어울리던 옛날이 그
립다는 뜻이다. 나라는 망하고 말았으나 그 옛날로 돌아가고 싶다는
뜻이리라. 잃어버린 조국의 국권을 되찾고 싶은 마음을 간접적으로
드러낸 구절이다.

"宗敎": 何有三儒與八墨 安得化作身千億 耶蘇七萬占長老 本山三十證古德 千
道侍天及靑林
隨處得得復得得 學校自東而自西 宗敎自南而自北 鶴在雲間魚在泥 二千同胞
槿花域 重陽後日懷古園

"종교"는 표면상으로는, 이제는 각자 자신의 취향대로 다양한 종

교를 믿는 시대가 되었다고 말하며 시대적 변화를 긍정적으로 수용한 것처럼 읽힌다. 그런 점에서 동학 교단이 사분오열된 현상도 부정적으로만 볼 일은 아니라는 뜻을 나타낸 것이라 하겠다.

정작 이 시에서 긍농이 힘주어 말한 것은 신식학교의 융성이었다. 학교가 전국 어디에나 널리 퍼지기를 그는 간절히 바랐다. 더더욱 중요한 것은, 일본이 국권을 강탈한 지 10년이 지났어도 이 땅은 여전히 2천만 동포가 함께 사는 우리 땅 "무궁화 피는 땅槿花域"이라는 선언이다. 망국의 설움을 읊으면서도 긍농은 절망하지 않고, 희망을 노래하였다.

이 시를 보아 짐작할 수 있듯 긍농은 개신改新 유학자였다. 공자와 맹자만을 숭상한 것이 아니라, 종교적 평등을 인정하였다. 그리고 신교육을 통하여 언젠가 국권을 되찾을 그 날이 올 것으로 믿고 기대했다고 볼 수 있다. 교육이 세상을 바꾸는 가장 강력한 힘이라고 믿었던 점에서, 그는 역시 유자儒者였다.

장성의 적초루에서

긍농이 쓴 시는 곳곳에서 발견된다. 가령 서울대 규장각에 소장된 《장성읍지長城邑誌》에도 긍농의 시가 실려 있다. 《장성읍지》는 긍농과 같은 또래의 장성 선비 변승기邊昇基 등이 편찬한 책이다. 일제강점기인 1927년에 간행된 책자인데, 긍농은 〈적초루積草樓〉라는 제목으로 시를 지었다. (청구기호: 想白古915.14-J257-v.1)

적초루는 장성면 수산리에 있었다. 광무 무술년, 즉 광무 2년

(1898)에 장성군수 김성규金星圭(1864년생)가 이 정자를 지어 읍의 남쪽 보루南壘로 삼았다고 한다. 김성규는 이 정자를 자랑스럽게 여겨 정자 기둥에 시를 새겨 "주명柱銘(기둥에 새긴 글)"으로 삼았다. (〈積草樓〉 在長城面 壽山里 光武戊戌 郡守金星圭 建此樓 爲邑治南鎭 有肯製柱銘…)

알고 보면 장성군수 김성규는 긍농의 친구였다. 충청도 괴산 출신인 김성규의 자는 보형寶衡, 호는 초정草亭이었다. 현감을 지낸 김병욱金炳昱의 아들로, 청년 시절에 한양에서 수학數學을 공부하였다. 긍농과는 그 무렵에 사귄 것으로 짐작된다. 이어서 25세가 되던 1887년(고종 24)에 광무국주사礦務局主事로 벼슬길에 나갔다. 바로 그해에 친군우영문안親軍右營文案에 뽑혔고, 이어서 주차영덕아의법전권공사駐箚英德俄義法全權公使의 서기관이 되어 유럽에 나갔다. 그러고는 1889년(고종 26)에 귀국하였다.

김성규는 갑오경장(1894년) 이후 전라도 고창군수와 장성군수를 거쳐 강원도 순찰사로 승진했다. 가는 곳마다 선정을 베풀었으나 권세가의 모함에 빠져 1905년에 파직되었다고 한다. 그 뒤에는 목포와 장성에 신식학교를 세우고 교육사업에 몰두하였다. 시문詩文을 잘하고 글씨에도 능통하였는데, 《초정집草亭集》(12권)이 남아 있다. 이만하면 대단한 선비였다는 느낌이 든다.

1898년 장성군수 시절에 그가 지은 적초루에 관한 시를 읽고 나서 긍농은 다음과 같이 화답하였다.

십 년 고난에도 우리 우정 변하지 않았네.
동서남북 어디를 가든지 뜻이 높았지.

나는 아직 사방을 떠도는 한가한 문사文士이건마는

그대(김성규)는 어찌 이리도 당당한 관리가 되셨나.

누정樓亭에 올라 왕찬王粲(위나라 문사)을 슬퍼하고

내려와서는 서치徐穉(우국지사)를 부끄러워하네.

한평생 (마음속에는) 나라 걱정뿐이었다지.

남몰래 (권세가의) 비호 따위는 얻어 어디에 쓰겠는가.

뜻이 높아 옷깃 열어 도연명의 거문고를 안았네.

거문고 흥취를 봄소식 삼아서 부치려 하네.

푸른 초원은 끝없이 펼쳐져 있고

제방은 또 몇 리나 이어져 있는지 알 수가 없네.

次日 十載車笠盟 四方蓬桑志 我自爲漫郞 君何作傲吏 登樓悲王粲 下榻愧徐穉

一生公國耳 不要受廕庇 落開襟抱陶 陶發趣寄春 草碧羊綿長 堤多少里耶

　　위 시에서 긍농은 중국 고대의 시인 왕찬을 인용했다. 〈등루부登
樓賦〉라는 시가 떠올랐기 때문이리라. 위나라의 문인 왕찬은 삼국시
대에 동탁董卓이 난리를 일으키자 형주荊州로 피난하여 유표劉表에
게 의탁하였다. 그때 강릉江陵에 있는 성루城樓에 올라가 고향을 그
리워하며 〈등루부〉를 지었다고 한다. 긍농은 장성 적초루에 올라 자
신의 고향 진안의 좌포리를 떠올렸다는 뜻이다.
　　중국 한나라의 충신 서치徐穉를 언급하기도 했는데, 서치는 한나

라 왕실이 혼란에 빠지자 장차 환란이 일어나리라 짐작하고는 대비를 잘 하라고 주문했다. 긍농이 서치의 고사古事를 꺼낸 것은 조선의 국운이 기울었기 때문이다. 장차 나라가 망할지도 모른다는 위기감이 컸다는 뜻으로 해석된다.

〈적초루〉를 쓸 당시에 긍농은 전주의 세무주사稅務主事였다. 시에서는 벼슬도 없이 사방을 한가로이 떠도는 선비라고 자신을 소개하였으나 실제로 무직은 아니었다. 친구인 장성군수에 비하면 보잘것없는 벼슬이라서 그렇게 표현한 것이다.

끝으로, 장성 적초루에 관해 설명을 좀 덧붙인다. 적초루가 있던 수산리는 원래 장성의 읍서면邑西面에 속하며, 동산, 중초, 수산, 신천의 4개 마을을 묶어서 수산리라고 했다. 그중 중초마을에는 오리정五里亭이 있었다. 한편 장성은 읍의 지형이 와우형臥牛形, 즉 소가 누워 있는 모습이라서 소가 꼴을 먹을 수 있게 적초루積草樓를 지었다. 혹자는 이 누정이 1879년에 지어졌다고 말하지만, 《장성읍지》에서는 1898년에 건축된 것으로 설명한다.

일제강점기가 되자 적초루를 헐어버리고 그 자리에 장성면사무소를 만들었다. 그때가 1921년 12월 말이었는데, 당시 면장은 《장성읍지》를 편찬한 변승기였다. 면사무소 앞에는 시장이 들어서고, 마을 앞으로 신작로(국도 1호)가 지나가게 되어 일대가 활기를 띠었다. 그 후 1943년에 장성면사무소는 다른 곳으로 이전되었다. 적초루 터에는 현재 마을회관이 있는 것으로 안다.

요컨대 1898년 장성군수 김성규는 적초루를 짓고 이를 기념하는 뜻에서 시를 기둥에 새겼다. 그의 친구인 긍농도 축하하며 한 편의 시를 지었다. 긍농의 시를 천천히 읽어보면 두 선비의 깊은 우정을 느낄 수도 있고, 난세에 나라의 운명을 염려하는 우국憂國의 비장함이 역력하다. 그로부터 130년쯤 지난 오늘날 적초루는 흔적도 없이 사라졌다. 우리는 **빼앗긴** 나라를 되찾았으나, 제 갈 길을 제대로 가고 있는지 두렵고 염려스러운 마음이 들기도 한다.

탁지부 훈령

건양 원년, 즉 1896년 1월 10일에 탁지부(현 기획재정부) 대신 어윤중魚允中이 전라도 전주군수에게 보낸 문서가 있다. 집안에 남아 있는 〈훈령訓令〉이 그것인데 번역해본다.

| 훈령 |

본읍(전주)이 지난날 거두지 못한 결전結錢(농지 부가세)과 (올해 납부할) 결전은 걷히는 대로 공동회사에 납입하라. 그리고 해당 회사의 사원에게 봉표捧標(영수증)를 받아서 본부(탁지부)에 접련粘連(첨부하여) 보고하라.

건양 원년 1월 10일

탁지부대신 어윤중 탁지부대신인
전주군수 염규환 좌하(귀하)
탁지부인

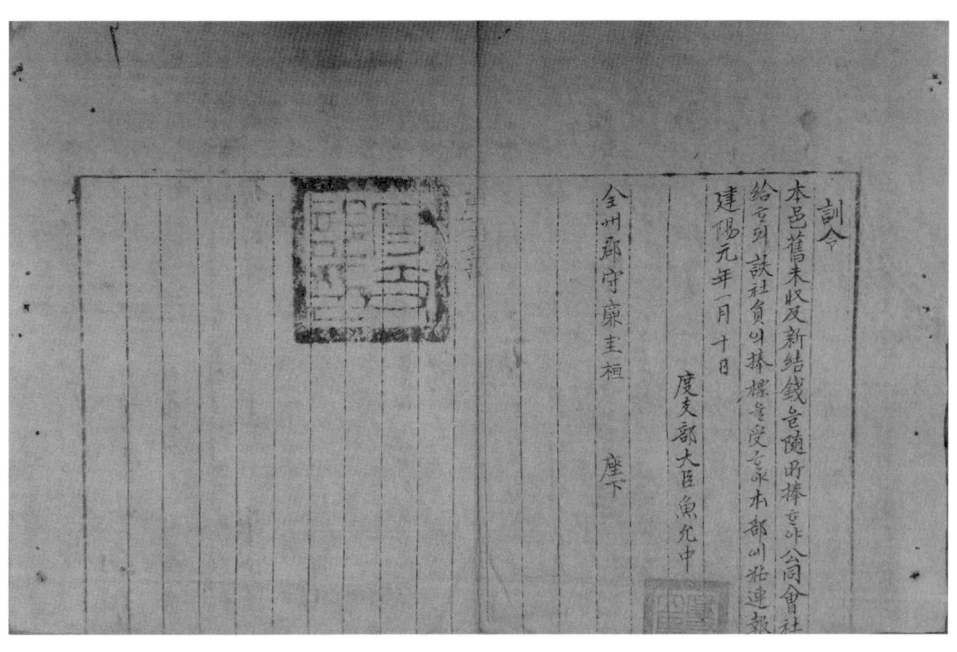

訓令

本邑舊未收及新結錢을 隨卽捧̄́야 公司會社
給호되 該社員의 捧標를 受̄́아 本部에 粘連報
給̄́ㄹ 事

建陽元年一月十日

度支部大臣 魚允中

全州郡守 廉圭桓

座下

탁지부 훈령.
1896년 1월 10일에 탁지부 대신 어윤중魚允中이
전라도 전주군수에게 보낸 공문서

이 문서가 우리 집안에 소장된 이유는 무엇일까. 그 당시에 긍농이 전주의 세무주사를 지냈기 때문에 이 문서의 실제 수령인은 긍농 박준필이었다.

〈훈령〉을 통해 새롭게 알 수 있는 정보도 있어 흥미롭다. 이제부터는 지방 관아에서 세금을 거둔 다음에 한양으로 가져다가 탁지부에서 지정하는 회사에 바치고, 그 회사의 영수증을 받아 탁지부에 제출하라고 했다. 〈훈령〉에서 언급한 "회사"란 거대한 창고였다. 관청의 물건을 위탁하는 곳으로 오늘날의 조달청쯤 되었을 것이다.

당대 최고의 시인

긍농은 구한말에 여러 직종에 종사한 실무 관리이자 탁월한 시인이었다. 그가 지은 한시는 필사본 형태로 《운농수창집雲農酬唱集》에 남아 있다(연세대학교 도서관). 한용원韓龍源은 1879년(고종 16)에 생원시에 합격한 선비로 1842년생(헌종 8)이다. 긍농보다 나이가 14살이나 많았다. 그들은 앞에서 말한 호남의 양전사업을 함께하면서 틈틈이 시를 주고받았다. 《운농수창집》은 그때 쓴 시를 모은 것이며, 그에 더하여 긍농의 또 다른 시집인 《용점재속필溶點齋續筆》 등을 합친 것이다. 앞으로 연구가 필요한 한시집이다.

긍농이 당대의 명사들과 주고받은 시가 적지 않다. 스승에 해당하는 조면호趙冕鎬(1803~1887)와도 시를 교환한 흔적이 뚜렷하다. 조면호의 문집 《옥수선생집玉垂先生集》 26권에도 〈긍농의 운을 따서 짓다次肯農韻〉라는 시가 보인다. 조면호는 추사 김정희金正喜의 조카사

위이자 제자이기도 하였다. 일찍이 숙부 조기겸趙基謙이 연행사燕行使가 되어 청나라에 갔을 때 자제군관子弟軍官으로 따라가서 청나라의 문화를 체험하였다. 조면호는 말년에 호조참판과 지의금부사知義禁府使를 역임한 명인이었다. 스승인 김정희의 필치筆致를 제대로 익혀 명필로 이름을 떨치기도 했다. 그런 명사들도 긍농의 문예적 성취를 높이 평가했다는 점은 특기할 일이다.

한 가지 아쉬운 점도 있다. 긍농의 생애는 한문에서 한글로 표현 수단이 급히 전환하는 시기에 걸쳐 있었다. 한문으로만 시문을 쓰지 않고 한글로도 작품 활동을 했더라면 좋았을 텐데 그는 한문이라는 구시대의 표현 수단에 갇혀 있었다. 긍농처럼 개명한 선비마저 한글을 외면하고 만 셈이었다니, 후세인 우리가 보기에는 여간 안타까운 일이 아니다.

03.
열녀
영월신씨寧越辛氏
부인

-책을 사랑한 여자 선비

세효각, 즉 우리 집안의 여성들은 대체로 책을 몹시 사랑하였다. 할머니 박금주 여사가 고소설을 즐겨 읽던 모습을 기억하는 사촌들이 아직도 많다. 어릴 적에 들은 이야기지만 금주 여사의 시어머니, 즉 나의 증조모 신씨 부인도 늘 책 읽기를 좋아했다.

소설책을 사랑한 신씨 부인

신씨 부인은 팔순까지 장수하였는데 노년에 눈이 잘 보이지 않자 저녁 밥상을 물린 다음에는 꼭 며느리 금주 여사에게 청하여 책을 읽게 했다. 청아한 목소리로 금주 여사가 책을 낭송하면 신씨 부인은 울고 웃으며 그렇게 좋아할 수가 없었다. 때로는 혼자만 듣기가 아까워 이웃집 할머니들까지 초빙해 방 안 가득히 앉게 하고는 며느리 금주 여사에게 흥미로운 대목을 다시 낭독해달라고 주문했단다.

나의 증조모인 열녀 신씨 부인.
일제강점기에 자택 후원에서 찍은 사진인데 신씨 부인은 이미 노령이었다.

가만히 역사를 헤아려 보면 18세기 이후 조선에서는 여성들이 독서 삼매경에 빠져 있었던 것 같다. 그때부터 한글 필사본 소설이 크게 인기를 끌었다. 우리 집안도 그런 편이었는데 모전여전母傳女傳의 독서열이 볼만했다.

여성의 독서는 한글로 필사한 소설책에 집중되었다. 주인공 이름이나 책에서 다루는 사건은 실로 다양하였으나, 어김없이 유교적 가치를 강조하는 것이 대부분이었다. 말하자면 유교의 통속화에 소설책이 이바지한 셈이었다. 나라에 충성하고, 부모에 효도하며, 부부가 서로 신의를 지키고, 자녀를 잘 길러서 큰 인물이 되게 하는데 초점이 맞춰져 있었다. 그러므로 이런 소설책을 열심히 읽고 내면화하면 충효열忠孝烈의 가치를 위해 목숨까지도 버릴 수 있다는 신념이 길러졌다.

평소에 독서를 사랑하던 나의 증조모 신씨 부인은 부군府君이 세상을 뜨자 스스로 목숨을 끊을 결심을 하였다. 다행히 아들인 청계의 만류로 자결을 실행하지는 못했으나 부인이 세상 사람의 눈에 "열녀"로 비치게 된 데는 소설책의 영향이 적지 않았다. 지금도 내게는 신씨 부인을 비롯해 우리 세효각의 여러 할머니들이 아끼던 소설책이 여러 권 남아 있다.

사라진 소설책

이야기를 꺼내고 보니 한 가지 아쉬운 점도 떠오른다. 아마 내가 스무 살쯤 되었을 때였던 것 같은데 그때 우리 집에는 필사본 소설책이 30권쯤은 남아 있었다. 본래는 그보다 훨씬 많았다고 한다. 아무튼 그때 아버지의 친구인 고하 최승범 교수가 소설책에 욕심을 냈다. 그때만 해도 옛날 물건이 천덕꾸러기 취급을 받아 다들 불살라 버리거나 고물 장수에게 헐값에 팔아넘겼다. 우리는 차마 그럴 수가 없어 간직하고 있었다. 그런데 국문학을 전공하는 분이 관심을 가지고 한번 보자고 하였으므로 그나마 다행이었다.

1976년 어느 봄날에 나는 할머님들이 남겨두신 소설책을 두 개의 보따리로 만들어서 최 교수에게 가져다드렸다. 여러 달이 지난 다음에 연락이 와서 찾아갔더니 소설책 한 묶음을 돌려주었다. 나머지는 그대로 방에 두고 연구하겠노라고 하였다.

그로부터 오랜 시간이 지난 다음 최 교수가 그동안 여기저기서 모은 고소설 책으로 일종의 고소설 박물관 같은 것을 개관했다는 소식이 들려왔다. 당연히 우리에게서 빌려 간 소설책도 서가에 꽂혔으리라 믿는다. 속마음으로는 되돌려 받고 싶지만 차용증도 없이 빌려주고 말았으니 이제는 어찌할 방도가 없다. 그때 그 시절은 그렇게 어수룩한 세상이었다.

지금 내게 아직도 남아있는 고소설 책들은, 말하자면 최 교수가 이미 어디선가 이미 확보한 소설책이라서 천대를 받았다고 볼 수 있다. 그렇게 운명적으로 다시 집으로 돌아온 몇 권의 소설책 덕분에, 나는 뒤늦게나마 증조모 신씨 부인과 그 어머님인 "봉산산인 이소헌"이 얼마나 책을 애지중지했는지를 짐작하게 되었다. 전문적인 수집가가 퇴짜를 놓는 바람에 조상의 얼을 되새길 수 있게 되었으니, 참으로 불행 중 다행스러운 일이다.

명주기봉

요행히 집에 남은 소설책 《명주기봉明珠奇逢》의 내용이며 소설에 담긴 메시지를 간단히 알아보겠다. 우선 이 소설은 송나라 인종 때를 무대로 설정하고 있다. 비서각祕書閣 태학사太學士 현수문과 그 아우 현경문의 자손이 이야기의 주인공이다. 그들이 모진 세파에 부대끼면서도 결국은 문제를 모두 해결해 부귀영화를 누렸다는 것이 이야기의 줄거리이다.

이 소설에서 발견되는 특징을 학자들은 보통 다음의 여섯 가지라고 말한다. 첫째, 주인공 현웅린과 현천린의 영웅적인 모습이다. 그들은 여러 가지 난제를 슬기롭게 극복하고 사회적으로나 가정적으로 크게 성공한다.

둘째, 여성 주인공인 월성공주와 예주 소저 역시 모든 장애물을 극복한다. 악인에게도 관용을 베풀고, 신분과 계급을 초월하여 모든 사람과 정을 나누는 완벽한 인간상이다.

셋째, 이 소설에 등장하는 황제는 서민적이다. 항상 백성을 위하고 보살피는 위민爲民 정신의 구현에 힘쓰는 존재이다.

넷째, 올바른 가족관계를 설정하고 있다는 점이다. 가장은 어느 자녀도 편애하지 않아야 하며, 아내는 첩들에게 자매와 같은 사랑을 베풀어야 한다는 관점이다.

다섯째, 부부의 바람직한 관계가 어떠해야 하는지도 보여주었다. 서로 정서적인 면에서도 친밀감을 형성하는 것이 중요하다는 점이 강조되었다.

여섯째, 일상생활에는 여러 가지 방식의 거짓과 꾸밈이 일어나기 마련이며, 그것이 꼭 나쁜 것은 아니라는 통찰이다. 때로는 그런 부정적인 행위를 통해서 오히려 갈등이 해소되고, 가족의 결속도 강화된다는 점이 소설의 이면에 흐른다.

요컨대 이 소설은 중국의 유명한 귀족 가문을 이야기의 중심에 두고, 유교적 가치를 조선 후기의 일상에서 어떻게 실천하는 것이 좋을지를 따져본 것이다.

《명주기봉》은 18세기 중반에 창작된 것으로 보이는데, 20세기까지도 궁중과 민간에 널리 유행한 인기 소설이었다. 한글박물관에서 소장한 낙질본落帙本으로 미루어볼 때 19세기 중반부터 20세기 초까지 민간에서 널리 사랑받은 것으로 짐작된다.

이 소설은 본래 3부 연작 소설聯作小說의 두 번째 작품이었다. 《현씨양웅쌍린기玄氏兩熊雙麟記》를 시작으로, 《명주기봉》이 그 뒤를 이었으며, 다시 《명주옥연기합록明珠玉緣奇合錄》으로 이어졌다고 한다.

고조할머니 전주이씨의 《명주기봉》 필사기

조선은 워낙 선비의 나라였으므로 남성뿐만 아니라 여성도 문장을 숭상하였다. 선비뿐만 아니라 무사들까지도 책을 아끼고 사랑했다. 그들의 아내와 누이와 딸들도 틈만 나면 책을 읽고 베꼈다. 우리 집, 세효각의 할머니들도 책을 사랑해 이웃에게 빌려주기도 하였고, 혼자 또는 여럿이서 함께 책을 읽고 감상했다. 때로는 독후감이나 서평 같은 것을 소설책 끝에 적어두기도 했다. 집에 남은 10권쯤의 소설책을 통해 내가 확인한 것이다.

필사본의 앞과 뒤를 자세히 살펴보면 증조모 신씨 부인과 그 어머니인 이씨 부인이 남긴 글귀가 눈에 띈다. 신씨 부인의 딸인 수원 백씨와 며느리 박금주 여사가 적은 글도 있다. 그중 제일 신기한 것은 책을 언제 누가 필사하였다는 내용이다. 또, 이 책을 빌려 본 사람은 곧 되돌려 달라는 부탁의 말도 상투적이라고만 취급할 것은 아니란 느낌이 들었다. 더구나 책을 읽고 베낀 일종의 편집자로서 감상을 적어둔 구절은 더더욱 인상적이다. 《명주기봉》의 편차를 따라가며 거기에 적힌 글귀를 몇 개만 소개하겠다.

우선 《명주기봉》 제2권 말미에 고조모께서 이렇게 기록하셨다.

"셰자 을츅 원월 열오일 등츌 책주 이씨라."

을축년 정월 십오일에 베껴 썼으며, 책의 주인은 이씨라는 뜻이다. 을축년은 1865년 고종 2년을 가리킨다. 이런 기록에 이어서 책 주인을 "신씨"라고 적은 부분이 보인다. 신씨는 곧 나의 증조모인데, 어머님인 전주이씨로부터 물려받은 뒤에 그렇게 추기追記한 것이다.

책을 필사한 이씨 부인은 자신이 힘을 썼으나 필사본에는 약간의 흠이 발견될 수도 있다는 점을 의식하고 다음과 같이 당부의 말을 덧붙였다.

"오셔 낙자 만ㅎ오니 (2자 미상) 눌너 보옵쇼셔."

"잘못 적은 글귀와 빠진 글자도 많을 것입니다. 잘 헤아려서 읽어 주세요." 대강 이와 같은 뜻을 담았다고 본다.

《명주기봉》 필사본.
1865년경에 열녀 신씨 부인의 모친 전주이씨,
즉 봉산산인 소헌이씨가 농한기에 직접 필사한 것.

필사는 농한기에만

이씨 부인이 날마다 소설을 필사할 수는 없었다. 그는 농한기인 겨울철에만 시간을 내어 소설책을 베꼈다. 1865년 정월에 우선《명주기봉》제2권을 필사하였고, 그다음 달인 2월 초순에 이어서 제3권 필사도 마쳤다. 고조모 이씨 부인은 3권 끝부분에 다음과 같이 기록했다.

"세자 을축 이월 초사일 필사라."

풀이하면, 을축년(1865) 이월 초사일에 필사하였다는 뜻이다. 이렇게 3권까지 다 옮겨 쓴 뒤에 이씨 부인은 소감을 아래와 같이 적어놓았다.

"심은 수란 즁이나 이 책이 ㅎ신긔하기로 변츌 힐이 질여길두고 보고 민깰치다라 유자자젼젼반칙이라."

글의 뜻은 대강 아래와 같다고 짐작한다.

"내 마음은 어려움을 겪는 중이다. 그러나 이 소설책이 워낙 신기하기 때문에 필사하노라. 오래오래 곁에 두고 읽으면 좋겠다. 많은 깨침이 있더라. 자자손손 대대로 전해주기를 바란다."

부인의 이 말씀은 헛되지 않았다.《명주기봉》은 부인의 딸인 신씨 부인에게 상속되었고, 다시 며느리 박금주 여사를 거쳐 드디어는 필사자의 현손인 나에게 이르렀다. 고조할머니 이씨 부인의 뜻은 대강 이뤄진 셈이다.

이씨 부인은 그해 이월에도 필사를 계속하여 제4권까지 마치셨다. 책의 마지막 장에 이렇게 또 적어놓았다.

"셰자 을츅 이월 십육일 필셔하다."

을축년 이월 십육일에 필사하셨다는 말이다. 이어서 미래의 독자에게 주는 부탁의 말씀을 적어두었다.

"글시 넉넉잔하압 황모할제 만헌이 부인소졔보고 책지말의로세 책주 이씨셔."

이 무슨 뜻일까. "글씨도 시원하지 못하고 거칠고 잘못됨이 많을 것이다. 부인과 소녀들은 실수를 발견하고 나를 꾸짖지 말기 바람. 책의 주인 이씨가 씀."

필사한 이씨 부인을 탓하지 말아달라고 했다. 이 글에 이어 책의 새 주인이 "신씨"라고 적혀 있다. 필사자의 따님인 나의 증조모 신씨 부인이 나중에 덧붙여 기록한 것이다.

이씨 부인의 서평

훗날 필사자 이씨 부인은 《명주기봉》 넷째 권을 아마 거듭해서 읽은 것 같다. 그런 다음에 아래와 같이 촌평했다.

"이 글시을 보온직 빈독에 필이 나작이 주옥이요 획획이 생힘어라 일노조차 탄복하여 두어자 적사이 보시난 첨군자난 마암을 온전이 하여 착실이 보시압소셔 봉산산인 소헌은 근셔하노라."

부족한 내가 헤아려 볼 때 다음과 같은 뜻이 아니었나 짐작한다.

"이 소설을 읽어보고 또 자주 읽으면 반드시 글귀마다 주옥이요, 한글 자 한글 자의 뜻이 생생하도다. 그로 인해 내가 탄복하여 두어 자를 기록하노라. 보시는 모든 분은 마음을 온전히 하고 착실히 읽어보기 바라노라. 봉산산인 소헌은 삼가 적어두노라."

《명주기봉》은 담긴 뜻이 좋은 양서라고 했다. 감동을 많이 받았다는 뜻으로 평을 하고 장차 자신의 필사본을 빌려 볼 독자들도 이 소설의 내용을 음미하라고 부탁했다. 이런 글을 쓴 다음에 이씨 부인은 자신의 호와 이름을 "봉산산인 (이)소헌"이라고 밝혔다.

여성 선비라는 자존감

이씨 부인은 시골 마을에 거주하는 여성이었지만 스스로를 한 사람의 당당한 선비로 여겼다. 그는 당당하게도 자아 정체성을 강조하며 후세에 길이 알리고자 하였다. "봉산산인"이라고 하면 아마도 봉산산인蓬山散人으로, 봉래산에 한가롭게 사는 선비란 뜻이다. 봉래산은 금강산이므로, 실제로 그가 살던 곳은 아니지만 마음속으로는 금강산에 사는 처사處士로 여긴다는 뜻이 아니었을까. 또 "소헌"은 소헌逍軒으로 세상을 두루 소요逍遙하기를 꿈꾼다는 뜻이었을 것 같다.

당대의 세상 풍조로 보면 김만덕이란 제주 여성을 제외한다면 치마를 입은 부인이 감히 금강산을 갈 수도 없고, 오솔길을 따라 전국 어느 곳이든 자유롭게 여행할 수가 없었다. 그러나 이씨 부인은 《명주기봉》처럼 방대한 소설책을 첫째 권부터 차례로 베끼며, 그 자신도 중국 천하를 주름잡는 영웅호걸이나 다름없다고 여긴 것이다.

《명주기봉》에서 무엇을 배울까

나의 고조할머니, 봉산산인 소헌은 인기 있는 장편 소설《명주기봉》에서 무엇을 배울까를 오랫동안 사색하였다. 그런 끝에 다음과 같은 감상문을 적어놓았다.

실곡다셰 상사라음니 무론 남녀귀쳔허고 난세화복은 닌지상사라 닐월셩신도 한본 재앙을 피치 못하거던 허물며 사람니리요 공쥬은 만승천자으 쳔츙을 어더 하지 옥엽니로되 현자의 하가하야 부덕을 높피잡아 젼젼유환 자덕을 두엇거던 허물며 우(리)미쳔쵸토 닌생니야 감니완심을 가자 부도을 바리니요 비록 언서 고담나나 보시난 부닌쇼져허슈니 고담으로 보지 말고 붐마니럿 탈퓌려 하되 공쥬흐 금도 컷셔미 젼고유환생한 부도을 자바 죠금도 단죠리미 업심을 본다두소셔.

이씨 부인 소헌의 독서 감상은 이와 같은데, 내가 그 뜻을 헤아려 보면 아래와 같이 네 부분으로 나눠서 읽어야겠다.

첫째, 세상사는 뜻대로 되는 것이 아니요, 더구나 난세에 처하고 보면 누구라도 고생하기 마련이라고 했다. 이소헌은 다음과 같이 기록하였다.

곡절을 잃고 고생하는 것은 세상에 늘 있는 일이다. 남녀 귀천을 떠나 난세에 태어나면 화를 입기도 하고 뜻밖에 복을 잠깐 누리기도 한다.

이는 누구나 겪게 되는 일이다. 천지자연도 재앙을 피하지 못하는데 하물며 보통 사람이 어떻게 피할 수 있을까.

둘째, 이소헌이 가장 주목한 것은 《명주기봉》의 여성 주인공인 월성공주의 성품이었다. 그는 공주의 부덕婦德을 다음과 같이 요약했다.

작품에 나오는 공주는 수레를 만 개나 거느린 천자의 은총을 얻은 이요, 세상에 다시 내려온 금지옥엽으로 참으로 귀한 몸이었다. 그는 어진 선비에게 시집가서 부덕을 높이 쌓았다. 비록 여러 가지 사건을 겪으며 환난이 심하였다 해도 끝내 자비로운 덕성을 지키셨다.

셋째, 봉산산인 소헌, 즉 나의 고조모는 독자로서 어떠한 태도를 갖는 것이 좋을지를 고심했다. 그가 내린 결론은 다음과 같았다.

그러면 우리같이 미천한 사람 보잘것없는 인생은 어떠할까. 감히 완전한 덕성을 이룰 소망을 가지고 부녀의 도리를 제대로 갖출 수가 있다고 하겠는가. 비록 이것은 한글로 쓴 옛날이야기에 지나지 않으나, 이 책을 읽는 부인과 아가씨들은 함부로 여겨 그저 한낱 옛날이야기로 취급하지 마시라. 잘못된 일에서 벗어나려고 항상 노력하기를 바라노라.

넷째, 이 소설에서 배울 점을 한 가지만 적는다면 뭐라고 쓸까. 소헌 할머니는 그 점을 아래와 같이 서술했다.

작중 인물 공주의 도덕심과 인격은 정말 훌륭하였다. 전생의 인연으로 세상에 다시 태어나 부녀의 도덕을 갖추었다고 하겠다. 그에게는 조금도 쉼과 막힘이 없었으니, 이를 본받을지어다.

필사는 다시 농한기로 이어져

제4권을 베낀 다음에는 가정일이 바빠졌다. 봄이 왔기 때문에 농사일로 분주해졌다. 이씨 부인은 이 책의 필사를 계속하지 못하고, 그해를 넘겼다. 그러나 《명주기봉》을 모두 필사하고야 말겠다는 의지는 사라지지 않았다. 그가 제5권 필사를 마친 것은 그 이듬해인 병인년(1866, 고종 3) 정월 초육일이었다.

이씨 부인은 책 맨 뒷장에 필사에 잘못이 많더라도 양해해주기를 바란다는 구절을 다시 적었다. 물론 이 책의 주인이 이씨 부인이라는 점도 명기했다. 그보다 한참 세월이 지난 다음에 이 책은 따님인 "신씨"의 것이 되었으므로, 신씨 부인, 즉 나의 증조모는 그 점을 또 기록하였다.

제6권 필사는 비교적 순조로워, 병인년 정월 12일에 마쳤다. 제5권 필사를 마친 지 불과 엿새 만에 한 권을 또 필사하였다는 뜻이다. 그런데 놀랍게도 제7권은 제6권보다 이틀 앞서 필사가 끝났다. 왜 그랬는지는 몰라도 이씨 부인은 책의 순서를 바꿔 7권을 6권보다 먼저 베꼈다.

일정동 완산이씨

영월신씨 족보를 통해 나는 이씨 부인이 전주이씨라는 사실을 안다. 그런데 제7권 마지막 장을 보면 이씨 부인은 자신의 씨족 정체성을 따로 밝혀놓았다. "책주 일정동 완산이씨"라고 했다. 전라도 부안 일정동에 사는 전주이씨라는 말이다. 이 짤막한 기록으로 이씨 부인과 그 따님인 신씨 부인 일가가 부안 일정동에 살았다는 사실을 분명히 알 수 있다. 그런데 유감스럽게도 "일정동"이 오늘날의 어디쯤인지는 알지 못한다.

봉래산인 소헌 이씨 부인은 친정이 어디였을까. 그 역시 자세히 알수가 없다. 전주이씨는 전국 어디에서나 흔히 마주치는 대성大姓이므로 다른 기록이 있으면 모를까 쉽게 짐작하기 어렵다. 그런데 부안으로 시집온 지도 이미 오래되었으므로, 시가媤家가 있는 일정동을 자신의 고향으로 여긴 것이다. "일정동 완산이씨"란 그런 표현이다.

자손에게 영구히 전하고 싶어

훗날 이 책은 어머니 이씨 부인의 곁을 떠나 따님인 신씨 부인의 처소로 옮겨졌다. 부안에서 전주로, 정확히는 부남면 은석동으로 옮겨졌다. 거기서 신씨 부인의 따님 수원백씨, 정확히 말해 청계의 누님에게 전해졌다. 나의 고모할머니인 그는 구이면에 사는 전의이씨全義李氏 집안으로 출가하였다. 그러다가 친정 동생인 청계의 도움을 기대하며 가족을 이끌고 다시 부남면 안적동으로 이사했다. 내 어린 시절에도 고모할머님의 자손은 여전히 안적동에 살았다.

청계의 누님은 외할머니인 이씨 부인이 필사한 《명주기봉》으로 한글을 배웠다. 그 사연이 책에는 다음과 같이 적혀 있다. "책주 백소제 십삼서어 잇책으로 배워." 세대가 아래로 내려감에 따라 이 책은 주인이 외손녀 "백소저"로 바뀌었고, 그는 13살에 이 책으로 한글을 배웠다는 점을 알 수 있다.

하지만 백소저는 이 책을 시집으로 가져가지 않았다. 《명주기봉》의 주인이 이씨 부인에서 신씨 부인을 거쳐 백씨 부인으로 바뀌었으나, 백씨 부인은 책을 친정에 두고 출가했다. 그래서 이 책의 주인은 신씨 부인의 며느리인 금주 여사로 바뀌었다.

그런 이야기는 후일담이며, 부안 일정동에 사는 이씨 부인은 《명주기봉》 필사에 정력을 쏟아, 제8권 필사도 서둘렀다. 그때는 아마 가정이 태평하여 주야로 필사에 매달릴 수 있었던 것 같다. 병인년 정월 10일에 제8권 필사까지 마친 다음에, 부인은 아래와 같이 자신의 소감과 소망을 기술했다.

> 황모 흐온이 눌너 보옵소셔 글시 변변치 못ᄒᆞ오 ... 승상의 관흥 관흥 대덕은 흠모ᄒᆞ여 (2자 결) ᄒᆞ여 ... 내질에 길이 젼ᄒᆞ 이 모의 필적을 허수이 생각말고 잘 간수ᄒᆞ여라 유자자 젼젼 반칙ᄒᆞ라.

이씨 부인의 뜻을 다음과 같이 헤아려 본다.

"필사가 거칠더라도 헤아려 읽기 바란다. 글씨가 변변하지 못하지만 그러한 부탁을 드리노라. 이 책에 나오는 승상(정승)의 관대함과 높은 덕망을 흠모하노라. 이 책을 후세에 길이 전하기 바란다. 어머니(이씨 부인 본인)가 쓴 것이므로 가볍게 여기지 말고 부디 잘 간수하여라. 자손이 있으면 대대로 물려주기 바란다."

바삐 필사한 것이라 부인이 보기에 글씨가 흡족하지 않았다는 것이다. 그러나 후세의 눈으로 보면 달필이었다. 쉴 새 없이 읽으며 단숨에 써내려 갔으니 그 수고가 어찌 적다고 하랴. 이씨 부인은 작중 인물인 남성 주인공도 성품이 관대하고 덕성을 갖춘 이라서 바람직하다고 여겼다. 아마 자손 중에도 그런 인물이 있기를 바라는 마음이 간절했으리라. 따라서 이처럼 좋은 책을 대대로 자손에게 물려주어 깊이 간수하고 늘 읽고 배우는 바가 있기를 바랐다.

필사의 고된 작업은 죽 이어져 그해 정월 14일에는 《명주기봉》 제9권까지 마쳤다. 그다음에는 바쁜 일이 생겨 한동안 필사를 하지 못하였다. 다시 해가 바뀌어 정묘(1867년, 고종 4)년 봄이 되자 제10권도 드디어 필사가 끝났다. 그때는 "모춘 모월 등서"라고 기록하여 마친 날짜를 정확히 기록하지 않았으며, 이것으로 《명주기봉》 필사 작업은 일단락되었다.

그럼 이 소설책의 첫 권은 언제 필사하였을까. 정확히 알 수는 없으나 짐작은 가능하다. 제2권 필사가 완료된 것이 을축년(1866) 정월 15일이었다는 점을 감안하면, 그보다 열흘 전인 정월 초에 마쳤을 것으로 추측된다. 이렇듯 이씨 부인은 농한기인 겨울철에만 소설을 필사했다. 10권짜리 《명주기봉》 필사는 무려 3년 동안 간헐적으로 이어진 대장정이었다.

독자이자 편자이며 무명의 공동저자

이씨 부인은 필사 과정에서 누락된 글자도 있을 것이요, 실수로 본문을 빠뜨린 부분도 있을까봐 염려하였다. 그러면서도 자신이 손수 베껴 쓴 이 소설이 자손 대대로 소중한 읽을거리가 되기를 소망하였다. 아울러 소설책의 특징이랄까, 등장인물에 관한 자신의 느낌도 간단히 기록하고, 독자를 격려하는 한편 분발을 촉구하기도 하였다.

부인은 자신이 부안 일정동에 살고 있다는 점도 밝혔고, 완산이씨 곧 전주이씨의 일원임을 자랑스러워한 것도 같다. 그뿐만 아니라 스스로를 "봉산산인 소헌"이라고 불러 여성 선비라는 자의식을 굳이 숨기지 않았다. 여성도 여느 선비나 마찬가지로 유교적 지식과 도덕을 소중히 여기고 있으며, 고난 속에서도 삶을 개척하고자 하는 굳은 의지가 있었음을 충분히 짐작할 수 있다.

알다시피 부인이 살았던 19세기에는 인쇄된 소설이 거의 없었다. 있다고 해도 값만 비싸고 길이가 너무 짧아 크게 주목받지 못했다. 따라서 책을 사랑하는 여성은 대개《명주기봉》같은 장편 소설을 일일이 필사하였다. "필사"라는 말에는 여러 가지 뜻이 함축되어 있다. 무조건 베껴 쓰는 행위라고 볼 수 없었다. 등사자의 판단에 따라서 책의 내용을 줄이기도 하였으며, 때로는 조금 늘리거나 표현을 바꾸기도 하였다. 그런 점에서 필사 작업은 편집 행위이기도 하고 공동 창작이기도 했다. 나의 고조할머니 이씨 부인 역시 훌륭한 독자이자 편집자이기도 했고, 아마 창작열에 불타는 작가이기도 했을 것이다.

여기서 다시 번거롭게 위에 기술한 것과 비슷한 이야기를 반복할 필요는 없겠다. 그런데 두 가지 점은 간단히 언급하고 싶다. 첫째, 신씨 부인과 박금주 여사도 다른 소설을 많이 필사했다는 점이다. 심지어는 일제강점기에 십 대 소녀로 요절한 금주 여사의 큰딸, 즉 나의 큰고모도 열세 살 어린 나이에 소설책을 필사한 기록이 있다는 점을 말해둔다.

둘째, 우리 세효각의 따님들이 한글을 공부할 때 사용한 일종의 한글 교본이 남아 있다는 사실이다. 그것은 소설책이 아니라 여러 처지에 맞는 편지투套였다. 두루마리 형태로 된 한글 교본이다. 친정 부모와 시부모에게 보내는 안부편지를 비롯하여 과거시험을 보러 먼 길을 떠난 남편에게 보내는 편지 등을 미혼의 아가씨들이 달달 외웠다는 것이다. 장성하여 멀리 시집을 가면 친정에 편지를 보낼 일이 있을 것이요, 어쩌다가 친정에 근친覲親하러 오면 시댁에 안부를 여쭤야 했다. 그 경우에 격식에 알맞게 쓴 좋은 편지를 외워서 활용하는 것은 반드시 갖춰야 할 여성의 기본 소양이었다.

경진년 효열 통문

누구보다 독서열이 높았던 신씨 부인은 열녀로 손꼽히기도 했다. 평소에도 부군과 뜻이 잘 맞았고, 자녀 교육에 힘썼을 뿐만 아니라, 부군이 자신보다 먼저 세상을 떠나자 자결을 결심하고 실행하고자 했기 때문이다.

일제강점기인 1940년 경진년에 전주향교에서 전국의 여러 향교

할머니들의 편지투.
세효각의 여성들은 여러 종류의 편지를 모아 두루마리로 만들어
이를 외우는 가운데 편지 쓰기를 익혔다.

와 서원에 발송한 문서에 신씨 부인의 열행烈行이 기록되어 있다. 이 문서는 원본의 크기가 매우 커 한 변의 길이가 85센티나 된다.

사연은 일제강점기 초기로 거슬러 올라간다. 신씨 부인의 부군 수졸재(휘 낙기)가 숙환으로 작고하였을 때였다. 아들 청계가 자신의 손가락을 칼로 째 선혈을 부친의 입에 흘려 넣어 며칠 더 연명하였다고 한다. 지금 관점으로 보면 설명되기 어려운 인간관계지만 옛날에는 효자라면 누구나 이런 방법을 써서라도 부모님의 수명을 연장하기 위해 애썼다.

며칠 뒤에 수졸재가 작고하자 신씨 부인은 스스로 목숨을 끊어 뒤를 따르겠다고 하였다. 이에 아들 청계가 눈물로 호소하기를, "어린 저를 홀로 남겨두고 떠나시면 황천에서도 마음이 편치 않으실 것입니다. 조금만 더 참고 지내시기를 소망합니다"라고 수없이 반복해서 말했다.

85센티나 되는 커다란 문서를 전국으로 보내는 일은 쉬운 일이 아니었다. 그래서 그 내용을 활자로 찍어 우편으로 발송하였다. 얼마 후에 수백 통의 답신이 쇄도하였다. 그 답신을 전주향교의 간부가 모아서 당사자인 청계에게 전해주었다. 당시에는 전주향교를 포함해 전국의 모든 향교와 서원에서 자기 고을의 효자, 열녀와 충신의 업적을 알리는 〈통문〉을 서로 주고받았다. 일제강점기 내내 그러한 활동이 이어졌다.

앞에 설명한 〈통문〉이 전국으로 발송될 때 전주의 유림을 대표한 이는 정석모, 이백선, 김낙조 및 송장섭 선생이었다. 연명聯名으로

〈통문〉을 보낼 때 발의자로 기록된 이로는 진사 이병하, 진사 김성규 및 진사 오재준 등이 눈에 띈다.

위에서 언급한 정석모 선생은 동학농민혁명 당시에 활동한 유명 인물이며, 진사 오재준은 전주의 명가 중 하나인 "객사동 오씨"를 대표하는 이로 소석 이철승(정치인)의 외조부이다. 오 진사는 청계와 서로 호형호제하는 가까운 사이였고, 나의 6대 조모도 그 댁 출신이라 세교世交가 깊었다.

그 〈통문〉에는 중대한 실수가 하나 있었다. 청계의 현조顯祖를 소개할 때 승문원 참교 휘諱 효삼孝參을 "경태景泰"라고 잘못 쓴 것이다. 경태는 참교 공이 생존하던 시대에 중국 명나라 황제의 연호였다. 그러한 실수를 저지른 것은 이해하기 어려운 일이었는데, 〈통문〉을 인쇄할 때 제대로 수정되었다.

청계의 효행과 모친인 신씨 부인의 열행을 전해 들은 많은 이가 "세효각"의 전통이 사라지지 않고 다시 이어진 사실을 확인하고 크게 감탄했다고 한다.

신씨 부인은 누구인가

부인은 키가 훤칠하고 언행이 단정하였다. 1858년(철종 9) 무오년 6월 7일에 전라도 부안군 일정리에서 태어났다. 열세 살에 부군과 결혼하였는데, 4살이 더 많았다. 딸 하나 아들 하나를 낳아 길렀으며 1941년 신사년 7월 12일에 별세하였다. 위에서 서술한 열행에 관한 〈통문〉이 전국에 알려진 지 불과 수개월 뒤의 일이었다. 향년은 84

세로 매우 장수한 편이었으며, 묘소는 완주군 상관면 은석동 남록 신좌에 부군과 합장하였다.

부인은 영월신씨 부원군 종중에서 태어났는데, 집안이 대대로 유복하였다. 부친의 휘는 재윤在潤이요, 자는 옥현玉鉉이다. 1841년(헌종7, 신축) 윤3월 28일생으로 정충장군 첨지중추부사 겸 오위장을 지내고, 1913년 계축년 7월 11일에 타계하였다.

신씨 부인의 남동생은 모두 네 명인데, 첫째는 휘 경석景錫으로 무과에 급제하여 통훈대부 사헌부 감찰을 지냈다. 둘째는 휘 정석丁錫이며, 셋째는 휘 성석星錫으로 역시 무과에 급제하여 사헌부 감찰을 지냈다. 그리고 넷째는 휘 양석暘錫으로 혜릉참봉을 역임했으니 명가임을 알 수 있다.

신씨 부인의 조부는 휘가 수환秀煥이며, 자는 언삼彦三인데, 무과에 급제해 자헌대부 병조참판 겸 동지 의금부사에 추증되었다.

이처럼 신씨 부인의 친정이 부안에서는 알아주는 가문이었으므로, 아드님인 청계는 어릴 적부터 자주 외가를 찾았다. 내가 기억하기로 노년에 이르기까지 청계는 해마다 여름이 되면 외향外鄕인 부안에 가서 모래찜질을 즐기곤 하였다. 또, 신씨 부인의 영향으로 우리 집 밥상에는 동진강 참게로 담근 게장이 빠지지 않았으며, 백합전도 자주 올라왔다.

불운했던 부군 "관운장"

신씨 부인의 부군은 수졸재(휘 낙기)이다. 진력부위로 부사용을 지냈는데, 별호別號는 "관운장" 또는 "팔장사"라고 했다. 그에 관한 설명은 아래에 나온다. 자는 영환榮煥이요, 전국에서 농민이 난리를 일으킨 1862년(철종 13, 임술) 정월 25일에 전주부 우전면 흑석동(현 전주시 동서학동)에서 만석꾼 집안의 둘째 아들로 출생하였다. 결혼하고 나중에는 부남면 은석동으로 조용히 물러가 살았다.

그 당시 부친인 흑석黑石(휘 인수麟洙)의 나이가 많아 손자를 볼 욕심으로 아홉 살이 되자 장가를 보냈다. 꼬마 신랑은 부안의 거부인 영월신씨 집안에서 배필을 맞이하였다. 그러나 세상사는 사람 뜻대로 되지 않아 열세 살 신부가 서른아홉이 되어서야 아들 청계가 태어났다. 그 점은 1장에서 설명한 바이다.

수졸재는 1915년 을묘년 9월 12일에 별세하고 말았는데, 향년이 54세였다. 적은 나이는 아니었으나, 세효각의 할아버지들이 대개 70세를 넘긴 점을 고려하면 일찍 타계한 편이다.

수졸재는 많은 일화를 남기셨다. 필체가 아름다운 선비요, 성품이 맑고 시원하였다고 한다. 수염이 아름답고 체구가 장대하고 활쏘기와 조총을 다루는 데도 능수능란하여 명성이 자자했다. 사람들의 추천을 받아 고종을 시위하는 친위 무관을 뽑는 취재取才에 응시한 적도 있었다.

전라도를 대표하는 장수감이었다고 해서 "팔장사八壯士"라는 별칭을 얻었다. 약주를 마시면 얼굴이 매우 붉었으나 말술도 사양하지 않았다. 붉은 얼굴에 긴 수염을 휘날리며 말에 올라 남문 밖 은석동으로 달려가면 그 모습이 꼭 남고산성에서 내려온 관운장과 흡사하였다. 알다시피 임진왜란 이후로 남고산성에는 관우를 모신 사당이 있었다. 부사용의 위풍당당한 모습을 보면 관운장이 떠올라 다들 그렇게 불렀다.

부사용 공은 몸이 7척 장신의 거구였으나 날래기가 비호같아 풍남문 성벽을 가볍게 뛰어넘었다고도 한다. 믿을 수 없는 말이지만 이러한 전설이, 내가 어렸을 때만 해도 아주 많았다.

불행히도 국운이 기울어 언제 망할지 모르는 시절이 왔다. 그러자 사람들이 부사용 공을 "의병장"으로 추대하고자 하였다. 공은 깊은 고심 끝에 총과 칼, 활을 모조리 가져다 안적동 늪가에 내던지고 은둔을 선택하였다. "나는 눈을 뜨고 있어도 장님이다. 더는 나에게 괴로운 질문을 하지 말라." 공이 판단하기에 구한말의 위기는 조총이나 화살로 막지 못할 시운이었다. 아들 청계는 부친의 이러한 괴로움을 짐작하고 조용히 생계를 책임졌으며, 신씨 부인은 부군의 어려운 처지를 공감하고 한결같이 위로하였다.

그런 일이 일어나기에 앞서 갑오년(1894)에 동학농민혁명이 일어나 그해 4월 말에 전주성이 함락되었다. 관군은 완산 7봉에 대포를 설치하고 성안으로 포를 쏘았다. 그때 무거운 철제 대포를 산봉우리까지 옮겨 제대로 설치하기가 여간 어려운 일이 아니었다. 어린 시절에 들은 전설에 따르면, 대포 설치 문제로 모두가 염려하자 수졸재가 기꺼이 자임하고 나서 혼자 거뜬히 산봉우리 위에 대포를 옮겨놓았다고 한다. 설마 그렇게까지 할 수가 있었을지 의심스러우나, 크게 일조一助한 것은 분명한 사실이었던 모양이다. 세효각은 대대로 전주의 손꼽히는 부호 집안이므로, 동학농민군과 한편이 되기는 불가능한 일이었다.

한편 앞에서 이미 말한 대로 수졸재는 호남 제일의 문사로 손꼽힌 긍농肯農 박준필 선생과 매우 가까운 사이였다. 그래서 1908년에 긍농이 벼슬을 그만두고 은석동으로 들어와 가까운 이웃이 되었다. 두 선비의 우의友誼가 한없이 깊어 나의 조부 청계는 긍농의 유일한 혈손인 박금주 여사와 백년가약을 맺기에 이르렀다. 그 점은 이미 1장에서 말한 바이다.

수졸재는 의병장이 되어 목숨을 바칠 생각을 하루에도 수십 번이나 했다고 한다. 한목숨을 버리기는 쉬우나 장차 집안을 어찌할까를 생각하고 마음을 돌이켰다고 한다. 어디 그 한 사람만 그러했을까. 나라가 깊은 위기에 빠지면 너나없이 막다른 골목에 몰려 깊은 갈등에 시달리기 마련이다.

한 치 앞을 미리 내다볼 수 없는 것이 세상일이다. 수졸재는 맏형 낙승과 일문一門에 닥칠 곤경을 염려해 의로운 결단을 애써 회피했던 것이나, 일제강점기가 되자 조카들은 재산을 잃어버리고 큰 어려움을 겪게 되었다. 그때 다행히 나의 할아버지 청계가 재물을 아끼지 않고 친족을 구원하기에 힘써 다들 회생하였다고 한다. 이로써 우애가 더욱 빛나게 되었다는 칭송이 자자했다.

04.
흑석黑石
백인수白麟洙
─이웃을 사랑한 만석꾼

나의 고조할아버지를 말할 차례이다. 그의 호는 흑석黑石이요, 자字
는 창로昌魯이며, 휘를 인수麟洙라고 했다. 1821년(순조 21) 을미년 4
월 16일에 영곡 문중의 종손으로 전주에서 태어났다. 만석꾼의 아
들이었으나, 세상에는 굶주리고 병든 사람이 많은 것을 괴롭게 여
겨 자선을 많이 베풀었다. 세상 사람들이 "인자仁者"요 "장자長者"라
며 칭송하였다.

　남달리 강녕하여 평생 아픈 곳 하나 없이 수壽를 누리다가 1901
년 신축년 정월 27일에 별세하였다. 향년은 81세였으며, 묘소는 부
남면 안적동(현 전주시 남고동)에 모셨다. 나중에 다시 은석동 전록
미좌로 이장했다.

　흑석의 첫 배우자는 자녀를 낳지 못하고 일찍 작고하여 기록이
없다. 두 번째 배우자는 경주김씨로 순조 33년(1833) 계사년 5월 13
일에 태어났다. 부군보다 12살이 적었다. 김씨 부인은 부사용 낙승

樂承과 낙일樂馹을 낳고, 1858년(철종 9) 무오년 3월 초10일 별세하였다. 향년은 26세에 불과했으니, 흑석과 함께한 세월이 십 년에 불과하였다. 부인의 유택幽宅은 전주부 우전면 흑석동 후록의 보강치(보강재, 현 전주시 동서학동) 아래 있으며, 둘째 아들 낙일도 요절하고 말았다.

흑석은 세 번째로 장가를 들었는데, 진주하씨晉州河氏 집안의 규수였다. 하씨는 전라도 남원과 전주의 명족으로 일찍이 조선 태종 때 영의정을 지낸 하륜河崙의 자손이다. 하씨 부인은 1837년(헌종 3) 정유년 6월 12일에 출생하여 1858년에 흑석의 배필이 되었다. 이후 40년 넘게 부부가 해로하였고, 부인은 흑석이 작고한 뒤에 10년을 더 살고 1911년 신해년 8월 21일에 세상을 떠났다. 하씨 부인의 향년은 75세요, 묘소는 부군인 흑석과 함께 안적동에 합장하였다가 나중에 다시 은석동으로 옮겼다.

하씨 부인이 낳은 아들이 곧 나의 증조할아버지 수졸재守拙齋(휘는 낙기)이다. 수졸재가 태어날 때 하씨 부인은 26세였으며, 부군인 흑석은 42세였다. 흑석은 자신의 나이가 이미 많다고 여겼으므로, 수졸재가 아홉 살이 되자 부안의 신씨 집안에 장가들게 하였다.

그러나 기다리던 손자는 쉽게 태어나지 않았다. 수졸재가 결혼한 지 26년이 지난 1896년에야 흑석은 손자 청계를 품에 안아볼 수 있었다. 흑석은 그 손자가 다섯 살 되던 해에 작고하였다. 하씨 부인은 열다섯 살 헌헌장부軒軒丈夫가 된 그 손자의 손을 붙들고 조용히 눈을 감았다.

아래에서는 흑석의 일생을 크게 세 개의 주제로 나눠서 살펴보겠다. 하나는 그가 흑석동으로 거처를 옮긴 사실이다. 그것은 단순한 이사가 아니라 여러 가지 생각이 깃든 일종의 사건이었다는 점을 기술하려고 한다. 또 하나는, 흑석의 빈민구제 사업이다. 그는 가난한 농민을 위하는 부자였으므로 심지어 소작인들이 흑석을 위해 기도할 정도였다. 끝으로, 흑석이 정리한 〈가승家乘〉의 특징에 관해서도 알아보겠다. 이것은 일종의 간단한 족보인데, 거기에 담긴 몇 가지 특징을 분석할 것이다.

흑석동으로 터전을 옮겨

흑석은 자신의 아버지 이은梨隱(휘 추진秋鎭)이 작고하자 정성껏 상喪을 마친 뒤에 거처를 새로 정했다. 이은은 이름난 학자로 전주부 용진면 관전리의 독서동讀書洞에 규모 있는 서당을 짓고 노년을 거기서 보냈다. 그러다가 1871년(고종 8) 신미년 9월 초8일에 별세하였다.

이은의 생전에는 흑석도 아우 필진必鎭을 비롯하여 여러 일가와 함께 독서동에서 함께 지냈다. 그들은 모두 이은의 문하생이었다. 큰 스승 이은이 작고한 뒤에 많은 사람이 여전히 독서동에 남았으나, 영곡 문중의 종손 흑석은 흑석동으로 돌아가 새로 큰 기와집을 지었다. 흑석동에는 영곡의 아들이자 자신의 7대조인 증 공조참판 홍소弘素(1603~1694)의 묘소가 있었다. 묘소 아래에는 1737년(영조 13) 정사년에 지은 제각祭閣이 위용을 자랑하고 있었다. 제각을 지은 이는 흑석의 5대조 근암近庵이다. 그 휘는 시만時萬이며 가선대부 호조참판에 추증되었다.

예부터 흑석 일가는 흑석동을 포함하여 전주 서남부에 광대한 경작지를 소유하였다. 아버지 이은은 살림에는 별로 뜻이 없고 학문에 관심이 깊었으나, 흑석은 이제 농지 경영에 마음을 제대로 써야 한다고 보았다. 더구나 1862년(철종 13) 임술년부터는 각지에서 농민의 반란이 끊이지 않았다. 흑석은 날이 갈수록 두려운 생각이 들었다. 정신을 바짝 차리지 않으면 장차 큰일이 일어나고야 말 것 같았다. 그래서 그는 아버지 이은이 세상을 뜨자 곧 전주 남쪽의 조용하고 한적한 마을 흑석동으로 옮겼다.

시끄러운 세상 때문에

왜란과 호란을 겪은 뒤에 조선의 인구는 부쩍 늘었으나 경지 면적은 오히려 줄어들고 있었다. 17세기부터 농민들은 경작지를 넓히려고 꾸준히 노력했으나, 결과적으로 환경재앙을 불러오고 말았다. 숲을 베고 습지를 메꿔 농토로 만들고, 산기슭을 깎아 밭을 만들수록 산과 들판이 헐벗었다. 비가 조금만 쏟아지면 홍수와 산사태가 났고, 여러 날 비가 오지 않으면 가뭄이 심하게 들었다. 숲이 줄어들자 시냇물도 전과 같이 깨끗하지 않아 전염병이 더욱 기승을 부렸다. 게다가 바닷가에는 서양 사람들이 탄 배가 출몰하여 인심이 흉흉하였고, 그들의 종교인 서학西學(천주교)에 빠진 사람도 적지 않았다.

고종이 즉위할 무렵부터는 경상도 경주에서 최제우라는 이가 동학을 창도해 인심이 그쪽으로 쏠리는 판이었다. 그 와중에 1866년

(고종 3) 병인년에는 서학에 대한 박해를 이유로 프랑스 군함이 강화도로 쳐들어왔다. 그로부터 불과 5년이 지난 1871년(고종 8)에는 그동안 조선과는 아무 관계도 없이 지내던 미국이 자기네 상선인 '제너럴셔먼' 호 사건을 계기로 침공했다.

이 정도면 사상 초유의 외우내환外憂內患이었다. 그런데도 조정에서는 특별한 대책을 마련하지 못하고 쇄국鎭國만 외치고 있었다. 굶주림에 시달리는 백성의 아우성은 높아가는데 나라의 기강은 갈수록 무너져 탐관오리가 판을 쳤다. 세상일이 이렇게 돌아가는 판이라 가난한 백성의 목숨은 파리 목숨이나 다를 것이 없고, 흑석 같은 큰 부자라도 앞날을 낙관하기가 어려웠다.

아버지 이은이 전주의 북서쪽에 자리한 용진의 독서동에 서당을 연 것은 물론 의미 있는 일이었다. 그곳은 봉동, 삼례 및 익산과 이어진 곳이었다. 독서동이 있었던 관전리는 드넓은 평야를 아우르는 거점이 될 수도 있고, 익산을 거쳐 충청도의 연산이나 노성의 이름난 명문가와도 교류하기가 쉽다는 장점이 있었다.

그러나 1860년대부터 조선은 나날이 깊은 혼돈 속으로 빨려 들어가고 있었으므로, 전주의 서쪽이나 북쪽은 아무래도 불길해 보였다. 흑석은 가능하면 남동쪽으로 숨어서 어려운 시절을 피하고 싶었다. 그런 점에서 7대조의 묘소와 제각이 있는 흑석동은 우거寓居하기에 알맞은 곳이었다. 나중에 흑석은 둘째 아들 수졸재가 분가할 때 십 리쯤 더 남동쪽에 있는 은석동으로 옮기게 했다.

세효각의 거주 전략

보통 조선의 선비들은 한 지역에 세거世居(대대로 거주함)하였다. 오랜 세월이 흐르면 그들이 사는 마을의 숫자가 늘어나 이웃한 두 개 또는 서너 개의 마을로 확장되기 마련이었다. 씨족이 번성하면 한 개의 면을 차지하기도 했다.

그에 비해 평민들은 생계를 잇기 어려워 이곳저곳을 떠돌며 살았다. 조선 후기에 작성한 호적을 분석하면 평민은 대체로 3대 이상 한 고을에 머물지 못하고, 이웃 고을로 떠돌았다. 부평초浮萍草 신세였다. 그러나 평민 중에도 간혹 경제한 이들은 없지 않아, 그들 역시 한두 마을에 대대로 정주定住하였다.

그러므로 "터줏대감"이란 표현도 생겼다. 어느 마을이든 오래 그곳에 남아 있는 집안이 말하자면 "갑"이었다. 그들은 마을 한복판을 차지하고, 마을에 관한 모든 일을 스스로 결정하였다. 외지에서 이주한 가난한 평민은 마을의 변두리에 가까스로 몸을 붙이고 어렵게 살다가 얼마 지나지 않아서 소리 소문도 없이 어딘가로 떠나갔다.

전주의 세효각 사람들이 사는 방식은 조금 달랐다. 18~20세기에 그들이 펼친 주거 전략을 세 가지로 요약해서 설명하겠다. 첫째, 그들도 전주라고 하는 고을을 거주지로 고수固守하는 경향은 있었으나, 전주 안에서는 동서남북 어디든 자유롭게 주거지로 활용하였다. 동북쪽으로는 지금의 완주군 소양면, 북쪽으로는 용진면, 서남쪽으로 전주성 안의 서남부, 그리고 남동쪽으로는 서학동과 색장동을 주거지로 활용하였다. 요컨대 세효각은 주거 면적을 매우 폭넓게 사용한 셈이다. 그들이 그렇게 할 수 있었던 것은 동서남북 어디에든 넓은 경작지를 확보하였기 때문이다.

둘째, 세효각의 이주 방식을 살펴보면 먼저 조상의 묘소를 새로운 지역에 만들었다. 그때 넓은 산지를 매입하고, 그 인근 지역에 전답을 충분히 장만하였다. 그리고 얼마 지나지 않아 자손이 그 지역으로 이주하는 방식을 여러 차례 이용하였다.

이주에 앞서 10~20년간 마을 사람들에게 호의를 베풀어 경계심이 사라지게 했다. 가령 나의 할아버지 청계는 어느 마을에 수십 정보의 산을 소유했는데, 그 산은 본래 최씨 종중의 산이었다. 청계는 그 산 아래에 언젠가 자손이 살 만하다고 판단했다. 그래서 아무런 이유도 설명하지 않고 무려 20년 동안 명절 때마다 최씨들에게 쇠고기를 선물했다. 자연히 그들과 아주 친해지자 비로소 당신들 마을의 산을 사고 싶다는 뜻을 털어놓았고, 결국에는 성사시켰다.

그 산에 청계는 아버지 수졸재와 배우자인 박금주 여사의 묘소를 조성했다. 그로부터 여러 해 뒤에는 둘째 아들인 은석을 산 아랫마을에 살도록 했으며, 최종적으로는 자신도 그 마을로 옮겨 여생을 보냈다.

셋째, 풍수지리를 따라 새 묘소를 조성한다고 말하였으나 사정을 헤아려 보면, 그 지역이 과연 앞으로 개발 가치가 있는지를 깊이 따졌다. 세효각은 항상 논농사에 중요한 수자원의 유무와 교통의 편리를 헤아려 새로운 지역으로 진출하곤 하였다. 농업용수가 풍부하고 마실 물도 깨끗하며 아름다운 산과 숲이 있는 지역이 아니면 옮기지 않았다. 새로운 마을로 이주할 때는 앞에서 말한 것처럼 미리

1872년 전주부 지도

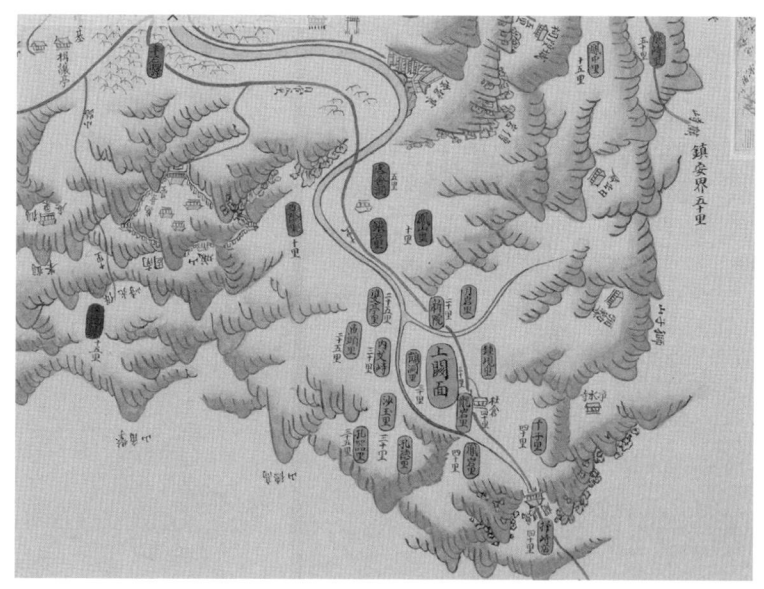

1872년 부남면과 상관면

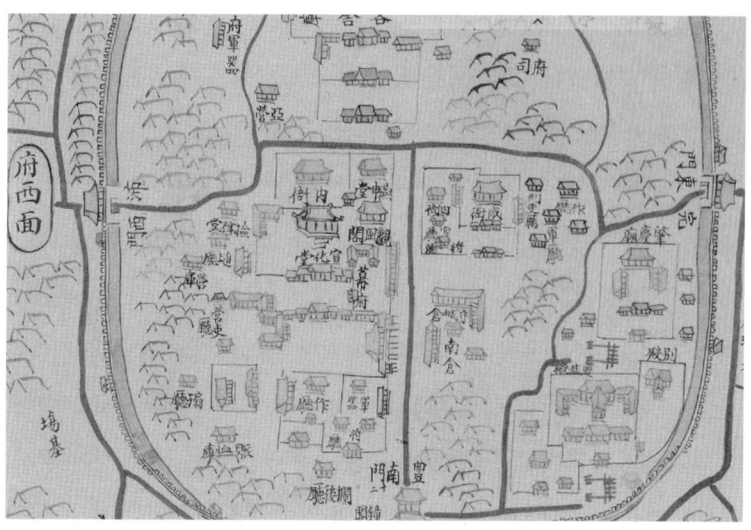

1872년 전주부중

경작지와 산지를 충분히 확보해 두었기 때문에 곧바로 마을의 중심부로 파고들었다. 세효각 사람들은 마을의 변두리에서 고생하며 애처롭게 삶을 개척할 필요가 없었다. 그들은 이사한 첫날부터 마을 사람들이 대체로 환영하는 분위기 속에서 마을의 주인이나 다름없이 지낼 수 있었다.

그들은 새로운 주거지에서도 처지가 매우 좋았다고 말할 수 있다. 물론 저절로 그렇게 된 것은 아니며, 조상이 여러 대에 걸쳐 자선을 베풀어 널리 인심을 얻은 결과였다.

흑석의 자선

스무 살 젊은 시절에 나는 흑석의 자취를 그리며 그가 살던 마을을 찾아갔다. 옛날의 웅장한 저택은 사라지고 없었으나 집터 일부는 남아 있었다. 그때 내가 만난 마을 노인들은 흑석 시절의 영화를 단편적으로나마 기억하고 있었다.

"암, 대단했다고 하지. 누구든 서울에서 전라감사로 부임하면 반드시 이 댁을 찾아와 인사를 해야만 되었단 말이야. 정말 대단한 양반이었어."

1970년대 중반에 들은 이야기다. 설마 세도 당당한 전라감사가 무엇이 아쉬워 시골 부잣집에 인사를 하러 왔을까 싶다. 아마도 감사는 부자의 값진 선물에 군침을 흘렸을 터이고, 부자는 감사가 다녀갔다는 사실을 이용해 자신의 영향력을 과시하는 정도였을 테지. 집안에 남아 있는 기록을 살펴보니, 세효각을 다녀간 전라감사가 실제로 있었다. 고종 때 영의정을 지낸 귤산橘山 이유원李裕元이 바로 그 사람이었다.

이유원은 백사 이항복의 후손으로, 소론 명가의 후예였다. 학문이 출중하였을 뿐만 아니라 관운도 좋았던 이다. 그의 자손들은 훗날 일본에 나라를 빼앗기게 되자 재산을 처분하고 만주로 가서 신흥무관학교를 세운 것으로 유명하다. 정승 이유원은 흑석의 아버지 이은과 친했으며, 할아버지 풍암楓庵을 찾아온 적이 있었다. 자세한 이야기는 나중에 하겠다.

흑석은 아버지에게서 글을 착실히 배워 학식이 깊었고 용모가 단아하였다. 글씨도 아름답게 참 잘 썼다. 그가 정리한 〈가승家乘(일종의 족보)〉을 펼쳐보아도 단번에 선비다운 풍모를 짐작할 수 있다.

흑석의 가장 큰 장점은 빈민 구제에 진정으로 관심이 컸다는 점이다. 어릴 적, 어른들께 그에 대한 이야기를 들은 기억이 있다. 특히 할아버지 청계와 아버지 은석 및 숙부 학암鶴庵이 들려준 이야기를 다음의 세 가지로 정리해 보겠다.

첫째, 흑석은 봄가을이면 전국의 걸인을 구제하였다. 봄에는 여름에 입을 옷으로 "삼베 등거리"를 한 장씩 나눠주었다. 가을에는 겨울철에 팔에 껴입을 토시며 버선을 한 켤레씩 제공했다. 그때마다 후하게 차린 밥상을 내놓았고 엽전도 두 잎씩 나눠주었다.

둘째, 흑석은 곤경에 처한 사람을 외면하지 않았다. 특히 부모나 형제의 상을 당했지만 어찌할 도리가 없는 이들이나, 아이가 태어났으나 생계를 이어갈 방도가 없는 사람들에게는 반드시 도움의 손길을 내밀었다. 처지가 어려운 사람들에게는 쌀 한 되, 미역 두 가

닥, 엽전 몇 잎을 꼭 건네주곤 했다.

셋째, 농한기에는 이웃 마을의 부녀자들까지 원하는 이들을 불러 들여 종일토록 일하게 했다. 여름에는 삼베 등거리를 만들게 하고, 겨울에는 토시와 버선을 짓게 했다. 그렇게 만든 물건을 창고에 가득 쌓아두었다가 봄가을, 걸인이 찾아오면 앞서 말한 대로 기쁜 마음으로 나누어 주었다.

소작인들의 기도

이상에서 말한 것처럼 만석꾼 흑석은 가난한 이웃을 돌보는 데 망설임이 조금도 없었다. 당연히 소작료도 다른 지주들보다는 덜 받았다. 이처럼 어려운 사람들의 처지를 잘 헤아려주었으므로 인자무적仁者無敵이라고 할 수 있었다. 부자라면 누구나 시기하고 헐뜯는 것이 흔하게 있는 일이었으나 도무지 흑석에 관해서는 나쁜 말이 하나도 없었다.

그가 살았던 조선 말기에는 민란도 자주 일어나고, 화적火賊도 여기저기서 횡행했다. 이른바 남사당패가 여러 지역을 돌아다니며 흥겨운 공연도 했지만 때로는 도적으로 돌변해 부자를 망신 주고 여러 가지 사건을 일으키기도 했다. 그런데 그들조차 흑석동 근처에는 얼씬거리지 않았다. 사당패는 이따금 흑석 집안에 조용히 사람을 보내어, "아무 날에 참판 댁 근처 모모한 마을에서 조용히 놀다 갈 터이니 염려 놓으시기 바랍니다"라고 통지했다. 그런 소식을 들으면 흑석은 노자에 보태 쓰라며 후하게 선물을 보내주었다.

세상은 날이 갈수록 시끄러웠으나 흑석이 살아 있는 한 아무 일도 일어나지 않았다. 1894년에 전라도 일대를 휩쓴 동학농민혁명을 누구나 기억할 것이다. 전봉준과 손화중과 김개남 등은 제폭구민除暴救民(포악한 정치를 없애고 백성을 구함)과 광제창생匡濟蒼生(세상을 바로잡음) 그리고 척왜양창의斥倭洋倡義(일본과 서양 제국주의를 물리치고 정의를 세움)를 외치며 수만 명의 농민과 함께 떨쳐 일어났다. 혁명의 불길은 노도와 같이 번져 순식간에 호남을 집어삼켰다.

부자의 눈으로 보면 문명한 조선에 이런 난리가 어찌 있을 수 있겠는가. 난리통에 많은 부자가 재산을 잃고 목숨도 잃었으며 피난길에 올랐다. 그러나 흑석은 한 발짝도 움직이지 않았다. 도무지 그럴 필요조차 없었다. 전봉준이든 김개남이든, 그 누구도 만석꾼 흑석을 감히 어찌해 보려는 생각조차 하지 않았다.

흑석이 있는 한 걱정을 할 이유가 없었다. 나중에 그의 손자 청계가 난세를 무난히 헤쳐 간 것도 우연한 일은 아니었다. 할아버지 흑석은 청계가 여섯 살 때 작고하였으나 그는 손자로서 듣고 느낀 바가 있었다.

물론 흑석의 삶도 그 자신이 독창적으로 생각해낸 것은 아니다. 그가 남달리 자선에 힘쓰게 된 것은 선조의 가르침이 있어서요, 근본적으로는 그것이 바로 그들 모두가 숭배한 유학에서 우러난 것이다. 우리는 유학이라면 신분 차별과 백성에 대한 착취와 쓸데없는 형식주의의 온상으로만 여긴다. 조선의 선비라는 사람들이 그런 비판을 받을 만큼 큰 잘못을 저지른 것도 사실이다. 그러나 그것이 전부는 아니었다.

유학의 이상은 대동大同이었다. 기쁨도 슬픔도 함께하자는 것이었다. 있는 사람은 없는 사람을 구제하고, 없는 사람은 손발을 부지런히 움직여서라도 그에 보답하며 떳떳하게 살자는 가르침이다. 세상에서 가장 귀한 것은 사람이며, 나이도 성별도 지위도 막론하고 모두 하늘이 낸 존재라는 믿음에 바탕을 두고 있다. 우리가 낡았다고 비난하는 유학과 새롭다고 칭찬하는 동학 사이의 거리가 실은 매우 가깝다는 사실을 깨달아야 할 것이다.

믿기 어려운 일이지만, 탐관오리가 날뛰고 혁명의 기운이 넘실대던 19세기 말 전주에서 있었던 일이다. 가을걷이를 마친 넓은 벌판에 모인 소작인들이 이렇게 기도하였다.

"새해에는 저기 저 기름진 논과 밭도 참판 댁이 꼭 사게 해주소서. 천지신명께 비오니 참판 댁이 저 땅을 새로 얻어 저희가 꼭 소작하게 하여주옵소서!"

선뜻 받아들이기 어려운 이야기지만, 엄연한 사실이었다고 한다. 사람이 이 한세상을 산다는 것은 저마다 등에 짐을 지고 깊은 강물을 건너는 것이나 다름없다. 무거운 짐을 진 사람은 큰 부자요, 짐이 가벼운 이는 가진 것이 적은 사람이다. 재물이 많다는 것은 곧 무거운 책임을 진다는 뜻이며, 그만큼 위태롭다는 의미이기도 하다. 흑석은 바로 그런 생각을 품고 살았던 부자였다.

〈가승〉을 정리하다

1858년(철종 9) 무오년 3월 초10일 흑석의 배필인 경주김씨가 작고

했다. 당시 흑석의 나이는 38세였다. 김씨 부인의 상을 치르고 흑석은 서안書案 앞에 앉아 〈가승家乘〉을 정리했다.

〈가승〉이라면 한 집안의 역사로, 〈족보〉와 유사하다. 선조와 후손의 이름과 생년월일, 자와 호, 과거에 급제한 사실, 벼슬에 오른 일, 묘소에 관한 사항 등을 간단히 기술한 것이다. 때로 한글로 〈가승〉을 기록해 시집간 딸도 소지하고 참고하게 한 적도 있었다.

〈족보〉와는 두 가지 점에서 차이가 있다. 우선, 기록된 자손의 범위가 다르다. 〈족보〉에는 시조 이하 해당 집안의 모든 자손이 망라되어 있다. 심지어는 계파가 불분명한 자손까지도 빠짐없이 수록하기에 힘썼다. 그러나 〈가승〉에는 작성자의 직계만을 기록했다. 조상도 자손도 직계만 기록했다.

다음으로, 형태가 다르다. 〈족보〉는 인쇄된 것이 기본이며 판형도 일반 책자와 같거나 그보다도 크다. 그러나 〈가승〉은 정성껏 작은 글씨로 필사한 것으로 유일본이 많으며, 크기도 손바닥만큼 작다.

〈가승〉은 선조의 〈문집〉 등 집안에 관한 여러 문헌과 마찬가지로 상중喪中에 정서淨書하거나 편찬한 경우가 많았다. 흑석 또한 김씨 부인의 상중에 집안의 〈가승〉을 다시 정리했다. 그 가운데서 내가 주목한 것은 세 가지 사항인데 지금부터 하나씩 짚어보겠다.

조상의 묘소와 제각

흑석이 정리한 〈가승〉을 자세히 살펴보면 1858년 당시 세효각에서 시향을 모시는 묘소는 다음의 세 지역에 산재했다.

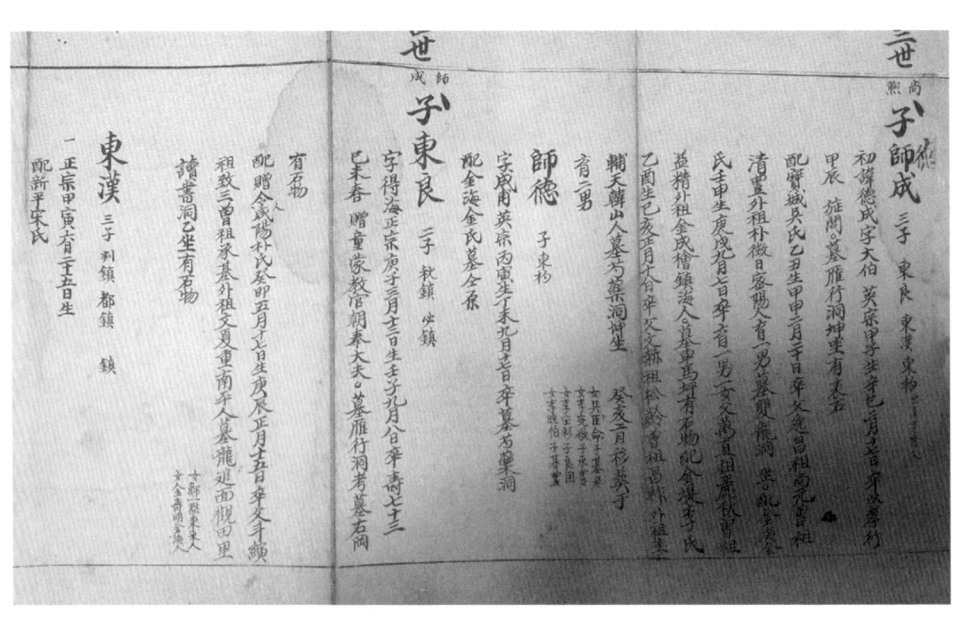

흑석이 정리한 〈가승〉의 일부

첫째, 전주 입향조인 영곡靈谷(휘 구민龜民) 내외의 묘소는 소양 작약동(대승동)에 쌍분 형태로 존재했다. 영곡은 흑석의 8대조였다.

둘째, 영곡의 아들인 성암誠庵(휘 홍소弘素) 내외의 묘소는 장차 흑석이 이주할 흑석동에 모셔져 있었다. 성암은 흑석의 7대조였다.

셋째, 6대조 이하는 여러 유택이 거마평車馬坪에 모셔져 있었다. 6대조 회암悔庵(휘 광세光世) 내외, 5대조 근암近庵(휘 시만時萬) 내외, 고조 중암重庵(휘 상희尚熙) 내외, 증조모(김해김씨) 등 7위位였다.

물론 위에 기록한 묘소 가운데 고조 내외와 증조모는 아직 사당 제사를 받고 있었다. 그 밖에 증조부 고암顧庵, 사성師成과 조부 풍암楓庵, 휘 동량東良 내외 등은 주로 관전리 독서동에 묘소가 있었는데, 그 점은 별도로 언급하지 않았다.

흑석의 집안은 누누이 말한 것처럼 가세가 유족했으므로 묘소마다 석물을 갖추었으며, 제사를 지낼 건물도 이미 두 곳이나 되었다. 즉 작약동에 있는 입향조 영곡(8대조)의 유택과 흑석동의 성암(7대조) 묘소에는 거창한 제각祭閣을 지어놓고 봄가을마다 자손이 모여 성대하게 제사를 올렸다.

선조의 〈기문〉과 〈비문〉을 모으다

흑석은 〈가승〉 뒷면에 선조에 관한 중요한 기록도 옮겨 적었다. 그가 특히 마음을 쓴 것은 자신의 고조할아버지와 증조할아버지였던 것이 틀림없다. 흑석이 필사한 것은 모두 세 건의 문서인데 모두가 고조와 증조에 관한 기록이다. 차례로 간단히 소개한다.

첫째, 고조부이자 효자 정려를 받은 중암(휘 상희)과 증조이며 또한 효자 정려를 받은 고암(휘 사성)의 효행을 기록한 글이다. 글쓴이는 전주의 명문가 출신으로 현감을 지낸 이형만(진사, 전의이씨)이다. 이 글은 이형만의 문집에도 실려 있다. 흑석은 글의 제목을 약간 바꾸어 〈세효각기世孝閣記〉라고 이름했다.

요컨대 흑석은 이형만이 자신의 증조와 고조 양대兩代가 효자로 유명해진 사실을 기록한 글을 바탕으로, 거기에서 "세효각"이라는 집안의 명칭이 유래하였다는 점을 강조하고자 했다.

둘째, 흑석은 고조부 중암(휘 상희)의 비문도 〈가승〉 뒷면에 필사했다. 그 비문은 조정의 고관이 쓴 것으로, 우승지 이승익李承益이 짓고 당대의 세도가 자제인 김학근金學根(안동김씨)이 빗돌에 글씨를 쓴 것이다. 이만하면 시골에 거주하는 웬만한 양반은 바라기도 어려운 〈비문〉이었다.

셋째, 마지막으로 흑석은 증조 고암(휘 사성)의 〈비문〉도 베껴두었다. 역시 조정의 명관이 글을 짓고 쓴 것이었다. 역시 고암의 효행이 특별했고, 훌륭한 가문 출신임을 기록했다.

이처럼 자랑스러운 문헌을 〈가승〉에 추기追記함으로써 흑석은 자손을 격려하고자 했다. "너희는 이처럼 빛나는 집안의 자손이다. 앞으로도 공부에 힘쓰고 배운 바를 실천하기에 노력하여 전통을 이어나가기를 바라노라." 이렇게 명시적으로 말하지는 않았으나, 그의 심중을 헤아려 보면 충분히 알 수 있는 일이다.

가족의 생일

〈가승〉에는 가족의 생일이 월별로 기록되어 있다. 1월 5일 한 명, 2월은 3일, 6일, 8일, 9일, 18일과 19일까지 모두 여섯 명이나 생일이 있다. 3월은 10일에 한 명, 4월은 16일과 26일에 두 명, 6월은 8일과 19일에 두 명, 9월 12일과 11월 20일에 각각 한 명씩이다. 모두 열네 명의 생일이다.

그중 〈가승〉에서 확인되는 이는 두 명이다. 4월 16일은 흑석의 생일이요, 4월 26일은 그의 아버지 이은(휘 추진)의 생일이다. 그 외에는 누구의 생일일까? 어머니 인동장씨는 〈가승〉에 2월 4일이라고 했는데 혹시 2월 3일을 잘못 기록한 것일 수도 있다.

그리고 흑석의 아우 봉수鳳洙와 제수, 작은아버지 필진必鎭과 숙모, 사촌인 학수鶴洙 내외 그리고 큰아들 낙승과 며느리 및 둘째 아들 낙일 등으로 짐작된다. 요컨대 흑석이 "가내家內"라고 인식한 것은 사촌 이내였다. 즉, 자신의 직계 가족과 부모 및 동생 가족, 그에 더하여 숙부 내외와 그 아들인 사촌 내외 정도였다.

흑석의 친족 관념

그는 5촌 이상 8촌까지를 가까운 친족으로 인식했다. 흑석이 친족으로 포함하는 최대 한계는 입향조인 자신의 8대조 영곡의 자손이라는 기준이었다. 말하자면 8대를 거슬러 올라가 다시 아래로 퍼져 내려오는 피라미드, 즉 16촌 이내의 사람이면 흑석으로서는 동질적인 친족집단이라는 인식이었다.

그러면서도 입향조와 그 아들, 즉 전주에서 거주하기 시작한 최상위 2대의 조상에 대해서는 특별한 존경심을 표했다. 흑석만이 아니라 그의 친족은 누구나 그런 생각을 가졌다. 그러므로 앞에서 본 것처럼 그 조상들을 기념하는 제각을 따로 만들어 특별히 제사를 지냈다. 그 밖에도 흑석은 증조부와 고조부를 숭모崇慕하는 마음을 더욱 키우고자 했다. 그래서 〈가승〉에 그들을 기념하기 위해 〈비문〉도 실었고, 〈세효각기〉도 수록했다. 장차 세대가 조금 더 아래로 내려가면 분파分派 작용이 일어날 것이고, 그때를 대비해서 중암의 직계 자손이 어느 선조를 구심점으로 뭉쳐야 할지를 미리부터 숙고하였다고 볼 수 있다. 이처럼 〈가승〉 안에는 종중의 과거와 현재와 미래를 바라보는 흑석의 시각이 새겨져 있다.

아주 특별한 내용

그 밖에도 흑석이 기록한 〈가승〉에는 두 가지 주목할 점이 있다. 하나는 그가 아버지 이은(휘 추진)과 어머니 장씨 부인의 사주四柱를 별도로 기록했다는 점이다. 흑석은 사고의 중심에 자기 자신이 아니라 부모님을 두고 있었다. 그러므로 자신과 배우자의 운명이 중요한 것이 아니라, 부모님의 운세가 가장 중요했다. 아직 부모님이 생존하고 계시므로 길한 일이든 흉한 일이든 부모님의 사주대로 일이 되어 갈 것이라는 믿음이 읽힌다. 그 또한 세효각의 효성스러운 아들이었던 것이다.

또 하나 주목할 점이 있다. 회암悔庵(휘 광세)이 세상에 태어난 것은 참으로 아슬아슬한 일이었다. 그는 1659년(효종 10) 기해년 정월 26일에 출생했는데, 〈가승〉을 자세히 분석해보면 그 당시 모친인 전주이씨는 45세였다. 좀체 상상할 수 없는 노산이었다. 회암은 수명도 짧은 편이어서 1698년(숙종 24) 무인년 12월 30일에 별세했다. 향년은 고작 40세였다.

이상에서 살핀 것처럼, 한 집안의 역사를 깊이 들여다보면 도무지 일어날 법하지 않은 일이 이따금 되풀이되곤 한다. 흑석의 6대조가 마흔다섯 어머니에게서 태어난 일이며, 그의 작은며느리가 결혼한 지 26년 만인 서른아홉에 손자 청계를 낳은 것도 기적처럼 느껴진다. 아니, 흑석처럼 효심 깊고 가난한 이웃을 사랑한 만석꾼이 있었다는 사실도, 어쩌면 하나의 기적이 아니겠는가.

05.
이은梨隱
백추진白秋鎮
―석양동
백씨서당石羊洞白氏書堂의
산장山長

지금부터 30년쯤 전에 있었던 일이다. 독일에 유학했던 나는 박사 학위를 마치고 독일 튀빙겐대학교에서 대학 선생을 하고 있었다. 그때는 국제 전화가 쉽지 않은 일이었는데, 서울에 사는 큰아버지 송암(휘 성기)과 통화할 기회가 있었다. "먼 외국에서 얼마나 고생이 심하냐?"라며 친절하게도 내 근황을 물으셔서 박사도 했고 염려 덕택으로 직장도 얻어서 잘 지낸다고 대답하였다. "아, 우리 집안에 다시 학자가 나왔구나. 정말 기쁜 일이다!" 송암은 내 소식을 듣고 크게 기뻐하였다.

"다시 학자가 나왔다"라는 말에는 송암도 알고 나도 아는 깊은 뜻이 숨어 있었다. 백부와 나는 이은梨隱(휘 추진) 선생을 떠올리고 있었다. 이은은 앞 장에서 이야기한 흑석의 아버지로 전주뿐만 아니라 멀리 서울에서도 알아주는 큰선비였다. 그는 "석양동石羊洞 백씨 서당白氏書堂"을 열어 집안의 여러 자제와 인근의 선비를 격려하였다. 큰아버지 송암은 멀리서 내가 박사학위를 마치고 외국 대학에 자리를 잡는 모습을 지켜보며, "이은 할아버지의 맥이 다시 이어지는 듯하구나" 하고 조용히 기대감을 표현하였다.

물론 나는 송암의 기대가 과분한 것임을 알고 있었다. 이은과 같은 큰선비의 길을 감히 따를 수야 있겠는가. 몇 자 글을 쓰며 스스로를 단련해 보지만, 결국 나는 작은 사람일 뿐이다.

아래에서는 다음의 세 가지 주제를 가지고 이은의 삶을 약술할 예정이다. 하나는 그가 세운 "석양동 백씨서당"에 관한 것이다. 언제 어떻게 세웠으며, 그 효과는 무엇이었는지를 살펴볼 것이다.

또 하나는 "이은"이란 호에 얽힌 이야기이다. 세속에서 멀리 떨어진 삶을 추구한 그였으나 권력의 핵심으로 떠오른 흥선대원군과 밀접한 관계였다는 사실이 다소 충격적인 이야기가 될 수도 있다.

그리고 또 한 가지, 이은이 가계家系, 즉 족보의 계통을 갑자기 바꾸었다는 사실도 언급할 것이다. 이름난 성리학자가 왜, 대대로 전해 내려온 혈통을 바꾸었는지는 풀기 어려운 수수께끼이다.

이은 선생

우선 이은이 누구인지부터 간단히 설명하겠다. 그의 자字는 성숙性肅, 호는 이은梨隱이며 휘는 추진秋鎭이다. 1810년(순조 10) 경오년 4월 26일에 영곡의 7대 종손으로 태어났다. 아버지는 효자 정려를 받은 풍암楓庵(휘 동량東良)이다. 풍암은 전라도 일대는 물론이고 조정의 여러 명사와 두루 사귀어 매우 유명한 인물이었으므로, 그의 큰아들인 이은은 부유한 환경에서 차근차근 공부에 힘쓸 수 있었다.

하지만 과거에 급제하여 관리가 되는 것은 그도, 집안도 바라는 바가 아니었다. 생활이 유족한데 하필 난세에 조정에 나아가서 무슨 일을 하겠다는 것인가. 다들 그런 의문을 품고 있었다. 그러므로 이은은 출세하기 위한 공부에는 별로 마음을 쓰지 않았다. 사람들은 이은을 "처사處士"로 대접했다. 알다시피 학덕과 인품이 높은 선비로 세상의 명리名利를 구하지 않는 선비를 처사라고 한다.

마흔세 살 때 부친 풍암이 작고하자 이은은 그 묘소 아래 서당을 짓고 20년가량 산장山長(훈장)으로 지냈다. 글을 읽고 시문을 지으며 한가하게 살다가 1871년(고종 8) 신미년 9월 초8일에 별세하였다. 향년은 62세였다. 이은의 묘소 역시 부모의 유택이 있는 용진면 관전리 독서동으로 정해졌다. 100년 뒤에는 풍암의 묘소와 함께 부자의 묘소가 소양면 대승동 화심으로 옮겨졌다.

그의 배필은 인동장씨인데 이은보다 나이가 두 살 많아, 1808년(순조 8) 무진년 2월 4일생이었다. 아마 부인은 열다섯쯤에 이은과 결혼한 것으로 보인다. 친정아버지는 선비 장기풍張基豊으로 순천 출신이었다. 풍암과 절친이었으므로, 서로 사돈을 맺은 것이다.

부인은 건강한 편이었으나 부군보다 3년 먼저 세상을 떠났다. 1868년(고종 5) 무진년 2월 초3일에 향년 61세로 부인이 작고하였을 때 이은은 세상의 모든 것을 잃은 듯 슬퍼했다. 부부는 슬하에 나의 고조부 흑석(휘 인수)과 봉수鳳洙 형제를 두었다.

석양동 백씨서당

전주의 옛 지명을 찾아볼 수 있는 사전이나 읍지邑志에는 "석양동石羊洞"이 나오지 않는다. 집안의 〈가승〉에는 용진면 "관전리觀田里 독서동讀書洞"이라고 되어 있다. 용진은 소양천과 봉동천이 서로 만나는 곳이라 농사짓기에 매우 유리한 곳이며, 전주 부중府中이나 삼례와도 가까워 교통이 편리하였다. 특히 관전리는 야트막한 산을 배경으로 형성된 마을이라 경치가 아름다웠다.

관전리에서 굽어볼 수 있는 너른 들판은 대개가 이은의 선대부터 소유한 비옥한 경작지였다. 장차 관전리가 집안의 주거지가 될 수도 있다고 판단한 이는 풍암(휘 동량)이었다. 그는 자신이 몹시 사랑한 아내 함양박씨가 향년 38세를 일기로 1820년(순조 20) 경진년 정월 15일에 세상을 하직하자 관전리에 묘소를 정했다. 그리고는 이따금 아내의 묘소를 찾아 눈물을 흘리며 배회하였다. 이은은 아버지의 그런 모습을 잊을 수가 없었다.

어머니가 작고했을 때 이은의 나이는 불과 열한 살이요, 아우 필진必鎭은 여덟 살에 지나지 않았다. 이은의 아버지는 오래오래 무병하게 지내다가 1852년(철종 3) 임자년 9월 8일에 73세로 별세하였다. 그러자 이은은 부모님을 합장하고 3년간 시묘侍墓하였다.

본래 서책을 가까이한 이은이었으므로 틈틈이 책을 읽고 공부를 게을리하지 않은 것은 물론이다. 아울러 전주의 큰선비인 진사 이형만李馨萬 선생에게 부탁하여 아버지 풍암의 전기, 즉 《백효자전白孝子傳》을 완성하였다. 또, 풍암이 작고했을 때 지방과 한양의 여러

지인이 보내온 만사輓詞를 정리해 〈뇌사誄詞(조문)〉를 편집했다. 《백효자전》과 〈뇌사〉의 주요 내용은 다음 장에서 소개할 것이다.

이은은 시묘를 하는 동안 장차 무슨 일을 하면 좋을지를 궁리하였다. 관전리에 서당을 지어 선비를 기르는 것이 제일 좋겠다고 여겨졌다. "석양동石羊洞 백씨서당白氏書堂"이 탄생한 배경이다. 그래서 사람들은 그 마을을 독서동讀書洞이라고 부르게 되었다. 이은 선생이 여러 제자와 함께 글을 읽고 토론하였으므로 자연히 이런 명칭이 생겨났다.

요즘 말로 원장에 해당하는 이은은 그 마을을 "석양동"이라고 했다. 부모님의 유택이 있는 그 마을은 다른 이름보다는 석양동이라고 불러야 좋겠다고, 그는 생각했다. 서당에는 이은의 자제들만 출입하지는 않겠지만, 그래도 중심이 되는 것은 백씨 일문이라고 믿었다. 알다시피 18세기 후반부터 전국의 유명한 선비 가문에서는 경쟁적으로 서당을 지었다. 석양동 백씨서당의 등장도 그런 역사적 흐름에서 바라보는 것이 옳다.

문중서당의 유행

석양동 백씨서당은 규모가 번듯하고 장서도 넉넉히 갖춘 곳이었다. 이은에게는 그만한 학식과 재력이 있었기 때문이다. 18~19세기에는 백씨서당처럼 재정 기반이 충실한 서당도 적지 않았는데, 그에 관한 통계 자료는 물론 없다.

한 가지 분명한 사실은, 곳곳에 서당이 들어섬으로써 선비 가문의 자제뿐만 아니라 평민의 자제도 교육의 혜택을 비교적 골고루 입게 되었다는 점이다. 그때부터 성리학은 지배층만의 전유물이 아닌 공유재산이 되었다.

18세기 후반부터 문중서당이 등장한 것은 우연이 아니다. 그때부터 부계 혈연을 중심으로 한 문중 조직이 발달했기 때문이다. 대표적인 것으로, 나는 대구의 농연서당龍淵書堂을 손꼽는다. 1766년(영조 42), 영남의 대학자인 대산大山 이상정李象靖이 그 서당의 유래를 서술했다. 〈농연서당기龍淵書堂記〉인데, 그에 따르면 17세기 인물인 최동집崔東㠔의 5대손인 최흥원崔興遠이 조상을 기리며 이 서당을 중건하였다고 한다(1754년, 영조 30).

농연서당은 세 칸짜리 건물이었는데, 동쪽 두 칸은 공부하는 방으로 '세심재洗心齋'라고 하였다. 그리고 서쪽 한 칸에는 마루를 놓아 '탁청헌濯淸軒'이라고 했다. 건물 뒤편에는 마치 절간의 승방처럼 기숙할 장소를 만들었다. 서원 마당에는 연못을 파고 주변에는 화단을 만들어 매화, 대나무, 국화, 모란, 해당화 등을 심고 가꾸었다.

이상정의 서술에 따르면 그때 농연서당을 재건했다고 하는데, 실제는 아마 문중서당을 창건한 셈이었다고 나는 판단한다. 이 서당은 존양存養과 성찰省察의 공부를 위한 공간이었다. 말하자면 수준이 높은 성리학 연구소였다.

글쓴이 이상정의 문집을 자세히 읽어보면, 18세기 후반에 경상도에서는 여러 집안이 앞을 다퉈 서당을 건립했다. 예컨대 영양에는 월록서당(현재 경북 영양군 일월면 주곡리)이 출현했고, 안동에도 모산서당茅山書堂이 터를 잡았다. 그중에서 모산서당은 과거시험을 준

비하는 곳이었다.

오늘날 사람들은 서당이라면 초보적인 문리文理를 깨치는 초등학교쯤으로 짐작하기 일쑤다. 그렇게 단정하면 역사적 사실에서 멀어진다. 모산서당처럼 과거시험을 준비하는 곳도 있었고, 농연서당의 예에서 보듯 심오한 성리 철학을 연구하는 서당도 있었다. 물론 대개의 서당은 규모도 작고 재정 형편도 열악했으며 초보적인 한문 지식을 전달하는 곳이었다.

서당 중에는 당쟁의 전초기지 역할을 하던 곳도 있었다. 그리고 사당 기능을 갖춘 곳도 있었다. 또, 서당으로 존재하다가 산장이 작고하면 그를 기념하는 서원이 되기도 했다.

요컨대 조선 후기의 서당은 선비들의 정치적·문화적 활동 거점이자 서원의 모체이기도 하였다. 성리학을 깊이 연구하는 장소이자 과거시험을 준비하는 공간이기도 했다. 서당을 통해 점점 더 많은 사람이 유학이라는 고급문화를 체험한 것은 역사적으로 의미 있는 변화였다. 19세기 후반에 평민지식인이 다수 등장하여 동학을 널리 퍼뜨린 것도 서당의 발전을 떠나서는 설명할 수 없는 일이다.

석양에 담은 깊은 뜻

이은은 뜻이 높고 효성이 지극한 선비였다. 그는 부모의 묘소가 있는 선영先塋 아래 서당을 짓고 그곳을 "석양동"이라고 개명改名했다. 그러고는 아예 거주지를 전주 부중의 서편에서 서북쪽으로 이십 리쯤 떨어진 관전리로 옮겼다.

석양石羊이란 돌로 만든 양이란 뜻인데, 본래 관전리에는 이러한 지명이 존재하지 않았다. 이은은 왜, 하필 석양이란 지명을 만든 것일까. 《신선전神仙傳》의 영향이었다. 중국 고대에 진나라의 갈홍葛洪이 지었다고도 하고 아니라고도 하는 책이다. 총 10권으로 편성되어 있는데, 신선 열전列傳이라고 볼 수 있는 책이다. 그중에 황초평黃初平이란 인물이 등장한다. 나의 할아버지 이은은 황초평 이야기에 마음을 빼앗긴 듯하다.

금화산의 황초평

현실 속 이은과는 달리 그가 주목한 황초평이란 사람은 아주 가난한 집 아들이었다. 굶주림에 시달린 나머지 초평은 할 수 없이 집을 떠났다. 겨우 8세 때의 일이었다. 초평은 목동이 되어 이 산 저 산을 떠돌다가 적송산赤松山 또는 금화산金華山에 이르러 거기에서 신선을 만나 스승으로 삼았다. 그때가 15살이었다.

스승의 안내로 도교에 입문한 황초평은 수도에 전념했고, 40년쯤 정진하자 깨달음의 빛이 밝아왔다. 도술을 깨친 것이다. 황초평은 바위를 양으로 만들고 양을 바위로 바꿀 수도 있는 경지가 되었다.

그러던 어느 날 천만뜻밖에도 잊고 지내던 형님이 초평을 찾아왔다. 형님은 어린 초평이 집을 나가자 그날부터 온 천하를 방랑하며 초평을 찾고 있었다. 그렇게 40여 년이 지나서 형제가 상봉한 것이다. 그들의 우애는 그 무엇과도 견줄 수 없이 소중한 것이었다.

"초평아, 여기서 무얼 하고 지내느냐?"

"예, 형님! 양을 칩니다."

"그래? 그런데 왜 한 마리도 보이지 않는지 모르겠구나!"

초평은 가죽 채찍을 휘둘러 곁에 있던 바위를 내리쳤다. 그러자 이 바위도 저 바위도 모두 "음매" 소리를 내며 하얀 양으로 바뀌었다. 그들이 곧 석양石羊이었다. 세상 사람들은 초평을 황대선黃大仙이라 불렀다. 적송자赤松子 또는 적송선자赤松仙子라고도 하였다. 적송산에서 수도하였기 때문이다.

중국 역사를 살펴보면 황초평은 328년에 중국 강남의 저장성에서 태어났다. 당시 중국에서는 도교가 매우 유행했다. 책마다 그의 일생이 조금씩 다르게 서술되어 있으나, 284~364년 간에 출생한 것은 거의 틀림없다.

황초평은 중국사를 통틀어 가장 이름난 도사 가운데 한 사람이었다. 우리나라 고려 후기에 해당하는 남송 때는 신앙의 대상이 될 정도였다. 당시 화가가 그린 황초평의 초상화가 아직도 남아 있다. 지금도 홍콩의 웡타이신 사원에서는 그의 생일인 8월 23일에 거창한 축하 행사가 열린다.

신선 황초평은 가난하고 불우한 사람들을 돕는 것으로도 이름이 났다. 그는 불쌍한 사람들에게 나타나 재물을 안겨주거나 액운에서 구해주었다. 민중의 벗이요, 구원자인 것이다.

나의 할아버지 이은은 열한 살에 어머니를 잃고, 하나뿐인 아우 필진을 끔찍이도 사랑하였다. 아버지 풍암의 사랑이 깊고 컸으나 어머니의 빈자리는 누구도 메꿀 수 없었다. 이은은 누구나 부러워하는 큰 부자였지만, 그의 마음속에는 가난하고 외로운 소년 황초평 형제가 살고 있었다. 황초평은 이은의 아바타(화신), 또는 그 반대로 황초평의 아바타가 이은이었다.

김홍도의 금화편양

황초평을 꿈꾸는 이가 조선 후기에 적지 않았던 듯하다. 문헌을 조사해 보면 17세기에 교산蛟山 허균許筠의 글에도 황초평이 등장한다. 18세기에는 단원檀園 김홍도金弘道가 〈금화편양金華鞭羊〉이란 제목 아래 금화산에서 양을 치는 황초평을 화폭에 담았다. 그런데 조선에는 양이 거의 없었기 때문인지 김홍도는 양 대신에 염소로 바꿔서 그렸다. 그만큼 황초평의 신선 이야기는 당대 지식층의 관심을 끌었다.

그보다 한 세대 뒤에는 역시 궁정화가로 이름을 떨친 이인문李寅文이 〈목양취소牧羊吹簫〉를 남겼다. 황초평이 양을 치며 퉁소를 분다는 뜻이다. 이인문은 호를 고송유수관도인古松流水館道人이라고 하며 도인의 풍모를 숨기지 않았다.

헐벗고 굶주린 이웃을 사랑하며, 형제간의 우애 또한 지극하였던 신선 황초평. 그를 동경한 이는 이인문, 김홍도, 허균 등에 국한되지 않는다. 이은 역시 그러한 신선이 되기를 꿈꾸었던 선비였다. 석양동이란 지명은 그런 유래를 지니고 있었다. 일찍이 귤산橘山 이유원李裕元은 〈석양동 백씨서당기〉를 통해 이은이 석양동에 건립한 백씨서당의 미래를 축복하였다.

甫畄沘芙
初年湥

身

民齋

18세기 궁정화가로 이름을 떨친 이인문의 〈목양취소〉

귤산 이유원

귤산은 19세기의 명인이었다. 그는 선조 때 명신으로 손꼽히는 백사白沙 이항복李恒福의 후예로, 소론의 영수이자 학식이 출중한 선비였다. 1841년(현종 7)에 정시문과에 급제하고, 예문관검열과 규장각 대교를 거친 다음 1845년(현종 11)에는 동지사冬至使의 서장관書狀官으로 청나라의 북경에 다녀왔다. 그 뒤에는 의주부윤과 함경도관찰사를 지냈다.

1850년(철종 1) 1월에는 이조참의가 되었고, 그해 12월에 전라도 관찰사가 되어 전주에 내려왔다. 그 이듬해에는 다시 조정으로 돌아가 성균관 대사성이 되었다. 전주에 있을 때 이유원은 이은과 친하게 지냈으며, 이은의 아버지 풍암을 찾아뵙고 인사를 드리기도 했다. 1852년에 풍암이 작고하자 손수 〈만사輓詞〉를 지어 조문하기도 했을 정도로 이은 집안과는 우의가 두터웠다.

이유원은 관운이 좋아 이조참판과 형조판서를 지냈으며, 고종 초에는 좌의정이 되었다. 나중에는 흥선대원군과 반목하여 잠시 수원 유수로 좌천되기도 하였으나, 《대전회통》 편찬을 지휘하기도 했다. 1873년(고종 10)에 흥선대원군이 실각하자 곧 영의정으로 기용되었다. 1879년(고종 16)에도 다시 영의정으로 국정을 지휘하였다. 1882년(고종 19)에는 전권대신으로, 일본 측의 변리공사인 하나부사花房義質와 제물포조약에 조인하였다.

이유원은 학식이 풍부하여 일종의 백과사전인 《임하필기林下筆記》를 편찬했으며, 문집으로 《귤산문고橘山文藁》 등을 남겼다.

귤산의 〈서당기〉

귤산(휘 이유원)은 이은이 석양동에 서당을 열고 〈기문記文(연유를 기록한 글)〉을 요청하자 기꺼이 붓을 들었다. 글을 읽어보면, 이은은 마치 신선 황초평처럼 유유자적하였던 모양이다. 틈틈이 거문고를 뜯고 시문을 지으며 맑은 술을 마셨다고 한다. 그러다가 무료해지기라도 하면 활시위를 당겼다고 한다.

잘 알려진 바와 같이, 19세기 후반의 조선은 어지럽고 불안한 세월이 계속되었다. 그 속에서 이은과 같은 선비들이 선계仙界(신선 세상)의 고요와 화평을 꿈꾼 것은 어쩌면 지극히 자연스러운 일이었다. 문명이 고도로 발달했다고 하는 현대에도 세상 살기는 녹록하지 않다. 때로 신선에 관한 옛글과 그림을 벗 삼아 잠시 다른 세상을 거닐어 보는 것도 괜찮은 일이리라.

이유원의 문집인 《귤산문고》는 서울대학교 규장각에 보관되어 있는데, 제15권에는 〈석양동 백씨서당기〉라는 글이 보인다. 글에 따르면, 석양동 주인(이은)은 선친 곧 풍암의 묘소 아래 서당을 세워 여러 생도를 지도하였다. 그는 문장에 힘쓰는 한편, 거문고를 타고 장기와 바둑을 즐기며 신선처럼 살아가고 있었다.

그 서당은 푸른 시냇가 위 절벽에 자리 잡고 있었다. 울창한 대나무 숲으로 울타리를 삼았는데, 서당의 창문과 난간이 주변 풍경과 어울려 절경을 이루었다. 흥미롭게도 석양동 서당은 활을 쏘는 사정射亭(활터의 정자)과도 같은 분위기를 자아냈다고 한다. 이은은 제자들을 데리고 틈틈이 활을 쏘며 심신을 연마했던 모양이다.

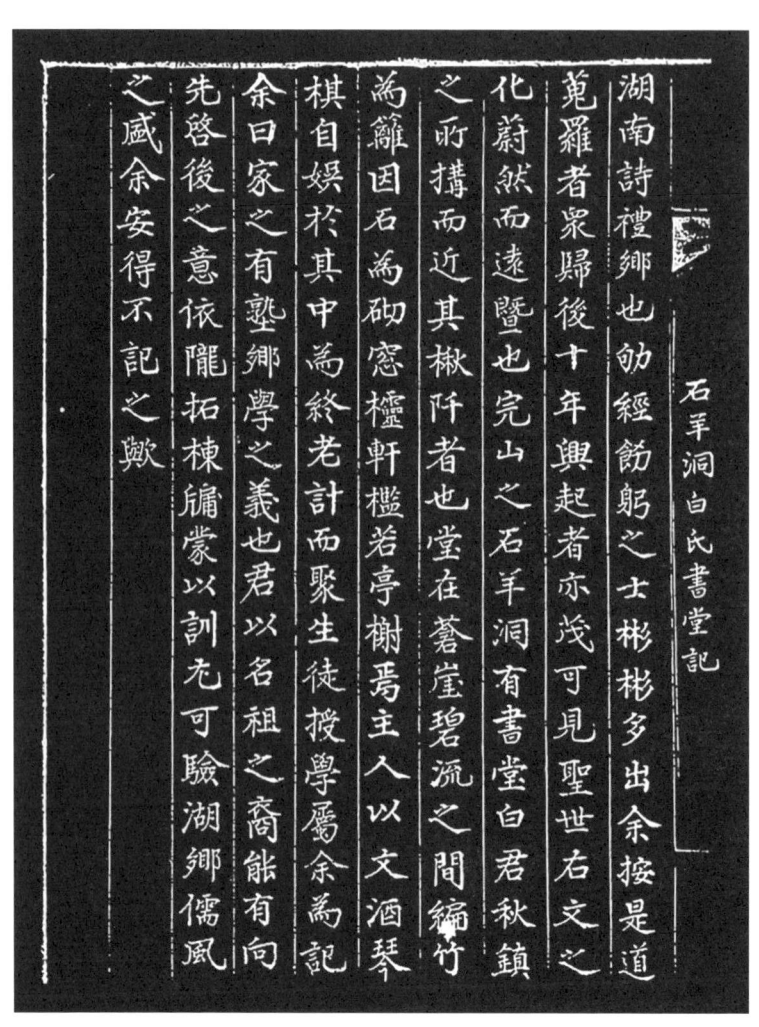

石羊洞白氏書堂記

湖南詩禮鄉也劬經餙躬之士彬彬多出余按是道
蒐羅者衆歸後十年興起者亦幾可見聖世右文之
化蔚然而遠曁也完山之石羊洞有書堂白君秋鎮
之所搆而近其楸阡者也堂在蒼崖碧流之間編竹
爲籬因石爲砌窓櫳軒檻若亭榭主人以文酒琴
棋自娛於其中焉終老計而聚生徒授學屬余爲記
余曰家之有塾鄉學之義也君以名祖之裔能有向
先啓後之意依曧拓棟牖蒙以訓无可驗湖鄉儒風
之盛余安得不記之歟

굴산 이유원이 지은 〈석양동 백씨서당기〉.
굴산 이유원은 학자이자 관리로 크게 이름을 떨쳤다. 그는 전라도 관찰사 시절에 정문 효자 풍암 백동량을 직접 방문한 적이 있었다. 이 〈서당기〉는 굴산이 풍암의 아들인 이은 백추진을 위해 지은 것이다.

글쓴이 귤산은 석양동 서당을 통해 장차 호남의 유풍儒風(유학의 흐름)이 크게 일어나기를 기대한다며 자신의 소망을 서술하기도 했다. 세월은 무정하여, 이제는 석양동의 백씨서당처럼 유서 깊은 건물도 모두 자취를 감추고 말았다. 그러나 귤산의 글이 아직 남아 있어 그것을 읽노라면 그 옛날의 풍경이 은은하게 떠오른다. 아무리 생각해도 글이란 참 신기하고 아름다운 것이다.

백패白牌

이은이 서당을 연 것은 세속적인 열망 때문이 아니었다. 그는 아들과 조카와 손자들에게 유교적 교양을 심어주고자 했다. 그리고 가능하면 전주와 인근 지역의 고사高士를 초빙하여 잠시나마 서로의 마음을 위로하고자 했다. 그러면서도 마음 한편에는 훌륭한 서책을 구비한 이런 서당이 오래 유지되면 집안에서 큰선비가 여럿 나올 것이라는 믿음도 없지 않았다.

그의 손자인 수졸재(휘 낙기)가 전주에서 손꼽히는 재사였던 긍농(휘 박준필)과 매우 친하게 된 데도 아마 석양동 백씨서당의 역할이 있었을 것이다. 긍농은 열네 살에 문과 초시에 합격할 정도로 문장이 뛰어났던 선비였으니, 그가 석양동 백씨서당을 찾아가 그곳에 비치된 만 권 장서를 구경하지 않았을 리가 없다. 또, 조부 이은에게 날마다 경전의 심오한 이치를 배우던 수졸재가 긍농 같은 수재와 사귐을 바라지 않았을 이유도 없다. 요컨대 석양동 백씨서당은 한 집안 사람들만의 폐쇄된 공간이 아니라, 인근 모든 선비에게 문호를 활짝 연 만남과 교유의 장이었다.

석양동에서 학문을 연마한 이은의 문중 자제 중에는 과거시험에 뜻을 둔 이도 적지 않았다. 서당 문을 연 지 30년쯤 지나자 영곡 문중에서 백패白牌(생원진사 합격자)가 세 명이나 나왔다.

과거시험에 대해 잠시 설명하자면, 문과文科는 오늘날의 고등고시에 해당한다. 좋은 관직을 얻으려면 그 시험에 합격하는 것이 지름길이었다. 그다음으로 생원은 요즘 말로 철학박사요, 진사는 문학박사였다. 생원과 진사는 최고의 학위시험이었다. 관직 진출과는 직접 관계가 없었으나, 그중 상당수는 추천을 거쳐 관직에 임용되기도 했다. 문과 시험은 생원진사 시험을 거치지 않고 바로 합격하는 사람이 대부분이었다. 여기서도 알 수 있듯, 이소과小科라고 불린 생원진사 시험은 대과大科인 문과와는 서로 관계가 없었다.

전주 입향조 영곡(휘 구민)의 7대 종손이 곧 이은이며, 그의 훈도를 받은 종원宗員 가문에서는 백낙원白樂元을 비롯하여 백낙홍白樂洪, 백낙중白樂中 등이 소과에 입격入格(합격)하였다. 이들 세 사람은 모두 이은의 방손傍孫이자, 영곡의 9대손이었다.

조금 더 설명하면 백낙원은 1888년(고종 25) 무자년 식년시에서 진사로 뽑혔는데, 합격 당시에 15세에 불과했다. 〈방목(합격자 명부)〉에 거주지가 익산益山으로 표시되어 있으나 그의 선대는 물론 전주에 살았다. 부조父祖가 이은의 지도를 받았다는 말이다.

백낙원의 아우 백낙홍도 3년 뒤에는 진사가 되었다. 1891년(고종 28) 신묘년 증광시에 진사가 되었는데 그때 나이가 18세였다. 참고로, 진사와 생원 시험에 합격한 선비들의 평균 연령은 30세 내외였다. 끝으로 백낙중은 다시 3년이 지난 1894년(고종 31) 갑오년 식년시에 생원이 되었다. 역시 21세의 젊은 나이에 당당히 합격했다. 그당시 구례(현 전남 구례군)에 거주한 것으로 기록되어 있다. 그러나실제 거주지는 아니었다. 그의 아버지와 할아버지도 역시 전주에살았다.

알다시피 1894년을 끝으로 과거제도가 철폐되었다. 만약에 과거시험이 계속되었더라면 이은의 직계 및 방계 자손 중에 훨씬 더 많은 과거 합격자가 나왔을 것 같다. 보통 선비들과는 비할 수 없이 좋은 여건에서 시험을 준비했기 때문이다. 그들의 합격 연령이 15~21세인 점으로 보아 좀 더 시간이 주어졌더라면 대과에도 잇따라 급제할 가능성이 충분했다.

나라를 구하고자 힘쓴 의사까지 나와

조선의 선비 중에 가장 귀한 이는 의사義士와 처사處士가 아닐까 한다. 의사는 의병義兵을 일으켜 나라를 구하고자 힘쓴 선비요, 처사는 어지러운 세상을 피해 수신修身과 독서讀書에 몰두한 선비였다. 난세에는 이러한 선비가 왕왕 나오기 마련이었다.

석양동 백씨서당이 여러 해 동안 집안의 자제들을 열심히 교육한결과 눈에 띄는 성과가 많았다. 이은의 4촌 아우 백영진白英鎭은 병인양요가 일어나자 의병을 모아서 북상하였다. 5촌 조카 백종수白宗洙는 일제강점기에 의병 투쟁을 벌였다고 한다. 그 아버지는 이은의 4촌 아우인 금부도사 백창진白昌鎭이었다. 또, 이은의 종질從姪 백유진白有鎭은 학문이 높고 행실이 뛰어나 관찰사가 조정에 천거해 통례원 인의가 되었다.

이상에서 살핀 것처럼 석양동 백씨서당의 설립은 직접적이든 간접적이든 영곡 문중의 발전에 이바지한 바가 컸다.

이은과 흥선대원군

내가 고등학교에 다닐 때 숙부 학은(휘 홍기)은 서울에서도 아주 훌륭한 저택에 살았다. 학은은 대학교 재학시절에 "3급 공무원 특채" 시험에 2등으로 합격했다. 그때가 1960년대 초였다. 국비로 호주국립대학교에 유학한 다음 상공부에서 근무했고, 미국으로 가서 대사관의 상무관을 지내기도 했다. 그러고는 무역회사를 차려 한동안 승승장구했다. 사업이 성공하자 3층이나 되는 저택을 서울에 지었는데, 나의 아버지 은석은 성공한 동생에게 한 가지 귀중한 선물을 주었다.

"이은거사梨隱居士"라는 네 글자가 적혀 있는 현판懸板이었다. 학은은 이 현판을 널찍한 2층 거실에 걸었다. 숙부 댁에 가면 나는 언제나 그 현판을 읽고 또 읽었다. 현판 한쪽 모서리에는 "석파石坡"라고 쓰여 있었다.

흥선대원군 이하응李昰應(1820~1898), 즉 고종의 아버지요, 완당 김정희의 조카이자 제자인 그이가 현판을 써주었다는 뜻이다.

이하응은 이은보다 10살이 적었다. 그러면 언제, 왜, 석파가 이은에게 현판을 주었을까. 어린 시절에 들은 바로, 석파는 아들 고종이 왕위에 오르기 전부터 야심을 가지고 전국 여러 곳을 주유周遊했다고 한다. 그때 석파는 전국에서도 물산이 가장 풍부한 전주에도 왔었단다. 그때 이은과 서로 친교를 맺고 가까워졌다는 것이다.

고종이 즉위한 것은 1864년이요, 석파가 전주를 다녀간 것은 그보다 5~10년 전이었던 것으로 보인다. 이은이 45~50세 때였다. 이은의 고향 전주는 배나무梨가 많은 곳이고 생강도 특산물이라, 이강주梨薑酒라는 술도 유명하였다. 요컨대 전주에서 걸사傑士를 만난 기쁨을 숨기지 못하고, 석파는 대뜸 이은거사梨隱居士라는 호를 나의 5대조에게 선사하였다. 전주에 숨어 사는 선비라는 뜻이다.

그러나 석파가 호를 주었다고 단정할 수는 없다. 어쩌면 이은이라는 호는 이미 오래전부터 사용되고 있었을 가능성도 있다. 이은이라는 호가 잘 어울린다고 여겼기에, 석파가 현판에 이은거사라는 글씨를 썼던 것일지도 모른다.

내가 듣기로, 우리 집 정자에는 석파와 그의 스승 완당 김정희가 쓴 현판이 여기저기에 걸려 있었다고 한다. 그리고 석파가 그린 난초와 완당의 글씨도 여러 점이 있었다고 한다. 집안에서 전해오는 이야기로는, 완당이 제주로 유배 갈 때도 우리 집에서 묵었다고 하며 여러 차례 왕래가 있었다고 한다.

내가 '라고 한다'와 같은 간접적인 어법을 쓰는 데에는 이유가 있다. 완당과 석파의 글씨와 그림이 현재 아무것도 남아 있지 않기 때문이다. 우리 집안에는 많은 고서화가 있었는데, 나의 할아버지 청계(휘 남룡)에게는 방랑벽이 있는 당숙이 한 분 있었다(휘 백낙환). 그는 《한국구비문학대계》(전주 편)에서 지면을 빌려 만날 수 있는 한량이었다. 그는 잊을 만하면 나타나 집안의 골동품을 몰래 가져다가 부유한 이들에게 헐값에 넘기고는, 여러 달 전국을 유람하다 돌아왔다. 그럴 때마다 조카인 청계는 철없는 당숙을 꾸짖었으나, 얼마 지나지 않아 그는 다시 물건을 들고 자취를 감추곤 하였다. 내가 듣기로, 우리 집안의 귀중품은 목포의 삼학소주 사장에게 대부분 팔아넘긴 것 같다고 했다. 안타까운 일이 아닐 수 없다. 요즘 같으면 어림없는 일이겠으나, 대체로 1940~1950년대에 벌어진 일이었다. 아직은 조선시대라고 불러도 좋을 만큼 모든 것이 다른 논리로 작동하던 시절이었다.

그러나 '이은거사' 현판만은 청계의 당숙이 손을 대지 못하였다. 무게가 상당하여 쉽게 가져갈 수 없었던 것이다. 이후 아버지 은석의 손을 거쳐 서울로 옮겨졌고, 1970년대 초반에는 학은 숙부의 거실에 위풍당당하게 걸려 있었다. 이 현판도 이제는 다시 볼 길이 없다. 1980년대 초반, 학은은 서울을 떠나 미국으로 이민을 갔다. 그때 그는 평소 자신에게 유난히 잘 대해준 대법원 판사 변모씨(작고)에게 감사의 선물로 이 유서 깊은 현판을 주고 갔다.

뜻깊은 유물이라 하더라도 인연이 맞아야 자손이 지켜낼 수 있는 법이다. 이은을 비롯하여 우리 집안에는 조상의 유고遺稿가 여러 권 전해 내려오고 있었다. 그러나 지금은 그 모든 서책이 자취를 감추었다. 1950년대, 전북대학교 사학과에는 강철종 교수라는 이가 있었다. 아버지 은석과는 각별한 친분이 있었고, 조선시대 당쟁을 연구하는 학자라고 하였다. 그의 연구 결과를 찾아보아도, 실제로 그러한 연구가 있었는지는 확인되지 않는다. 그는 이미 작고한 이어

령 교수의 매제로 알려졌으며, 당시 우리 집안의 문집을 모두 빌려
갔다. 이후 그 문집들은 어떻게 되었는지 알 수 없다. 그 시절은 참
으로 어수룩하고 순박한 때였다.

훈정공의 자손

끝으로, 이은이 영곡의 7대 종손으로서 가족의 역사에 엄청난 변화
를 가져왔다는 점을 적어둔다. 이은의 부친인 풍암楓庵(휘 백동량)의
〈뇌사誄詞〉, 즉 애도의 만사를 모은 글에 보면 우리 집안은 휴암休庵
백인걸白仁傑의 자손이었다. 앞에서도 언급한 진사 이형만의 〈세효
각기〉에도 휴암의 후손이라고 했고, 《조선왕조실록》과 《승정원일
기》 그리고 《각사등록各司謄錄》에도 나의 직계 조상은 모두 휴암의
자손이라고 명시되어 있다.

그러나 이은이 아직 생존하였을 때 출간된 《수원백씨족보》에도
그러하고, 이은의 아들이자 나의 고조부 흑석이 정리한 〈가승〉에는
혈통이 바뀌었다. 휴암의 사촌 형인 훈정공訓正公 백인현白仁賢의 자
손으로 기록되었다.

물론 큰 차이가 아니라고 할는지도 모른다. 휴암이든 훈정공이든
사촌 형제이므로 형의 자손이라고 하든 아우의 자손이라고 하든,
현대인의 눈으로 보면 그 집안이 결국은 그 집안이라며 대수롭지
않게 여길 수도 있다.

그러나 엄밀하게 말해 역부환조易父換祖, 즉 아버지와 할아버지를
바꾸는 일이었다. 한 마디 설명도 없이 어떻게 이런 엄청난 "사건"

이 벌어졌을까. 임금님의 이름으로 여러 명이 효자 정려를 받았고, 그때마다 휴암의 자손이라고 명시하였는데 어떻게 하루아침에 이런 일이 일어났을까. 그것도 이은처럼 고명한 처사處士가 어떻게 이런 일을 용인할 수가 있는가.

이은이 소속 계파를 바꾼 데 대한 영곡 자손의 갈등은 20세기 전반까지도 이어졌다. 1913년에 간행된 《조선신사대동보朝鮮紳士大同譜》에 실린 영곡의 자손 중에는 끝내 휴암의 자손임을 고집한 이들이 눈에 띤다. 이른바 "호남湖南 상도上道의 명가名家"라고 자타가 공인한 영곡의 자손인데 어찌 이런 일이 일어났을까.

나는 수년째 이 문제를 고심하였으나 아직도 명쾌한 답변을 찾지 못했다. 오늘날 나는 휴암의 자손이자 훈정공의 자손이기도 하다는 애매한 답으로 스스로를 달랜다.

06.

풍암楓庵
백동랑白東良
—〈뇌사〉에 새겨진
선비의 모습

풍암(휘 동량)은 나의 6대조이다. 집안의 문서에는 그의 초상화가 있었다고 기록되어 있으나 나는 아직 그의 진영眞影을 한 번도 본 적이 없다. 언제 무슨 일로 초상화가 사라졌는지 알 길이 없다. 앞 장에서 언급한 '좁은 목 할아버지'(휘 낙환)가 몰래 가져다가 누군가에게 넘긴 건 아닌지 모르겠다. 앞으로라도 초상화의 행방을 찾을 수 있으면 다행이겠다.

그러나 어렸을 적부터 나는 풍암 할아버지를 잘 알고 있었다. 나의 할아버지 청계는 한 권의 책을 백지로 곱게 싸서 조그만 철제 상자에 넣은 채 문갑에 소중히 보관하였다. "할아버지, 그게 무엇입니까?" 여덟 살쯤 되었을 때 나는 청계에게 물었다. "응, 이 책자가 우리 집안의 보물이다. 가보家寶고 말고." 청계는 그 책자가 풍암 할아버지의 〈뇌사誄詞〉라고 했다. "이 책을 열어보면 풍암 할아버님이 얼마나 훌륭한 분인지 저절로 알 수 있다." "뇌사란 어른이 돌아가셨을 때 들어온 만사輓詞(추도문)를 편찬한 것이란다."

풍암의 〈뇌사〉

청계는 내가 초등학교 5학년 되던 해 봄에 세상을 떠났다. 그는 나에게 풍암의 〈뇌사〉를 읽어주지 않았다. 아버지 은석(휘 정기)도 〈뇌사〉를 보물로 여기며 자랑스러워했다. 그러나 나는 그 내용을 구체적으로 묻지 않았다. 한 사람의 선비가 세상을 떠나면 그와 친하게 지내던 여러 친척과 선비들이 애도의 시를 써서 보낼 터이고, 그렇다면 그 내용이란 빤한 것이 아닐까. "훌륭한 사람이었다.""나하고 친했다.""그가 고인이 되어 너무 슬프다!" 이런 내용일 텐데 굳이 물어볼 필요가 무엇일까 싶었다.

　그처럼 빤한 〈뇌사〉를 집안의 보물이라며 애지중지하는 것이 조금 우습게 생각되기도 했다. "봉건 시대의 유습일 뿐이야!" 그렇게 지레짐작했으면서도 서른 살쯤 되자 궁금한 생각이 들기도 했다. "도대체 무슨 내용이 기록되어 있길래 청계도, 은석도 이 책자를 보물이라고 했을까?" 나는 풍암의 〈뇌사〉를 읽기로 결심했다. 〈뇌사〉는 한시漢詩로만 되어 있어 한 번에 술술 읽을 수는 없었다. 게다가 그 책자에는 뇌사만 포함된 것도 아니었다.

　청계 할아버지는 이런 말씀도 하셨다. "옛적에 풍암 선조의 제사를 모실 때는 소 한 마리를 잡았단다. 그런데 내 형편이 옛날 같지 않아서 내가 제사 모실 때는 그렇게 하지 못했어. 그래도 제사 때가 되면 늘 쇠고기 수십 근은 장만하였다." 청계는 소를 잡아 지내던

제사를 겨우 수십 근의 쇠고기로 대용하게 되었다며 죄송한 마음을
표현하였는데, 어린 나는 제사를 왜 그처럼 성대하게 지냈는지를
이해하기 어려웠다. 그러나 청계가 쇠고기에 관해 설명할 때 너무
나도 송구스러워했으므로 감히 그 이유를 묻지는 못했다.

나이 서른쯤에 역사학자로 성장한 나는 풍암의 〈뇌사〉를 샅샅이
분석한 다음에야 비로소 청계의 마음을 이해할 수 있었다. 그 책자
는 세 부분으로 구성되었다. 우선 주인공 풍암의 일대기를 간단히
기록한 〈백효자전〉이 나온다. 이어서 풍암의 영전에 바친 뇌사, 곧
조시弔詩가 나오는데 그 분량이 방대할 뿐 아니라 시문을 올린 이의

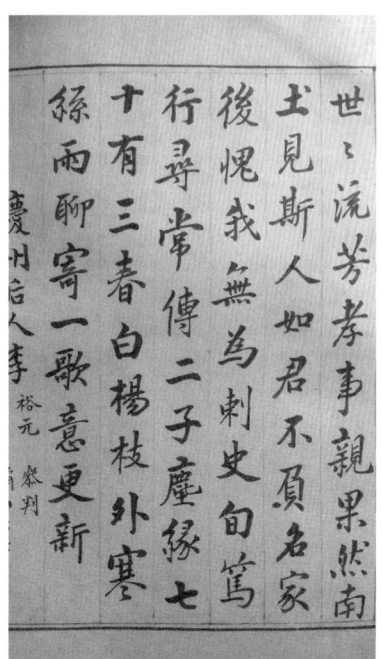

풍암의 〈뇌사〉 중 일부.
나의 조부와 아버지는 〈뇌사〉를
보물인양 애지중지했다.

면면이 실로 화려하다. 끝으로, 풍암의 효행을 고을에 알리는 글도 있고, 이를 전라감사에게 보고한 내용도 있다. 요컨대, 〈뇌사〉를 면밀히 들여다보면 풍암이 어떤 인물이었는지를 가늠할 수 있다. 그는 결코 평범한 인물이 아니었다.

풍암 백동량이라는 선비

그의 자字는 득해得海요, 호는 풍암楓庵이며 휘는 동량東良이다. 전주 입향조인 영곡(휘 구민)의 6대 종손이다. 1779년(정조 3) 기해년 3월 13일 전주에서 태어났다. 아버지는 고암顧庵(휘 사성)이고, 어머니는 김해김씨였다. 12살에 김씨 부인이 작고하였다. 어머니의 향년은 겨우 39세였으며, 풍암 외에 딸 하나를 더 낳았다.

아버지 고암은 다시 김제이씨를 배필로 맞아 두 아들(휘 동한 및 동표)을 얻었고 딸도 셋이나 낳아 길렀다.

풍암은 문무를 겸전한 선비로, 장성한 다음에는 부친 고암과 조부 중암重庵(휘 상희)의 효행을 조정에 널리 알리는 데 힘썼다. 그 결과 고암과 중암의 효행을 표창하는 정려가 내렸다.

그에게는 훌륭한 벗이 이루 헤아릴 수 없이 많았다. 조정 중신重臣 중에도 가까이 지낸 이가 수십 명에 이르렀고, 전주를 비롯한 호남 일대에는 더더욱 많았다. 그의 학문과 인품을 추앙하는 이도 많았으며, 문하門下에 들어와 배움을 청하는 이도 적지 않았다.

다복하고 평강하게 살다가 1852년(철종 3) 임자년 9월 8일에 별세했는데, 향년이 74세였다. 작고한 지 7년 뒤인 1859년(철종 10, 기미

년) 봄, 조정에서는 풍암에게 효자 정려를 내리고 조봉대부(정4품) 행 동몽교관에 추증하였다.

처음에는 거마평 안행동에 있는 선친, 즉 고암의 묘소 오른쪽 언덕에 묘소를 정했다가 나중에 부인의 묘소가 있는 용진면 관전리 독서동 을좌로 옮겼다. 20세기 후반에는 다시 소양의 대승동으로 이장했다.

나의 6대조 풍암은 학문이 높고 문장에 뛰어났다. 경향 각지의 이름난 선비들과 폭넓게 사귀었는데, 그가 작고하시자 애도의 뜻을 담은 조시弔詩가 날마다 수십 장씩 도착하였다. 이를 풍암의 맏아들인 이은이 정리하여 〈뇌사誄詞〉로 다듬었다.

풍암의 배필은 함양박씨로 부군보다 4살이 적다. 부인은 1783년 (정조 7) 계묘년 5월 17일생인데, 1820년(순조 20) 경진년 정월 15일에 향년 38세를 일기로 별세하였다. 슬하에 2남 2녀를 두었다. 큰아들은 이은(추진), 둘째 아들은 필진이며, 두 딸은 각각 정일점鄭—點과 김수명金壽明의 배필이 되었다.

부인 함양박씨가 작고한 뒤로 풍암은 재혼하지 않았다. 재산은 유족했으나 4남매가 무럭무럭 잘 자라서 제각각 가정을 이루는 모습을 지켜보는 것으로 만족했다. 거기에는 두 가지 뜻이 숨어 있었다.

하나는 풍암이 박씨 부인을 몹시 사랑하였으므로 의리상 그렇게 하는 것이 옳다는 생각이 작용했다. 또 하나는 부친 고암이 연이은 상배喪配(배우자의 죽음)로 가족관계가 조금 복잡해졌다는 점이다. 고암은 세 번이나 결혼하였으며, 슬하에 풍암을 포함해 모두 3남 4

녀를 거느렸다. 풍암에게는 친누이가 두 명 있었고, 그 밖에도 나이 차가 많이 나는 이복 형제자매로 2남 2녀가 더 있었다. 계모 이씨 부인은 선친인 고암보다 21세 연하로 풍암보다 16살 위였다. 이씨 부인은 선친이 작고한 다음에 18년을 더 살다가 타계하였다. 가정 상황이 좀 복잡했다고 할 수 있는데, 풍암은 자신의 경험이 자녀들 대에 되풀이되는 것을 바라지 않았다. 그래서 그는 재혼하기를 꺼렸다.

아래에서는 다음의 네 가지 이야기를 할 것이다. 첫째는 풍암이 일찍 작고한 모친을 그리는 마음이 눈물겨웠다는 점이요, 둘째는 그가 경향 각지의 명사名士를 두루 사귀었다는 사실이다. 셋째는 그가 처음에는 무인武人이나 다름없었으나 차츰 글공부에 힘써 훌륭한 선비가 되었다는 점이다. 넷째는 그의 이복동생 동한東翰(東漢이라고도 함)이 크게 출세하였으며, 그 자손들도 명사가 되었다는 사실을 덧붙여 기록하고자 한다.

눈물겨운 효성

당대 전주의 문인으로 이름을 떨친 이형만李馨萬(1785년생)이란 선비가 있다. 호는 석하병부石下病夫이며, 전주의 명가인 전의이씨 집안의 선비이다. 순조19년(1819) 생원에 뽑혔으며 음직蔭職으로 벼슬에 나가 현감을 지내기도 했다. 그가 풍암을 위해 쓴 글이 〈백효자전白孝子傳〉이다. 이 글과는 별도로 그는 〈세효각기世孝閣記〉를 지어 풍암의 아버지와 할아버지의 세효世孝, 즉 대를 이은 효행을 기리기도

白孝子束良傳

白孝子束良水州人也其祖其考俱以孝旌閭而志
甫公休菴卽其先祖也目其後世居兎城中衰不振
可不惜哉余嘗聞斯人目甞説事父母左右無違覺
欲備至蓋其天性然也早喪慈毋至彌在心每恨不
得終養而奉嚴親誠意愈篤極其志物之養及其丁
憂必號踊泣血悲剉成疾幾至瀕死而喪喪之節承
以禮郷里莫不感歎旣弱又聞其追服斑喪此可見矣死
無代禮之事其儒慕之篤狀此可範尤難
其祖子孫三世以孝相傳爲一世之型範而
于其臨終遺言曰吾幼而遭內艱不能服喪麻此爲

至恨也吾尻之後歛之以喪麻喪之於親喪之則此
亦追慕之至心而以喪襲斂非情之可合也故
備禮歛襲新製喪服斂納于棺中而捨彼先占之塋與
冢所稱吉地從願言而喪之其子之不遠親志者
非孝乎啼呼見今世喪倫綱日頹矣行義之純備者
許至行求之於古亦鮮興得爲固知其源之有自來矣
其長子秋鎮亦志厚行篤者也盡誠事親友于兄弟
推以及宗戚朋友各盡其義尤謹於喪祭之禮是可
謂克紹家訓矣苟非束襲之至性烏能如是子其仲

子必鎮其孫沫永亦皆溫雅端餝者也詩所云孝子
不匱永錫甬類者其非白氏門之謂歟余今病衰筆
澀矣縱不能稱揚其卓濟之羙而感於白孝子
純至之行旣作輓歛又侫是傳以俟良史氏採而傳
之

1853년에 석하 이형만이
정려 효자 풍암 백동량의 일대기를
약술한 〈백효자전〉

했고, 풍암이 작고하자 만사挽詞를 보내오기도 했다.

아래에서는 〈뇌사〉의 서두를 빛내고 있는 〈백효자전〉을 몇 개의 단락으로 나누어 소개하고 거기에 담긴 뜻을 간단히 해설하겠다.

풍암의 가문

효자 백동량(1779~1852)의 본관은 수주(수원)이시다. 그분의 할아버지와 아버지는 효행으로 정려를 받으셨다. 충숙공 휴암休庵(백인걸)은 곧 그분의 직계 조상이시다. 그 뒤 대대로 완성 중에 살았으나 이름을 크게 떨치지 못하였으니 안타까운 일이 아닌가. 白孝子東良水州人也 其祖 其考俱以孝 旌閭而 忠肅公休庵卽其祖也 自其後世居完城中衰不振可不惜哉

요컨대 풍암은 휴암 백인걸의 자손이라고 했다. 휴암은 16세기의 명신으로, 정암 조광조, 노천 김식 및 모재 김안국에게 수학했고 문과에 급제해 강직한 성품과 학문을 사랑하는 태도로 세간의 칭송을 받았다. 《해동명신전海東名臣傳》을 비롯해 여러 문헌에 그의 전기가 실려 있으며 청백리淸白吏로도 뽑혔다. 휴암의 제자인 우계 성혼은 율곡 이이와 더불어 서인, 즉 소론과 남인의 학맥을 형성했다.

풍암은 그와 같은 명조名祖의 후예이나 전주에 여러 대 거주하는 동안에는 과환科宦(벼슬)이 크게 떨치지 못했다고 했다. 이는 비단 풍암의 가문에 국한된 애로 사항이 아니라 지방에 세거하는 선비 가문이면 누구나 겪었던 전반적인 사회 문제였다. 풍암은 이처럼 이름난 조상을 둔 명문가의 후예였으나, 그 일문은 전주에서 여러 대를 지내는 동안 과거시험과 관직에서 두드러진 성과를 거두지 못하였다.

과연 풍암의 만사輓詞를 보아도 그는 휴암의 직계 자손이요, 조정에서 그 조상들에게 효자 정려를 하사할 때 작성된 공식 문서에도 휴암의 직손이라고 했다. 그런데 〈백효자전〉에는 나중에 누군가 "방傍"이란 한 글자를 행간에 작게 가필하여 휴암의 방손傍孫이라고 수정했다.

풍암 등의 계파 문제에 관해서는 앞 장에서도 잠시 언급했다. 1850년대에 휴암의 자손에서 그 종형인 훈정공 백인현의 자손으로 바뀌었다는 점 말이다. 그런데도 풍암 일가에서는 여전히 휴암의 자손이라고 자처하는 일이 끊이지 않았다. 1912년경에 간행된 《조선신사보감》에는 풍암의 사촌 아우인 증 호조판서 백문원白文源의 현손인 명릉참봉 백락운白樂云(1885년생)이 휴암의 11대손이라고 했다.

또, 풍암의 세거지가 〈백효자전〉에는 "전주 성안完城中"이라고 되어 있었는데, 나중에 누군가 "전주성 동쪽完城東"이라고 고쳐 쓴 흔적이 역력하다. 풍암 때는 성안에 살았으나 아들 이은(휘 추진)이 성의 동쪽에 있는 석양동(관전리 독서동)으로 이주했기 때문이다.

풍암 일가는 본래 휴암의 자손으로 알려져 있었으나 휴암의 사촌형인 훈정공(휘 인현)의 자손으로 바뀌었다. 그 원인을 정확히 알 수는 없으나, 휴암과 그 사촌 형제의 자손이 곧 수원백씨의 핵심 가문이었다.

타고난 효성

이형만의 〈백효자전〉은 풍암이 타고난 효자라고 서술하고 있다.

나는 일찍이 들었노라. 이분(풍암)은 예닐곱 살 때부터 부모님을 곁에서 모시되 조금도 어김이 없으셨다고 하며, 슬픈 일이나 기쁜 일이나 (예의를) 갖춤이 지극하셨다고 한다. 아마 그 천성이 그러하셨던 것이리라. 余嘗聞斯人自髫齔事父母左右無違 哀慶備至 盖其天性然也

이어서, 풍암이 일찍 작고한 모친을 사모한 정성이 극진하였다고 덧붙였다.

일찍이 어머님을 잃으셨는데 슬퍼하는 지극한 마음이 있었다. 공은 효를 다하지 못한 것을 늘 한스러워하셨다. 그래서 아버님(고암, 휘 사성) 섬기는 성실한 마음은 더욱 도타우셨고, 봉양하고자 하는 뜻 또한 지극하였다. 아버님의 상을 당해서는 몸부림치며 통곡하다가 기력이 쇠해 병이 들었고, 거의 혼절할 지경에까지 이르렀다. 상례와 장례 또한 예禮와 효孝를 다하여 모셨으니, 이런 분을 두고 누가 감탄하지 않겠는가. 早喪慈母至痛在心、 每恨不得終養而 奉嚴親誠意愈篤極其志物之養 及其丁憂也號踊立血柴削成疾 幾至滅性而 喪葬之節亦以禮孝哉 斯人人孰不感歎

일찍이 모친을 여의고 부친을 정성껏 봉양하였을 뿐 아니라, 부친이 작고한 뒤에도 상장례를 예법대로 충실히 거행했다고 평했다.

그뿐 아니라 모친을 기리는 마음이 각별하였던 사실을 다음과 같이 기술하였다.

또한 나는 그분께서 모친의 상복을 추복追服(나이 어려서 제대로 입지 못한 상을 다시 모심)하셨다고 들었노라. 이는 비록 예법에는 없는 일이지마는 그 아들 된 이의 지극한 효심이 돈독하셨음을 여기서 보노라. 竊又聞其追服母喪之說 此雖無於禮之事 其孺慕之痛孝心之篤於此可見矣

놀랍게도 풍암은 임종에 이르러 몸이 죽은 뒤에라도 모친을 위해 상복을 입겠다고 하였다. 그 이야기를 조금 더 자세히 서술하면 다음과 같다.

하물며 그 할아버님과 아들 및 손자가 삼대에 걸쳐 효도를 전통으로 이어왔으니, 이는 한 시대의 본보기가 되었구나. 이 또한 매우 보기 드문 일이 아니겠는가. 그분이 임종에 이르러 다음과 같이 유언하셨다. '나는 어려서 모친의 상을 당했다. 최마(상복)를 제대로 입지 못하였노라. 이는 내게 지극히 원통한 일이었느니라. 내가 죽은 뒤에는 나에게 최마를 입혀 염해 주고, 부모님의 무덤 곁에 묻어다오.' 況其祖子孫三世以孝相傳 爲一世之型範 不亦尤難乎 其臨終遺言曰 吾幼而遭內艱不能服衰麻 此爲至恨也 吾死之後斂之以衰麻 葬之於親墓之側

모친을 향한 풍암의 효성이 그렇게 지극하다고 해도, 이은을 비롯한 자손은 그 뜻을 그대로 따를 수 없었다. 그들이 마땅히 지켜야

할 예법이 있었기 때문이다. 마침내 다음과 같은 해결책이 마련되었다고 한다.

이 또한 추모의 지극한 마음이었도다. 최마를 입혀서 염한다면 마음(풍암의 효심)과 예문이 어긋나는지라. 그리하여 예를 갖추어 염습을 하되, 새로 최마복을 지어서 따로 관 안에 넣었다. 此亦追慕之至心而 以衰麻斂襲非情文之可合也 故備禮斂襲新製衰麻 納于棺中而

풍암은 수의를 입은 채로 입관되었다. 그러나 그 곁에는 최마복을 두어 고인의 뜻을 따르는 마음을 표시했다. 그리고 장지葬地는 미리 정해둔 길지가 있었음에도 풍암의 유훈에 따랐다. 이 모든 결정을 내린 이는 풍암의 장자 이은(휘 추진)이었다.

미리 묘 터로 잡아둔 곳, 풍수들이 말하는 명당 자리를 버려두고 유언을 그대로 따라서 장례를 모셨다. 공의 아드님(이은, 휘 추진)이 아버님의 뜻을 어기지 않은 것도 또한 효행이 아니겠는가. 捨彼先占之堪輿家所稱吉地 從顧言而葬之 其子之不違親志者亦豈非孝乎

처음에는 부친 고암의 묘소 곁에 유해를 모셨다. 그러나 얼마 후에는 모친의 유택을 좇아 석양동으로 이장했다. 글쓴이 이형만은 다시 한번 풍암의 효성을 기리며 다음과 같이 평했다.

오호라. 보건대 요즘 세상은 윤리가 무너지고 기강이 쇠퇴하였구나.

의를 온전히 행하는 이는 참으로 드물구나. 오직 백 효자만이 인륜에 독실하여 아들의 역할을 다하였으니, 어찌 아름답다 하지 않으랴. 이처럼 지극한 행실은 과거의 역사에서 찾으려 해도 그에 짝할 만한 이가 드물었다. 嗚呼見今世衰倫綱頹矣 行義之純備者儘無多而 唯白孝子篤於人倫盡其子職 曷不懿哉 似此至行求之於古尠與儔焉

아울러 석하(휘 이형만)는 풍암의 가풍이 훌륭하다는 점을 강조하고, 바로 그런 맥락에서 풍암의 둘째 아들(휘 필진)과 맏손자(휘 인수)까지도 단아한 선비라는 점을 강조했다.

진실로 그 뿌리가 있어 절로 흘러온 것을 알겠노라. 그분의 장남이신 추진 또한 뜻이 깊고 행실이 돈독한 분이라, 부모를 섬기고 형제간에 우애함에 마음을 다하였도다. 그 마음으로 여러 친척과 벗들에게도 각기 의리를 다하였으며, 장례와 제례는 더더욱 삼갔노니 이것은 가문의 가르침을 잘 계승한 것이라. 진실로 본래 성품이 지극히 성실하지 않았다면, 어찌 이와 같을 수가 있겠는가. 공의 둘째 아드님 필진과 그분의 손자 인수 역시 모두 온화하고 단정한 선비라. 《시경》에 나오는 '효자의 효행은 다함이 없다. 길이 너의 자손에게 은혜가 이어지리라'라고 한 말씀, 이는 백씨 일문을 가리킨 것이 아니고 무엇이랴. 固知其源之有自來矣 其長子秋鎭亦志厚行篤者也 盡誠事親友于兄弟 推以及宗戚朋友 各盡其義 尤謹於葬祭之禮 是可謂克紹家訓矣 苟非秉彛之至誠烏能如是乎 其仲子必鎭其孫麟洙亦皆溫雅端飭者也 詩所云孝子不匱永錫爾類者 其非白氏門之謂歟

끝으로, 글쓴이 석하는 자신이 쓴 이 글이 후세의 역사가에게도 읽히기를 소망하며 다음과 같이 글을 마감하였다.

나는 이제 병들어 쇠약하고 글솜씨도 시원찮다. 비록 그 경세제민經世濟民의 아름다움을 충분히 서술하지는 못하나, 백 효자의 순수함에 마음 깊이 느낀 바가 있노라. 이미 만기輓歌를 지은 바 있으나 다시 이 전기를 짓노니, 장차 훌륭한 역사가가 이를 채록하여 후세에 전하리라 믿노라. 余今病衰筆澁矣 縱不能稱揚其世濟之美而 深有感於白孝子純摯之行 旣作輓歌又作是傳 以良史氏採而傳之

이 글을 쓴 날짜는 다음과 같았다.

숭정 기원후 소양적분약(계축년, 1853년 철종 4) 유하(5월) 초 석하병부 전의이씨 이형만이 쓰다. 崇禎紀元之昭陽赤奮若榴夏之初 石下病夫全義李馨萬希聞識

풍암의 증직

생전에도 그의 벗들은 풍암의 높은 학식과 인품 때문에 벼슬에 천거될 것으로 전망하였다. 그러나 풍암 자신은 벼슬에 뜻이 없었다. 그의 집에서는 해마다 봄이 되면 창고에 간수한 수만 냥의 동전을 꺼내어 맑은 시냇물이 흐르는 개울가에서 깨끗이 씻고 닦은 뒤, 다시 창고에 보관하였다. 물질에 조금도 부족함이 없었다는 말이다.

풍암처럼 당대의 큰 부자는 돈을 가만히 쌓아놓기만 하고 그 돈을 어떠한 생산적 사업에도 투자하지 않았다. 나라에서는 해마다 화폐를 발행했으나 부자들이 창고에 쌓아두기만 해 결과적으로 전황錢荒, 즉 유통이 막혀 화폐가 부족해지는 현상이 발생했다. 국가 경제라는 관점에서 보면 치명적이고 만성적인 문제였다.

그러나 풍암과 같은 성리학자의 눈으로 보면 다른 방법이 없었다. 대지주로서 자신의 집에 화폐가 모여드는 것을 막을 수도 없지만, 그렇다고 하여 그 돈을 가지고 마땅히 할 만한 일 또한 없었던 것이다. 더 큰 이익을 위해 적극적으로 투자하는 행위는 성리학적 가치관 아래에서는 상상조차 할 수 없는 일이었으므로, 얼마간의 화폐를 빈민 구제에 사용하고 나머지는 깨끗이 씻어 보관하는 수밖에 없었다.

이따금 쉽게 변질되지 않는 해산물이나 갓을 만드는 데 필요한 말총을 대량으로 사두었다가 그 값이 올라가면 한양이나 개성, 전주 같은 대처에서 다시 팔았다. 그렇게 하여 불어난 돈은 다시 창고에 쌓였고, 이러한 일이 몇 차례 반복되자, 시중의 화폐가 몇몇 큰 부자들의 손에 집중되었다. 풍암도 그런 사업을 이따금 벌였으나, 그런 일에 큰 재미를 느끼지는 못했다.

벼슬에 나서는 일 역시 마땅히 마음이 가지 않았다. 자칫하면 구설에 오르기 쉽고, 정치적 사건에 휘말리기라도 하면 온 집안이 일시에 멸문의 화를 입을 수도 있었다. 가난한 선비라면 벼슬을 통해 삶의 활로를 개척해야 했지만, 풍암같이 넉넉한 집안의 선비에게는 오히려 불필요하고도 위험한 일이었다.

풍암이 바라는 것이 있다면 아마도 증직贈職이 아니었을까 한다.

이미 돌아가신 부조父祖가 효자 정려를 하사받고, 높은 벼슬도 추증받는 것은 훌륭한 일이었다. 가문의 품위는 올라가고 자손들에게도 지향점이 뚜렷해진다는 점에서 좋은 일이었다. 여기에서 자세히 논할 여유는 없으나, 풍암의 조상은 입향조 영곡(휘 구민)부터 대대로 참판 또는 참의라는 높은 벼슬을 사후에 얻었다. 오늘날로 말하면 차관 또는 차관보에 해당하는 고위직이었다. 풍암은 자신도 세상을 떠난 다음에는 그렇게 되기를 내심 바랐을 것으로 짐작한다. 생전에는 벼슬을 멀리하였으나, 세상을 떠난 뒤에는 조상들과 같이 추증되어 사회적 인정을 받고자 했을 것이다.

과연 사후 7년째가 되던 1859년(철종 9) 3월 5일에 조정에서는 정기 인사를 시행할 때 풍암을 잊지 않았다. 그날의 《승정원일기》에 다음과 같은 기록이 있다.

(이날) 정기 인사가 있었다. 이조에서 아뢰기를 (중략) 작고한 학생 백동량에게 동(몽)교(관)의 벼슬을 주옵소서. (그는) 효행이 특출한 사람이었습니다. (왕께서) 그리하라고 허락하셨다. 有政 吏批, … 故學生白東良 贈童敎, 孝行卓異, 贈職事, 承傳

풍암은 그해에 이미 효자 정려를 하사받았고, 아울러 조봉대부 행동몽교관의 벼슬에 추증되었다. 그가 소망한 대로 이뤄진 것이다.

참판 임영수의 우정

가만히 〈뇌사〉를 살펴보면 풍암과 정이 깊은 친구들도 있었다. 일례를 들어보면 다음과 같다. 시를 번역하기가 쉽지 않은 일이나 서투른 솜씨로나마 옮겨보았다.

소슬바람 불어 사립문도 차가운데 밤새 열어두었습니다/ 배흘림기둥에 기대어 문득문득 님의 모습 그렸습니다/ 일찍이 선대의 효성으로 정려를 받으셨으니, 구천에서도 영예로우실 테지요/ 한세상 사신 일도 아드님들 어질게 키우며 잘도 마치셨습니다. 簫瑟寒扉夜不關 月欄忽憶故人顏 曾褒先孝荣泉下 多養兒賢業世間

지난 십 년 세월에 흰머리만 늘었습니다/ 동짓달 매서운 바람과 눈보라, 청산에 가득합니다/ 해 저문 호남에 한 그루 단풍나무로 짙푸르셨지요/ 명정 위의 붉은 글씨는 한 줄기 바람 되어 떠나셨습니다. 十載星霜餘白髮 仲冬風雪滿靑山 日暮湖南楓樹碧 丹旌颯颯去無還

장문의 만사를 쓴 이는 누구일까. "나주후인 임영수 참판羅州后人 林永洙 參判"이라고 했다. 임영수(1790~1879)는 이름난 선비로 사헌부 대사헌을 비롯해 한성부판윤과 예조판서 등을 지냈다. 그는 1825년(순조 25) 문과에 급제하였고, 1836년(헌종 2)에는 문과 중시에 급제한 문신이다.

이 만사를 짓기 2년 전인 1850년(철종 1)에는 헌종의 산릉을 축조하고 제례를 드리는 일로 분주하였다. 이후 1859년(철종 9)에는 청나라에 사신으로 다녀왔고, 그 이듬해에는 이조참판이 되었다. 사후에 시호는 효정孝貞이다.

임영수는 풍암과 매우 친한 사이였다. 첫 연에서 "배흘림기둥에 기대어 문득문득 님의 모습 그렸습니다"라고 한 구절이 주목된다. 풍암의 자손들에 관하여도 어질다고 언급한 점을 보면 이은 등과도 잘 아는 사이였다.

그는 만사의 둘째 연에서, "해 저문 호남에 한 그루 단풍나무로 짙푸르셨지요"라며 풍암의 표표한 풍모를 그리워하였다. 그는 또 풍암의 마지막 "십 년 세월"에는 서로 재회하지 못하였음을 안타까워했다. 요즘 같으면 우의가 끊어지고 말 긴 시간이었다. 그래도 그들 사이의 우정은 여전하였다. 그것이 바로 옛사람의 은은한 우정이었다.

조관의 만사

풍암의 〈뇌사〉는 2부작으로 편성되어 있다. 그렇게 나눈 것은 물론 풍암의 맏아들이자 탁월한 선비 이은이다. 이은은 〈뇌사〉 제1부는 조관朝官 곧 조정에서 벼슬하던 선비들이 보내온 글로 편성했다. 그리고 제2부는 전라도 각 고을의 이름난 선비들이 보내온 것으로 엮었다.

제1부는 모두 23건의 만사인데 순서대로 이름과 관직을 기록하면 다음과 같다. "종인宗人"이라고 밝힌 것은 해당 인물이 풍암과 마

찬가지로 수원백씨임을 가리킨다. 벼슬 이름은 〈뇌사〉를 최종적으로 편찬할 당시의 직책을 적은 것이다. 괄호 안에 적은 관직은 그 후에 해당자가 도달한 명예로운 관직이다.

1. 백은진, 종인宗人, 금위대장
2. 이유원 참판(영의정)
3. 정최조 전라감사(예조판서)
4. 백주진, 종인, 참봉(첨지중추부사)
5. 백유진, 종인, 사헌부 감찰
6. 백능수, 종인, 오위도총부 도총관
7. 백락현, 종인, 장진첨절제사
8. 임영수 이조참판(대사성)
9. 박규수 (우의정)
10. 이시우 승정원 승지(이조참의)
11. 윤경선 승정원 승지(호조참의)
12. 이승익 승정원 승지(이조참판)
13. 성재원 한림(대사헌)
14. 서상지 한림(경상우도 암행어사)
15. 이원장 현령
16. 이원영 참봉
17. 이형만 현감
18. 김락문 전라감영 영장(첨지중추부사)
19. 이완희 별군직(부사)

20. 이동현 군수

21. 홍재신 (통진부사)

22. 김석근 (순흥부사)

23. 조문규 (중추원 의관)

　이상의 명단을 분석하면 풍암의 친족이 5명이고, 나머지는 모두 친지들이다. 이유원과 박규수는 장차 정승까지 벼슬이 올랐으며, 판서, 참판, 참의, 부사 등 고위직이 대부분이었다. 비록 풍암은 벼슬에 나가지 않았으나 이처럼 고명한 여러 인사와 사귐이 있었다. 아래에서는 지면 관계상 특별한 사연이 있어 보이는 다섯 개의 만사만 소개하겠다.

금위영 대장 백은진의 만사

　먼저 제1부의 첫머리를 장식한 만사는 풍암의 종인宗人 휘 은진殷鎭(1787년생)이 쓴 것이다. 그는 금위영禁衛營 대장으로 당대 제일의 무신이었다. 병마절도사兵馬節度使를 지낸 충장공忠莊公 백시구白時耉의 현손으로, 여러 요직을 지낸 다음, 1851년(철종 2)에 금위대장禁衛大將이 되었다. 나중에는 총융청의 사령관인 총융사摠戎使까지도 역임했다. 〈장신록將臣錄〉과 〈등단록登壇錄〉에 이름이 오른 당대의 명장이었다.

　대장 백은진은 풍암의 조카에 해당하는데 그는 만사의 첫 단락에서 고인의 일생을 다음과 같이 요약했다.

다섯 임금 치세를 겪으셨으나/ 어려서 늙을 때까지 한없이 태평하셨습니다/ 두 대에 걸친 효자 정려도 아름답지만/ 팔순의 삶으로 (공은) 어지심을 증험하셨습니다 閱來五朝久 生老太平人 兩世門旌孝 八旬壽驗仁

풍암은 평생 유복하게 살았다며 부러움을 표현하였다. 아울러 풍암의 아버지와 할아버지가 효자 정려를 받은 것도 훌륭한 일이지만 풍암의 삶도 그에 못지않다고 칭송했다.

두 번째 단락에서는 풍암이 남긴 유산을 다음과 같이 평가했다.

향기로운 가르침으로 마을 풍속 이루셨습니다/ 즐겁게 섭생하여 천진함을 지키셨습니다/ 몸은 비록 가셨으나 끼치신 음덕 여전합니다/ 옥수玉樹처럼 훤칠한 아들 형제가 봄맞이합니다 薰陶成里俗 怡養葆天眞 身去留餘慶 連枝玉樹春

풍암이 누구보다 평강하였으며, 집안과 지역공동체에 이바지한 점을 서술하였다. "옥수"란 물론 훌륭하게 장성한 두 아들, 즉 이은(휘 추진)과 그 아우 필진을 가리킨다.

귤산 이유원의 만사

앞에서도 말했듯 귤산 이유원은 이름 높은 문신으로 풍암의 아들 이은과 친밀했다. 그는 전라관찰사로 호남에 내려왔을 때 직접 풍암의 집을 찾았던 일을 회고하며 옛일을 추억하였다. 그의 만사 역시 상하 2연으로 구성되었다. 우선 첫 구절은 다음과 같다.

> 어버이 섬김에 효성을 다해 대대로 이름이 아름다웠네/ 정녕 남쪽 땅
> 에서 이 분을 뵈올 수 있었다오/ 명가 후예로 전통을 고이 지키신 님
> 이시여/ 하릴없이 자사(전라감사)로 빈둥거린 나를 부끄럽게 하셨네 世
> 世流芳孝事親 果然南土見斯人 如君不負名家後 愧我無爲刺史旬

굴산은 전라관찰사로 전주에서 풍암을 직접 만난 사실을 회상하
며, 고인이 휴암의 후예로 명가의 전통을 지킨 점을 칭송했다.

> 돈독한 행실과 평범 속에서 진리 구하는 일尋常을 두 아드님에게 물려
> 주셨지요/ 티끌 세상살이 일흔 하고도 삼 년이었습니다/ 백양나무 가지
> 에 내리는 보슬비도 차가워/ 한 가락 노래를 보내오자니 옛 추억도 새롭
> 습니다 篤行尋常傳二子 塵緣七十有三春 白楊枝外寒絲雨 聊寄一歌意更新

두 번째 연에서는 풍암이 추구한 삶을 "돈독한 행실과 평범함 속
에서 진리 구하는 일"이라고 적절하게 표현했다. 대학자이기도 했
던 굴산이 풍암의 일생을 찬미하고, 또 그 아들 이은이 설립한 석양
동 백씨서당의 미래를 축복하며 〈기문〉까지 지은 것은 참으로 감사
한 일이었다. 이은의 세효각 사람들은 굴산의 애정 어린 격려에 큰
힘을 얻었을 것이다.

전라감사 정최조의 만사

신임 전라도 관찰사 정최조鄭取朝도 당연히 풍암을 잘 알고 있었다. 풍암의 타계를 안타까워하며 도백道伯은 우선 다음과 같이 예의를 갖추었다.

유명을 달리하셨으니 더는 가까이 지내지 못하게 되었습니다/ 백행(효)에 뿌리를 두셨기에 범인과는 비교할 수도 없었는데 말입니다/ 아름다운 명성이 삼대를 내리 이어졌습니다/ 어지신 덕분에 일흔도 넘게 수를 누리셨지요 迥隔幽冥不可親 源於百行出乎人 名留令聞承三世 仁得遐籌過七旬

여기서 보듯 풍암과 부친 고암(휘 사성) 및 중암(휘 상희) 삼대는 전라도에서는 가장 이름난 선비에 속하였다. 전라감사 정최조는 풍암이 타계하자 다시 만날 수 없게 된 것을 한탄하였다. 그러면서도 풍암의 삶이 아름다웠고, 후손들이 앞으로도 훌륭한 전통을 잘 이어나갈 것으로 전망했다.

오래 끊긴 자경금紫瓊琴(보랏빛 옥으로 꾸민 거문고) 소리, 옛 가락을 되찾았습니다/ 잘 기르신 옥수玉樹(아들)가 봄날을 길이 누리겠지요/ 지금 초연히 세상 떠나셨지만 한스러운 일이야 있겠습니까/ 참 신선들과 노닐게 되셨으니 축하의 말씀을 드려야 옳지 않을지요 久斷瓊琴調舊譜 厚栽玉樹挂長春 脩然此去無餘憾 爲把眞遊賀語新

풍암이 거문고의 옛 가락을 되살렸다고 한 것은 선비로서 성취가 있었다는 뜻이다. 글쓴이 정최조는 풍암이야말로 살아서도 신선처럼 살았지만, 이제는 천상에서 "참 신선들과 노닐게" 되었다고 축복하였다.

정최조(1800~1859)는 동래후인東萊后人으로 "시순상時巡相" 즉, 풍암이 작고했을 때 전라감사였다. 호를 석령초부石舲樵夫라고 했다. 그는 대대로 서울에 살았던 명가 자제로 1834년(순조 34) 문과에 급제한 이래 요직을 두루 지냈다. 1847년(헌종 13)에는 이조참의로 관리들의 인사를 맡았고, 1851년(철종 2) 12월 18일에 전라도 관찰사全羅道觀察使로 임명되었다. 1854년(철종 5)에 한양으로 다시 올라가 이조참판, 형조판서, 대사헌, 예조판서 등 요직을 두루 역임하였다.

환재 박규수의 만사

연암燕巖 박지원朴趾源의 손자 환재(桓齋, 瓛齋) 박규수朴珪壽(1807~1877)를 알 것이다. 그는 19세기 후반 자신의 사랑방에서 김옥균과 박영효 등 개화파를 길러낸 것으로 이름이 높았다. 그 역시 풍암이 별세하였다는 소식을 듣자 조사弔辭를 보내왔다.

대대로 빛난 명성, 백행百行이 온전하셨습니다/ 나라에서 내려주신 정려와 수복에는 정녕 이유가 있었지요/ 한번 찾아뵙고 싶었사오나 영결의 글로 대신하게 되다니요/ 부디 천상의 맑은 도읍에 돌아가셔서 효자 신선 되오소서 奕世家聲百行全 天旌鶴箕固其然 那堪一奉因成訣 歸作

清都孝子仙

환재는 그 당시에 부안현감이었다. 풍암의 명성을 잘 알고 있었으므로 전주에 갈 일이 있으면 꼭 찾아뵐 마음을 가지고 있었다. 그러나 그 날이 오기도 전에 풍암의 부음이 들려왔으므로 한 편의 시를 지어 영전에 바쳤다.

훗날 박규수는 조정에서 여러 요직을 지냈다. 1861년에는 연행사절燕行使節의 부사副使가 되어 중국에 다녀왔고, 1864년(고종 1)에 고종이 즉위하자 도승지가 되었다. 나중에는 우의정을 역임하였다.

그의 문인 김윤식金允植은 박규수의 만년을 다음과 같이 회상하였다. "나랏일이 날로 잘못되자 공(박규수)은 천장을 바라보며 길게 탄식하셨다. '윤기倫紀가 끊어졌으니 나라도 장차 망할 것이다. 가련한 우리 백성이 어찌 하늘로부터 저버림을 당해야 하는가?' 걱정과 분함으로 결국은 병석에 드러누우셨다."

풍암은 그래도 운이 좋은 편이었다. 내우외환이 본격화되기 전에 일생을 조용히 마칠 수 있었으니, 이 또한 복이라 하지 않을 수 없다.

성재원의 만사

창산후인昌山后人(창년성씨) 성재원成載瑗(1819년생)은 풍암이 세상을 떠났을 때 한림翰林, 즉 예문관 검열이었다. 그는 한양에 사는 선비였으나 풍암을 깊이 존경하였다. 헌종 14년(1848) 문과에 급제한 이후 고속으로 승진하여 승정원 승지 등 높은 관직을 두루 지내고 고종 초에는 이조와 형조참판을 역임한 데 이어 관직이 대사헌에 이르렀다. 풍암과는 망년지우忘年之友, 즉 나이 차이를 잊고 사귀는 벗이었다.

성재원이 지은 만사에는 벗을 잃은 슬픔이 물씬하였다. 첫 연을 읽어보면 다음과 같다.

가을바람 스산하여 집 안에 틀어박혀 있었습니다/ 님의 부음을 받고 혼이 나갈 지경이었습니다/ 이웃집 피리소리 처량도 합니다, 님의 목소리인가요/ 뜨락의 짙은 난초 향기는 님의 손자들입니다 秋風瑟瑟掩荊門 子訃來時欲斷魂 隣笛凄凉餘舊友 庭蘭濃郁見諸孫

이 정도의 글이라면 "님(풍암)"을 그리는 글쓴이의 마음이 참으로 격절하게 표현되었다고 하겠다. 이어서 그는 풍암다움이 무엇인지를 간결하지만 품위 있게 표현하였다. 이를 번역하면 다음과 같다.

"대대로 검루의 행실을 배우셨지요/ 세속을 가벼이 여겨 중장통의 주장에 통달하셨습니다/ 천리 먼 땅 강남(전라도)에 님의 향기 은은합니다/ 한잔 술과 안주 올릴 길 없어 홀로 눈시울 적시고 있습니다 傳家早服黔婁行 傲世皆知仲統論 千里江南芳草遠 漬綿無路獨沾巾

위에서 말한 "검루"는 중국 고대의 효자로 노魯나라의 선비였다. 시에서 언급한 "중(장)통"은 후한後漢 말기의 인물이다. 일찍이 중장통은 자신의 취향을 다음과 같이 말하였다.

거처하는 것으로 말하면 기름진 전답과 넓은 집이면 된다. 그 뒤에는 산이 있고 앞에는 물이 있다. 도랑이 (그 주변을) 빙 둘러싼 데다 대나무와 숲이 있다. 또, 채마밭場圃이 앞에 있고 과수원果園이 뒤에 있다. 배와 수레舟車도 있어 길을 걷거나 물을 건너는 수고를 대신해준다. 아울러 하인使令이 내 몸四體을 편안하게 해준다. (...) 어찌 조정에 들어가기를 부러워할까 보냐.

《후한서後漢書》 49권에 실린 〈중장통 열전仲長統列傳〉에 나오는 바이다. 성재원은 풍암이 중장통의 〈낙지론樂志論〉에 정통하였으며, 실제로 그와 같이 살았다는 뜻으로 언급했다.

중장통은 도가 사상을 가진 선비였다. 그가 살았던 건안建安 초기에는 조정에 당고黨錮의 화가 일어났고 황건적黃巾賊의 난도 있었다. 그런 난세에 한 사람의 선비가 할 수 있는 것은 너무나도 제한적이었다. 18세기 후반에 태어나 19세기 중반까지 살았던 풍암은 자신의 일생도 중장통과 별로 다르지 않다고 느꼈다.

그래서 시끄러운 세상을 피해 자연을 즐기며 유교적 가치를 실천하는 데 역점을 두었다. 풍암은 은사隱士로서 독서와 거문고 등 다양한 예술을 즐기며 70 평생을 고요 속에 보냈다. 천지합일天地合一, 즉 도덕심을 길러 우주자연의 이치와 하나가 되는 길을 따라갔다. 그는 소요자적逍遙自適하며 조야朝野(조정과 민간)의 명사를 두루 사귀었다. 물질적으로는 풍요롭고 정신적으로는 자유로우며 문화적으로는 향기로운 생활을 추구하였다. 풍암은 유복한 집안 환경 덕분에 그 무엇에도 구애되지 않고 은일隱逸(세상을 피해 삶)할 수 있었다.

무사이자 선비였던 풍암

풍암은 물론 탁월한 선비였다. 참봉 이원영李源永은 풍암의 만사에서, "요즘 남쪽 땅에 높은 선비 계셨네. 오가는 사람 모두 백공(풍암) 집안을 본받았네. 近日南州高士存 行人皆式白公門"라고 할 정도였다. 이 참봉은 용인龍仁이씨로《진신보搢紳譜(관직 임용자 명부)》에 이름이 나와 있다.

  풍암은 성격이 온화하였고, 맹자가 말한 이른바 "삼락"을 누린 이였다. 〈백효자전〉의 저자인 이형만이 그 점을 다음과 같이 서술하였다. "노년까지도 삼락三樂으로 온화함이 넘치셨네. 모두가 아는 바, 어진 자제들도 옥처럼 온화하시네. 여경餘慶도 많으셔라, 으뜸 가문 眞家 이어지네. 老年三樂克冲和 儘知賢胤溫如玉 餘慶莘莘種眞家"

  알다시피 삼락三樂이란 부모가 살아 계시고 형제가 무고한 것이 하나요, 하늘과 사람에게 부끄러움 없는 것이 둘이요, 영재를 얻어 가르치는 것이 세 번째 즐거움이었다.

  풍암은 노년까지 건강 상태도 매우 좋았다. 성품도 유교적 덕성을 고루 갖추었고 어린 시절부터 마지막까지 다복하였다. 전라감영에서 영장營將으로 있던 이가 쓴 만사에 나온다.

치아와 머리카락도 일흔이 되시도록 훌륭하셨네. 온화하고 공손하며 질박하심은 하늘이 주신 성품이셨소. 창성한 집안에서 태어나 노년의 복까지 누리시다니, 보름달이셨구려. 齒髮康强七十年 溫恭樸茂性之天 昌門後祿月將圓

글쓴이는 안산김씨인 김낙문金樂文으로 풍암이 별세할 당시에 영장營將이었다. 그는 무과에 장원급제(1843년, 계묘년)하였는데, 6대조 때부터 대대로 서반직西班職을 역임한 가문에 속했다. 그래서 규장각에서 소장한 《진신무반보搢紳武班譜》에도 이름이 수록되어 있다. 김낙문의 증조, 고조 및 5대조가 3대에 걸쳐 병사兵使와 수사水使를 지냈다. 그도 나중에는 평안도 삼화부사三和府使와 전라우도 수군절도사 등을 역임하였다. 김 영장은 나이가 젊었으나 칠순의 풍암과 상당히 가까운 사이였다. 그래서 풍암이 말년까지도 치아도 건강하고 머리숱도 많았음을 알고 있었다.

알고 보면 풍암은 본래 무사였다. 풍암의 벗 가운데는 충무공 이순신의 후손으로 이름난 무관 집안의 후손이 있었다. 별군직別軍職으로 왕을 호위하던 무관 이완희李完熙가 쓴 만사가 우리의 주목을 끈다.

기록하노니 서로 벗이 되어 반평생 이야기를 주고받았네. 만사를 지으려니 눈물이 앞을 가리네. 뛰어난 명성은 절로 그리 되었고, 한 고을의 어진이로 추앙받으셨네. 고고하기도 해라, 일찍이 지름길 한번 가신 적 없네. 記者結交話半生 欲題哀輓淚先傾 盛名自是推鄕善 高蹈不曾由逕行

자세히 알고 보니 풍암의 가까운 벗으로 이완희와 같은 무사가 있었다. "반평생"을 서로 가까이 지냈다고 말할 정도였으므로 그들의 우정은 길게 설명할 필요도 없겠다. 그런데 친구의 눈에 비친 풍암은 "고을의 어진이"이며 "지름길 한번 간 적이 없는" 고고한 선비였다.

이 별군직은 풍암이 나이가 들수록 무사의 길에서 멀어져 글 읽는 선비로 변모한 사실을 다음과 같이 기록하기도 했다. "효성 돈독하신 집안이라 아들 손자도 가풍을 이었네. (풍암이) 문학 공부에 힘쓴다는 소식 듣고 친구들이 감탄했지.篤孝家庭子孫繼 修文消息友朋驚"

별군직은 1813년(순조 13)생이므로 풍암의 아들과 비슷한 연령인데도 서로 친구처럼 지냈다. 그런 친구가 풍암에게는 여럿이었다. 여하튼 이완희는 무관으로서 장래가 촉망되는 인사였다. 그 아버지 이형권李亨權(繼父)은 병마절도사를 지냈고, 조부 이진수李晉秀도 병방승지를 역임하였다. 게다가 증조부 이한풍李漢豐은 정조 때 명장으로 훈련대장과 어영대장을 역임하였다.

별군직 이완희는 반평생을 풍암과 친하게 지냈다. 그래서 그 성품이 공명정대하고 고향 전주에서 많은 사람의 추앙을 받았다는 점도 기억하였다. 노년에 풍암이 문학 공부에 심취해 있다는 소식에 친구들이 깜짝 놀랐다는 한마디 글이 없었더라면, 우리는 풍암이 본래 무사였다는 점을 짐작도 하지 못했을 것이다.

군수 이동현과의 약속

과연 풍암에게는 무관으로 성공한 친구가 여럿이었다. 한양으로 돌아간 옛 친구로 군수를 지낸 이동현李東鉉도 있었다. 이 군수가 풍암의 영전靈前에 보내온 만장을 보면 다음과 같다.

호남의 이름 높은 선비인 선생을 뵈었네. 십 년 여관등불 앞에 깊은 정을 나누었지 … 그저 앞으로는 정을 듬뿍 담아 서신이라도 자주 드리겠노라 기약했네. 어찌 부음이 올 줄 알았으리오. 꿈속에서도 놀라워라 湖南高士見先生 十載旅燈卯瞻傾 … 但將深契書頻寄 那識哀音夢亦驚

군수는 전주이씨로 이 글을 쓰기 전에 군수 벼슬을 역임하였다. 그는 과거에 10년가량 호남에 머물렀으며 그때 서로 정이 깊어졌다. 나중에는 벼슬이 더 높아져 전라우도 수군절도사를 지냈다. 철종 12년(1861) 4월 29일 실록에 나온다. 마지막에는 공충도, 즉 충청도 병사를 지냈다.

휴암 자손이라 학문에 힘써

풍암의 지인 중에 홍재신洪在愼이란 관리가 있었다. 그는 풍암의 집안을 잘 알고 있었으므로, 만사에서 다음과 같이 노래하였다.

예로부터 호남에는 가래나무 느티나무 같은 인재가 울창하였네. 휴옹(문경공 백인걸) 댁에 그 전통이 아직 남아있구려. (효자) 정려는 두 대에 걸쳐 빛나는데, 오직 학문青氈을 일삼으셨네. 시묘 삼 년 하얗게 센 머리카락은 공의 깨끗한 마음이었소 從古湖南杞梓林 休翁宅裏有餘陰 表閭兩代青氈業 居墓三年白首心.

여기서도 확인되듯, 풍암 생전에 사람들은 그 집안을 "휴옹댁"

즉, 휴암 백인걸의 집안이라고 불렀다. 선조의 전통을 물려받아 학문에 힘쓰고, 효성이 지극하였다는 점을 서술하였다. 풍암은 친상親喪에 삼 년을 시묘살이 하였으며, 그 사이에 백발이 되었다는 점도 짐작할 수 있다.

이 글을 쓴 홍재신은 남양홍씨로 한양 출신이었다. 풍암이 작고한 해인 1852년(철종 3)에 진사 시험에 합격하였으며, 그 후 여러 관직을 역임하였다. 1870년(고종 7)에는 경기좌도 통진부사京畿左道通津府使가 되었는데, 그 이듬해에 신미양요辛未洋擾가 일어났다. 그는 손돌목에서 미국의 함선을 격파해 포상을 받았다. 홍재신은 그런 인물인데 풍암이 작고했다는 부음을 듣자 600리 먼 길을 달려와 직접 분향焚香하고 조문하였다.

풍암이 작고할 때까지 거주한 곳은 전주의 객사인 풍패관豊沛館의 서쪽으로, 현재의 전주시 중앙동이었다. 그 점은 안동김씨 명가의 자손인 진사 김석근金碩根이 쓴 만사에 다음과 같이 나와 있다. "정려문 둘이 대를 이어 전하는 전주沛舘 서쪽일세. (풍암은) 조상의 유훈을 충실히 이어 스스로 닦고 힘쓰셨네. 棹楔雙傳沛舘西 克承遺範自修齊"

김 진사는 풍암에게 곧 벼슬이 추증될 것이라며 다음과 같이 전망하기도 했다. "붉은 명정(풍암)은 화려한 벼슬을 부러워 마소서. 결국 두터운 포상을 입을 것입니다. 옥새 찍어 내리실 겁니다. 丹旌莫恨無華署 終荷隆褒降紫泥" 과연 그의 말대로 수년 뒤에 조정은 풍암에게 벼슬도 주고 효자 정려도 내렸다.

김 진사는 이른바 '장동김씨壯洞金氏'의 일원으로 경기도 포천현감을 비롯하여, 황해도 배천군수와 경상도 순흥부사 등을 지냈다.

부귀에 장수까지 누려

〈뇌사〉 제2부에는 전라도 사람이 쓴 글이 가득하다. 각 고을의 선비들은 풍암이 별세하였다는 소식을 듣고 슬픔을 표현하였는데, 한 편씩 자세히 읽어보면 풍암의 일생이 손에 잡힐 듯 더욱더 가까이 다가온다.

우선 제일 눈에 띄는 것은 풍암이 참으로 유복하였다는 평가이다. 전주에 살던 이성덕李成德 선비가 쓴 글에는, "복도 많고, 수壽를 더하시고, 재산까지 넉넉하셨네. 福厚享年兼享富"라는 글귀가 있다. 이 선비는 전주이씨 집안의 후예였는데, 풍암의 다정한 벗이었다. 그의 글을 통해 풍암이 부귀와 장수를 누린 복인福人으로 주위의 부러움을 샀다는 점을 알 수 있다.

풍암의 모습은 생전에 초상화로 그려지기도 했다. 역시 풍암의 고향 친구였던 선비 김희원金禧遠의 만사에 나온다. "엄숙하고 맑은 그대의 초상, 빈집에 모셔져 있네. 肅淸遺像虛堂上"라고 했다. 글을 쓴 김 선비는 경주김씨로 풍암의 선대에 세의世誼(대대로 사귀어온 정의)가 있었다.

풍암의 후손들이 가난한 이웃을 돌본 것은 이미 앞에서 서술했다. 그런데 알고 보면 그것은 세효각 집안의 오래된 전통이기도 하였다. 전주의 명가 자손인 장태묵張泰默이란 선비가 명기한 것과 같다. "공의 집안은 헐뜯는 이가 없으니, 하늘이 착한 이를 보답하심이라. 公家不訾 天報善人" 장 선비는 전주의 명문인 이른바 '서도장씨'(본관은 인동)의 일원이었다. 가령 장태수張泰秀(1841~1910) 같은 인물이 나온 집안인데, 그는 1910년 8월에 국치國恥(나라를 잃은 치욕)를 당하자 스스로 목숨을 끊었다. 장태수는 문과에 급제하고 내부협판內部協辦까지 지낸 장한두張漢斗의 아들이었다. 장씨들도 풍암의 집안과는 연혼連婚이 있었다.

풍암의 친척

풍암이 타계하자 깊은 슬픔에 빠진 친척도 여럿이다. 풍암의 형제자매와 아들 및 친조카며 사위 등은 여기에 따로 기록하지 않는다. 상사喪事에 만사를 바치며 통곡한 전라도의 친척 이름을 아래에 적어둔다. 앞에서 말했듯 풍암은 영곡 문중의 종손이었으므로 족제族弟가 여럿이었다는 점은 설명할 나위도 없다. 동관東瓘, 동곤(東琨) 및 동석東奭 등이 조문하였는데, 그중 동석은 훗날에 함경도 철산부사를 역임하였다.

조카도 여럿이 왔다. 삼종질三從姪인 귀진貴鎭(무과 부사과)을 비롯하여 경진慶鎭(무과 효자 정려, 병조참의에 추증), 명진鳴鎭, 희진禧鎭, 규진珪鎭, 창진昌鎭 및 철진澈鎭 등 집안의 여러 조카가 달려왔다.

손자 항렬로는 인수麟洙(손자와 동명이인)와 종수宗洙가 조문하러 왔다. 종수는 1891년(고종 28)에 동지중추부사가 되었다.

사돈도 많이 왔는데, 대표적으로는 경주김씨 집안의 김재기金在器와 청주한씨인 한정섭韓廷燮 등이 있다. 그 밖에 풍암의 이종사촌 아우인 최득엽崔得曄과 최만익崔萬益도 달려왔다. 그들은 전주최씨 집안이었다. 아울러 이성異姓의 사촌 아우인 이규삼李奎參도 조문을 왔다. 전주이씨인 그는 무과를 거쳐 훈련원주부, 도총부 경력 및 선전관을 거쳐 강진현감을 지냈다.

동생 운봉현감 백동한과 그 자손

풍암의 아우는 운봉현감으로 휘가 동한東翰이었다. 그는 1871년(고종 8) 신미辛未년 6월에 운봉현감이 되었다.《팔도총록八道總錄》에 기록되어 있고, 이 책은 국립중앙도서관에 소장되어 있다. (청구기호: 한古朝57-가527)

　본래 풍암의 아우는 여러 해 동안 한양에 머물며 벼슬을 하려고 노력했다. 그래서 조카인 이은(휘 추진)이 숙부를 위해 나라에 큰돈을 바쳤다는 전설이 있다. 그러나 사실 여부를 확인하기 어려운 전설이고,《승정원일기》에는 다음과 같은 내용이 기록되어 있다.

　… 전주全州 백동한白東翰 일만량一萬兩 수령에 임명할 것守令除授"《승
　정원일기》, 고종 3년(1866) 10월 1일)

　흥선대원군이 경복궁을 지을 때 전국적으로 거액을 기부금으로 바친 부자가 50명쯤이었다. 그들에 관한 처우를 명시한 글 가운데, 전주의 백동한은 1만 량을 바쳤으므로 장차 수령 자리에 임명한다고 했다. 똑같은 금액을 나라에 바치고도 누구는 6품 공명첩空名帖을 받는 데 그쳤으며, 또 누구에게는 참봉(종9품) 미관말직이 주어졌다. 그에 비해 풍암의 아우는 장차 훌륭한 대접을 받기로 예정되었다. 조선은 신분제 사회였기 때문이다.

그로부터 4년이 지난 1870년(고종 7) 4월 2일에 전라도 유학幼學 이희종李喜鍾 등은 조정에 글을 올려 동한의 효성을 아뢰고 표창을 건의하였다. 《승정원일기》, 고종 7년 4월 2일) 당시 그의 품계는 절충장군(정3품)이었다. 흥선대원군은 이를 수락해 효자 정려를 내려주었다. 그 이듬해인 1871년(고종 8) 6월 27일에 풍암의 아우 동한에게는 운봉현감雲峯縣監이란 벼슬이 허락되었다. 고종 3년에 "백동한을 수령에 임명하라"는 명령이 내려진 지 5년쯤 지난 다음이었다. 그러나 동한은 나이가 70이 넘은 노인이었고, 더는 벼슬에 뜻을 두고 있지 않았다.

그로부터 이틀이 지난 고종 8년 6월 29일, "이조가 아뢰기를, '운봉현감 백동한은 몸에 병이 있어서 부임할 가능성이 만에 하나도 없습니다. 자리를 가는 것이 어떠하겠습니까'라고 했다. 임금이 '허락한다'라고 했다"는 기록이 있다. 《승정원일기》, 고종 8년 6월 29일) 풍암의 아우는 운봉현감에 임명되었으나 부임하지도 않은 채 사퇴한 것이다.

참고로, 고종 초에 흥선대원군은 이른바 "원납전願納錢"이란 명목으로 경복궁 재건에 필요한 기부금을 모금했다. 전주에서는 풍암의 아우 외에 정언술鄭彦述(동래정씨)이란 부자도 1만 량을 냈다. 그 역시 나중에 전라도 여산부사에 임명되었다. 그러나 오래 재임하지는 않았다.

전주에 사는 백씨 중에는 자신의 조상도 원납전을 무척 많이 바쳤다고 자랑하는 사람들이 있다고 한다. 사실 여부를 단언하기는 어려우나, 《승정원일기》를 통해 확인하면 풍암의 아우 외에는 따로 거금을 기부한 이가 없었다.

전국의 백씨 중에는 두 명의 종친이 더 있었다. 백낙선白樂善과 백남승白南承 부자父子였다. 특히 백낙선은 한양 제일의 거부였는데, 무과를 거쳐 여러 요직을 지낸 것으로 다수의 공문서에서 확인되었다. 운봉현감 백동한의 자손은 무과를 통해 관직에 나아갔다. 우선 세 아들이 무과에 급제했는데, 영진英鎭과 도진都鎭은 가선대부로 용양위 부사과가 되었다. 창진昌鎭은 의금부 도사都事를 지냈다.

동한의 손자 휘 관수觀洙는 경상남도 양무위원量務委員으로 양전사업에 참여했다. 고종 37년(1900) 4월 7일의 《승정원일기》에 나와 있다. 관수는 박채순 등 6명과 함께 경상남도의 토지대장을 새로 작성하였다. 요컨대 풍암의 아우 휘 동한과 그 자손들도 세효각의 아름다운 전통을 이어받아, 효자도 나오고 벼슬하는 사람도 여럿 배출되었다.

나는 어린 시절에 할아버지 청계가 〈뇌사〉라는 책자를 애지중지하는 모습을 목격하였고, 그 책자의 주인공인 풍암이 이름난 효자라는 사실도 알게 되었다. 그러나 풍암의 인품이나 학문에 관해서는 별로 알지 못했다. 그러나 이형만이 저술한 〈백효자전〉도 읽고, 〈뇌사〉를 한 편씩 번역한 다음에는 풍암의 아름다운 풍모를 구체적으로 알게 되었다. 기록이 남아 있어서 가능한 일이었다.

기록이란 참으로 소중한 것이다. 1852년에 작성된 수십 장의 만사 또는 조시를 통해 나는 6대조 할아버지를 다시 만났다. 나보다무려 180년 앞서 태어나신 분이지만, 그와 만나는 것은 어렵지 않았다. 이 모든 것은 풍암을 따르고 존경하던 수십 명의 친지가 붓으로 써 내려간, 바로 그 기록의 힘이다.

07.

고암顧庵
백사성白師成
─하늘이 낸 효자

나의 할아버지 청계(휘 남룡)는 자신의 5대조인 고암顧庵을 일컬어,
"하늘이 내신 효자"라고 했다. 그만큼 효성이 깊었다는 것인데, 고
암은 일생 동안 전주성 서쪽에 살았다. 자는 대백大伯이며 휘는 사성
師成이었다. 처음에는 휘를 덕성德成이라 하였으므로, 《일성록》 등에
는 "백덕성"이라고 기록되어 있다. 고암에게는 아우가 있었는데, 휘
를 사덕師德이라고 했다.

어렵게 얻은 아들

1744년(영조 20) 갑자년에 고암이 태어났을 때 다들 깜짝 놀랐다. 모
친인 남양홍씨는 나이가 이미 35세였기 때문이다. 홍씨 부인은 그 뒤
작은아들(휘 사덕)까지 낳았으므로 다들 신기하게 여겼다. 부인은 열
아홉 살에 결혼하여 16년 동안 아이를 낳지 못하였는데 35세 이후에

연달아 자식을 낳았으므로, 사람들은 고암의 부친(휘 상희)과 홍씨 부인이 효성스럽고 화목하여 이러한 경사가 일어났다고 칭송하였다.

청계 할아버님의 말씀에 따르면, 영곡(휘 구민)의 5대 종손인 고암은 어릴 적부터 집안의 기둥으로서 학업에 충실해 향시鄕試(과거시험의 1차 시험)에 합격해 "초시"로 불렸다. 장성하자 효성도 지극하고 이웃을 보살피는 정성이 남달라 모두가 칭송했다고 한다.

1821년(순조 21) 신사년 2월 17일에 고암은 별세했는데 향년이 무려 78세였다. 효행이 남달랐다는 사실을 이미 많은 이가 알고 있었으므로, 마침내 효자 정려를 하사받았고, 공조참판의 벼슬이 추증되었다. 1843년(헌종 9)의 일이었다. 고암의 묘소는 선영이 있는 안행동 거마평 곤좌였다. 그런데 20세기 후반에 도시 개발로 아파트 단지가 들어서게 되어 소양면 대승동에 있는 선산으로 이장되었다.

고암은 슬하에 3남 4녀를 두었다. 장남은 나의 6대조인 풍암(휘 동량)이었으며, 차남은 운봉현감에 제수된 휘 동한이었다. 삼남은 휘 동표인데, 나중에 그는 고암의 아우이자 자신의 숙부인 휘 사덕의 양자가 되었다.

고암의 사위와 외손을 간단히 적어보면, 먼저 큰 사위는 오신명吳臣命이며 외손은 오기언吳基彦이었다. 둘째 사위는 이완경李完敬이고 외손은 이영풍李永豊이었으며, 셋째 사위는 이보채李寶彩, 외손은 이양국李良國이었다. 넷째 사위는 이만백李晩伯이고, 외손은 이기풍李基豊이었다. 모두 전주와 이웃 고을의 명문가였다.

출산의 어려움

고암은 두 차례 상배喪配하여, 평생에 세 번 혼인하였다. 요컨대 3남 4녀가 모두 똑같은 부인에게서 출생한 것은 아니었다. 알다시피 18~19세기에는 영아 사망률만 높았던 것이 아니라 출산 중에 목숨을 잃거나 산후조리가 제대로 이루어지지 않아 요절하는 여성도 적지 않았다.

특히 사족士族의 딸들은 어려서부터 규중에 갇혀 지냈기에 근육이 제대로 발달하지 못하여 해산이 매우 어려웠다. 농사일로 단련된 평민 여성들은 밭에서 일하다가도 혼자 해산할 수 있었으며, 출산 후에도 곧 회복되곤 하였다. 하지만 평소 먼 길을 걷거나 몸을 쓰는 일이 거의 없었던 사족의 딸들에게 해산은, 실로 죽음과 다름없는 두려움이었다. 그래서 그들은 아이를 낳을 때가 되면 평소 신던 신발을 바라보며, "내가 과연 저 신발을 다시 신을 수 있을까"라며 근심했다.

몸이 허약한 그들로서는 슬하에 아들이 한 명이라도 있으면, 그 뒤로는 남편과의 육체적 접촉을 꺼렸다고 한다. 임신과 출산이 큰 공포심을 불러일으켰기 때문이다. 흔히들 부귀다남富貴多男이라고 하여, 인생의 행복은 부귀를 누리며 슬하에 여러 아들을 거느리는 것이라고 하였다. 그러나 이것은 여성들의 바람과는 달랐다. 슬하에 아들을 많이 두는 것은 좋으나, 단 한 명을 낳는 일조차 위험하고 어려운 일이었다. 대개의 여성은 잦은 임신과 출산을 원하지 않았다.

알고 보면 동시대 서양 귀족들도 사정은 크게 다르지 않았다. 특히 귀족 부인들은 두세 명의 자녀가 출생한 다음에는 배우자와의 성관계를 기피하는 경향을 보였다. 흔히 성욕은 인간 본연의 욕망이라 하나, 생명의 위협을 절감하고 있던 여성들에게 그것은 죽고 사는 일만큼 절박한 문제가 아니었다. 물론 개인 차이도 있기 마련이고 부부관계라는 것이 어느 한쪽의 기대나 요구만으로 이루어지는 것은 아닐 것이다.

다만 동서양을 막론하고 한 가지 분명한 진리가 있었으니, 슬하에 자녀가 많을수록 재산은 흩어진다는 사실이다. 따지고 보면 고암이 부유하게 살 수 있었던 가장 큰 이유는, 영곡이 전주에 입향한 이후 증손인 근암(휘 시만)에 이르기까지 4대 동안 외아들로만 이어졌기 때문이다. 본래 상당한 재산을 가지고 출발한 데다가 대를 이어 조금씩 부가 축적된 결과 고암의 조부인 근암近庵(휘 시만)은 이름난 부자가 되었다.

아마 고암 역시 그런 사실을 잘 알고 있었을 테지만, 그는 슬하에 자손이 많기를 바랐다. 자손이 많으면 살림살이는 저마다 형편이 많이 달라지겠지만, 그래도 숫자가 많아야 그중에서 출중한 인물도 나올 것 같았다. 또, 시향을 지낼 때 묘역에 자손이 빼곡히 모여 있는 광경은 상상만으로도 큰 기쁨이었다. 그래서 고암은 세 번씩이나 배필을 맞아들였다.

고암의 배필

첫 번째 배필은 보성오씨寶城吳氏로 이미 앞에서도 말한 전주의 명가
였다. 부인은 1745년(영조 21) 을축생이었다. 고암보다 한 살 아래였
다. 부인은 16살에 백년가약을 맺었으나 4년 뒤인 1764년(영조 40)
갑신년 2월 20일에 별세했다. 출산을 하다가 스무 살의 꽃다운 나이
에 목숨을 잃은 것이다. 부인의 묘소는 거마평 쌍룡동에 있었다.

오씨 부인과 사별한 후에 고암은 곧 재혼하였다. 부인은 김해김씨
로 1752년(영조 28) 임신생이었다. 고암보다 여덟 살이 적었는데 한
명의 아들, 즉 나의 6대조 풍암(휘 동량)과 두 명의 딸을 낳았다. 그
리고 1790년(정조 14) 경술년 9월 7일에 별세했다. 향년이 39세에
그쳤다. 역시 선영이 있는 거마평에 유택을 두었다.

김씨 부인을 사별했을 때 고암은 이미 47세였다. 그러나 외아들
하나를 둔 처지에 다소 불안을 느껴, 다시 재혼하였다. 세 번째 배필
은 김제이씨로 1765년(영조 41) 을유년생이었다. 고암보다 스물한
살 아래였다. 부인은 두 아들과 두 딸을 낳아 고암을 기쁘게 했다.
두 아들이란 휘 동한과 휘 동표였다. 이씨 부인은 1821년에 고암이
세상을 뜬 뒤에도 18년을 더 살고는 1839년(헌종 5) 기해년 정월 18
일에 작고했다. 향년은 75세요, 묘소는 입향조 영곡의 선영이 있는
작약동(대승동)의 곤좌였다.

효자 정려

사후에 고암은 헌종으로부터 효자 정려를 받았다. 그에게 정려를 하사하자는 논의는 1840년(헌종 6년) 9월 24일에 본격적으로 시작되었다. 그 날짜는 《일성록日省錄》에 나와 있는데, 고암이 작고한 지 19년이 지나서였다. 관련 내용을 간단히 소개하면 다음과 같다.

관련된 부서(예조)에서 (중략) 아뢰었다. '전라도 유학 송명혁 등이 올린 글을 보건대, 작고한 전주의 선비 백상희(고암의 부친)와 그 아들 덕성(고암)이 효행이 있었으므로 정려를 주어 표창하자는 안건입니다. … 아들 덕성은 (아버지의) 아름다운 행실을 이어받았습니다. 참으로 아름답기는 한데 한 집안에 두 채의 정려를 베풀기는 어려운 점이 있습니다. 지금은 가만히 두고 보는 것이 좋겠습니다. 該曹 (중략) 又啓言 觀此全羅道幼學宋命爀等上言 則爲全州故士人白尙熙及其子德成孝行 請旌褒之典事也 … 其子德成 則趾美之行 雖爲嘉尙 一門竝施 在所難愼 今姑置之

예조가 보고한 대로 아버지 중암(휘 상희)에게는 그날로 정려가 하사되었고, 고암에게는 그로부터 3년이 지난 1843년(헌종 9년) 3월 12일에 효자 정려가 내려졌다. 《일성록》에는 그날의 일이 다음과 같이 기록되어 있다.

또 (예조에서) 아뢰기를, 전라도 유학 송지언 등이 아뢴 말씀에 따른 것입니다마는 작고한 전주의 선비 백덕성의 효행에 관해서입니다. 그도의 관찰사에게 명령하여 실제 행적을 조사하고 여론을 널리 채집하여 아뢰라고 하였습니다. 그런 다음에 조정에서 논의하여 결정하겠다고 분부하셨습니다.

전직 전라감사 이돈영이 아뢴 글을 오늘날 저희가 살펴보건대 백덕성은 하늘로부터 타고난 성품이 훌륭하고 그 아버지(백상희)의 효성스러움을 물려받아 부모를 섬기고 뜻을 따름에 어긋남이 없었습니다. 부모상을 당하자 거의 혼이 나갈 만큼 크게 슬퍼하였으며, 날마다 성묘 다니기를 30년 동안이나 계속하였는데 하루도 빠뜨리지 않았습니다. 그가 무릎 꿇고 절하던 곳은 움푹 패었습니다.

정려를 하사하는 법도에 합당하므로 그렇게 결정하시기를 삼가 요청 드립니다. 이에 임금이 그 말을 따랐다. 又啓言 因全羅道幼學宋持彦等上言 全州故士人白德成孝行 令該道臣詳探實蹟博採輿論啓聞後稟處之意 覆啓分付矣 觀此前全羅監司 李敦榮啓本 則白德成有天賦之性 承父之孝 事親而順志無違 居憂而毁幾滅性 每日省墓三十年如一日 拜跪處地爲之坎 合施旌閭之典 請上裁 竝從之

그리하여 고암은 부친 중암에 이어 효자가 되고 공조참판이란 벼슬도 추증되었다. 이른바 "쌍려雙閭(두 채의 정려)"의 특전을 누리게 되었다.

나는 고암의 〈비문〉을 읽어보았고, 이어서 앞서 언급한 적이 있는 현감 이만형의 글, 즉 〈세효각기〉도 자세히 살펴보았다. 두 글에는 위에서 인용한 《일성록》의 내용이 조금 더 자세히 설명되어 있었다.

고암의 효행으로 가장 두드러진 부분은 그가 30년 동안 하루도 빠짐없이 성묘를 했다는 점이다. 모친 김씨 부인이 별세하였을 때도 당연히 3년간 시묘살이를 하였고, 1771년(영조 47) 신묘년 4월 3일에 부친 중암이 작고하자 또 3년을 시묘하였다. 그리고 1773년(영조 49) 여름부터 날마다 부모님의 묘를 찾아뵈었다. 그로부터 30년이 지난 1803년(순조 3)경까지 고암은 비가 오나 눈이 오나 왕복 30리 성묘 길을 날마다 오갔다. 환갑노인이 된 다음에는 힘에 부쳐 날마다 성묘하지 못하였는데, 이를 고암은 몹시 한탄하였다.

부모님 생전에는 말씀 한마디도 거스르지 않았으며, 늘 형제간에 우애하고 친족들과 화목하게 지내고자 힘썼다. 예에 따라 제사를 정성껏 모셨고, 그 밖의 모든 규범 또한 철저히 지켰으니, 어찌 보면 한평생을 오직 부모님을 위해 살아온 듯한 인상이 들 정도였다.

효행이라는 아주 특별한 생존전략

현대인에게는 이른바 조선의 효행이라는 것이 한없이 따분하게만 생각될지도 모른다. 나 또한 어린 시절에는 그렇게 여겼으나, 공부를 거듭하면서 이전에는 보지 못했던 세 가지 측면에 주목하게 되었다. 그 하나는 통치 차원에서 볼 때 효행이 대단히 중요하였다는 점이다. 가정의 화목이 사회적 안정에 필요하기도 했고, 국가가 미처 구제하지 못하는 병든 이와 늙고 약한 사람을 가족들이 효우孝友라는 관점에서 구제하도록 만든다는 점에서도 효행은 중요했다.

또 하나, 자녀의 관점에서 보더라도 효행은 당연한 도리였다. 특히 신분제 사회의 상류층 자제는 모든 특권과 혜택을 부모로부터 물려받았기에, 효를 다하는 것이 인간으로서 마땅한 일이었다. 나의 7대조 고암만 하더라도, 드넓은 전답과 사회적 지위, 문화적 혜택을 모두 부모에게서 물려받았으니, 그 은혜에 보답하는 일은 지극히 당연한 일이었다.

끝으로, 평민 이하에 속한 대다수 사람에게도 효행만큼 중요한 것이 없었다. 효행의 논리를 강조하지 않으면 노동력을 상실한 수많은 노인이 어떻게 생명을 유지할 수 있겠는가. 효행은 자기 자신과 어린 자녀조차 부양하기 어려운 젊은 가장들에게는 큰 부담이었으나, 그들도 결국 늙는다는 사실을 생각할 때, 이는 일종의 '노령연금'과도 같은 역할을 하였다.

요컨대 상류층 자제가 효도를 실천하는 것은 마땅한 일이었으며, 보통 사람들이 효행을 도덕적 규범이자 생활의 법으로 받아들인 것도 노년의 삶을 보장받기 위해서였다. 국가적 차원에서 보면, 사회를 안정시키는 동시에 국가가 감당하기 어려운 노인 복지라는 책무를 각 가정에 자연스럽게 전가할 수 있게 해주는, 실로 유익한 덕목이었다.

효행은 개인과 가정 및 국가적 차원에서 훌륭한 생존전략이었다. 이러한 사실에 가장 먼저 주목한 한국의 통치자는 세종이었다. 세종은 경상도 진주에서 어떤 백성이 부모를 살해한 사건이 일어나자, 이를 계기로 《삼강행실도三綱行實圖》를 편찬하였다. 그러고는 충효열忠孝烈이라는 유교의 덕목을 널리 알리기에 힘썼다.

세종의 유교화 정책은 후대에도 계속 이어졌고, 18세기에 이르러 조선사회에는 유교적 가치의 통속화가 일어났다. 즉, 고소설과 판소리와 다양한 시가와 〈향약鄕約〉 등이 널리 유행해 유교의 기본 덕목인 삼강오륜三綱五倫이 모든 계층에 뿌리 내리게 된 것이다.

그러므로 나의 할아버지 고암이 살았던 18~19세기에는 누구나 어느 정도는 효자요 효녀이며, 효부 또는 열녀라고 보아도 좋을 정도였다. 그 시절에는 이러한 덕목에서 조금이라도 벗어나면 곧바로 지탄의 대상이 되었고, 충효열의 실천으로 국가의 포상을 받는 일은 매우 큰 영예로 여겨졌다. 전국 어디서나 충효열을 실천해 정려를 하사받고 사후에라도 벼슬을 얻으려고 애쓰는 사람들이 부지기수였다.

포상 절차

충신 정려는 전란이라는 특별한 상황을 전제로 한 것이므로 이 글에서 군이 거론할 필요는 없다. 효자와 열녀에게 주어지는 정려에 대한 이야기로 한정하면, 당사자와 가까운 조상에게 벼슬이 추증되었으며 후손에게는 "복호復戶"의 특전이 보장되었다. 복호란 조세와 요역 등을 면제하는 것이므로, 실질적인 혜택이 약속된 사회적 특권이었다.

정려가 내리는 과정도 궁금할 것인데, 그것은 대략 다음과 같이 5단계로 진행되었다. 가장 먼저는 고을의 선비들이 연명聯名으로, 수령에게 정장呈狀(서면 보고)하였다. 일종의 보고서를 올린 셈인데, 수령은 그런 사실이 정말로 있었는지를 확인하였다. 그런 다음, 해당 사안에 공감하였다면 상관인 관찰사에게 그 사실을 상세히 보고하였다. 이와는 별도로 여러 고을의 선비들이 연명하여 관찰사에게 표창하기를 요청하였다. 이것이 말하자면 2단계였다.

이후 관찰사는 사실 여부를 조사해서 한양의 예조에 서면으로 보고하였다. 이때 도내 유생들이 공동으로 작성한 일종의 보고서를 첨부하였으며, 관련 사실을 확인하기 위해 문서가 여러 차례 오가기도 하였다. 이것이 3단계였다.

그런 다음 예조에서는 제출된 모든 서류를 면밀히 검토하고, 사실 여부를 거듭 확인한 뒤 국왕에게 정려를 내릴 것을 아뢰었다. 예조의 이와 같은 공식 보고가 바로 4단계에 해당하였다.

그러면 왕이 최종 결재를 하였는데, 대신 중 누구라도 이의를 제기하면 보류되기 마련이었다. 단번에 1단계부터 5단계까지 통과하기는 어려워 중간에 서류가 여러 번 오갔다.

이처럼 복잡한 절차를 밟아 한 명의 효자 또는 열녀가 탄생하였다. 조정에서 정려를 내려줄 때까지는 시간도 오래 걸렸으며, 문서를 주고받는 과정에서 비용도 적지 않게 사용되었다. 따라서 가난한 일반 평민이 효자가 되고 열녀가 되기는 무척 어려웠다. 대체로 정려를 받은 이는 부유한 선비 가문의 구성원이었다. 그러나 예외도 없지 않았다. 지극히 가난한 선비이거나 서류 왕복에 필요한 비용조차 감당할 수 없는 평민이나 노비라 하더라도, 그 행실이 특별하였다면 공의公議로 표창이 빠른 속도로 진행되었다.

효행으로 이름난 이천 지방의 효자와 효부

앞에서 살핀 것처럼 나의 할아버지 고암의 효행에 관한 이야기는 극히 사실적이다. 그러나 정려를 받은 대부분의 효자들은 한결같이 극적인 미담의 주인공으로 묘사되곤 하였다. 예컨대 한겨울에 잉어를 낚았다거나 수박을 얻었다든가, 산속에서 해삼을 구해 부모님의 병을 낫게 했다는 이야기도 있다.

경기도 이천에는 효자 김석룡과 그 아내인 효부 장씨에 관한 이야기가 전한다. 전형적인 효행 미담이라 간단히 소개한다. 우선 김석룡은 부친이 위독해지자 자신의 넓적다리 살을 칼로 베어 잡숫게 하였다고 한다. 그러자 부친이 회생하는 기적이 일어났다. 이에 이천의 유림儒林이 정문묘文(보고서)을 올려 김석룡의 효행을 알렸다. 고종 29년(1892)에 나라에서는 정려를 내리고 "복호"의 혜택을 주었다고 한다. 《이천시지》에 나오는 미담이다.

김석룡의 아내인 장씨도 효부였다. 시아버지가 병으로 13년간 와병하자, 장씨는 정성껏 시봉하였고, 급기야 자신의 젖을 바쳐 회복에 큰 효과를 보았다고 한다. 며느리의 젖을 먹고 시아버지가 회생하였다는 이야기는 다시 찾아보기 어렵다. 광무 4년(1900)에 조정은 장씨를 효부로 표창하고 그 자손에게 다시 "복호"의 혜택을 주었다. 《이천시지》

호랑이에게 물려 죽은 효자 서태금

또 다른 종류의 효행담도 소개하는 것이 좋겠다. 18~19세기에는
전국 어디서나 산림이 심하게 황폐되어 먹이를 구하지 못한 호랑이
가 마을로 내려와 사람들이 기르던 가축을 물어 갔다. 그뿐 아니라
호랑이가 사람을 물어 가기도 하였다. 이른바 "호환虎患(호랑이 재
난)"이었다.

영조 30년(1754) 윤4월 한 달 동안에만 경기도에서 호랑이로 인해
피해를 입은 사람의 수가 120여 명에 달하였다. (《영조실록》, 영조 30
년 윤4월 19일) 어이없고 안타까운 일이었다.

그 무렵 경기도 이천에 살던 백성 서차봉徐次奉도 호랑이에게 물
려 갔다. 이를 본 아들 서태금徐太金은 아버지를 포기할 수 없어 호
랑이 꼬리를 붙들고 따라갔다. 그러자 성난 호랑이가 아버지와 아
들을 모두 해쳤다. 나라에서는 서태금의 효행을 표창하고 여문閭門
(마을 입구)에 정표旌表하였다. (《영조실록》, 영조 30년 윤4월 19일)

내가 이천 지방의 효자와 효부에 주목하게 된 것은, 다름 아닌 최
근에 그 지역의 역사를 연구했기 때문이다. 조선시대 이천 지역의
역사를 연구해 두 권의 책을 썼으므로, 자연히 그곳의 효자와 효부
에 대해서도 상당한 지식을 갖게 되었다.

요컨대 그들은 대체로 기막힌 비극의 주인공들이었으며, 목숨을
걸고 부모님과 배우자를 위해 결단을 내린 사람들이었다. 그에 비
하면 세효각의 효자와 열녀는 특별한 고난 없이 평온한 일상 속에
서 효를 실천한 경우였다. 그런 까닭에 나의 할아버지나 할머니의

삶에는 극적인 요소라고 할 만한 것이 거의 없었다.

다시 고암을 생각한다

1771년(영조 47) 신묘년 4월 3일에 아버지 중암(휘 상희)이 타계하실 때까지만 해도 고암은 과거시험을 준비하는 선비였다. 당시 그의 나이는 28세였다. 이미 초시에는 합격했고, 중암은 그것으로도 충분하다고 여겼다. 그러나 아버지가 살아계시는 동안에는 과거시험을 보아 입신양명立身揚名(출세하고 이름을 떨침)하는 것이 자식의 도리라고, 고암은 확신했다.

아버지가 작고하시자 그는 더이상 과거시험을 준비할 필요를 느끼지 않았다. 또한 종손으로서 아버지의 빈자리를 대신하는 일은 결코 간단하지 않았다. 조상의 사당을 지키고, 손님을 접대하며, 넓은 농토를 관리하는 일은 모두 고된 책임이었다. 게다가 자녀를 바르게 키우고 혼인시키는 일도 그가 맡지 않으면 누구도 대신할 수 없는 일이었다. 이러한 여러 사정을 고려할 때, 과거 공부를 그만두는 것은 자연스럽고도 당연한 선택이었다.

삼 년간의 시묘를 마치고 전주성 서부에 있는 자택으로 돌아온 뒤에도 고암은 날마다 부모님의 묘소를 찾았다. 봄과 가을에는 날씨가 선선하므로 오전이든 오후든 가능한 일이었다. 그러나 여름철에는 새벽같이 길을 나서야 했고, 겨울철에는 이른 오후라야 편리했다. 성묘를 다녀올 때는 마부가 이끄는 조랑말을 타고 갔다. 말 위에서 고암은 철마다 바뀌는 경치를 바라볼 때도 있었으나, 대개는 손바닥에 들어갈 만한 작은 책자에 자신이 빼곡히 필사한 시문詩文을 소리 내어 읽거나 외웠다. 주로 당송唐宋 팔대가八大家의 작품이었다.

팔대가라면 고전적인 문장으로 이름난 8명을 가리켰는데, 당나라 때의 인물인 한유韓愈와 유종원柳宗元을 비롯해 송나라의 구양수歐陽修·소순蘇洵·소식蘇軾·소철蘇轍·증공曾鞏·왕안석王安石을 일컫는다. 그들은 모두 고문古文을 통해 유교 사상을 담아내는 간결하고 실용적인 문체를 구사했다.

그중에서도 고암이 본받고자 하였던 이는 한유와 유종원 및 소식이었다. 한유로 말하면 유교 도덕을 강조하고 꾸밈이 없는 글을 추구했다. 그리고 유종원은 불교와 도교 등도 수용해 문학 세계가 더욱더 다채로웠으므로 고암의 취향에 여간 잘 맞는 것이 아니었다. 끝으로 소순은 소철 및 소식과 함께 삼소三蘇라고 하였는데, 시와 산문이 모두 뛰어나 문장의 모범이었다.

위에서 말한 당송 팔대가를 송나라의 학자 진덕수眞德秀가 높이 평가하였고, 명나라의 모곤茅坤이 《당송팔대가문초唐宋八大家文抄》(160권)를 편찬한 이래 더욱 이름이 높아졌다. 물론 조선에도 널리 알려졌으며, 훗날 정조는 당송 팔대가를 중심으로 문체반정文體反正을 일으켰다.

나의 7대조 고암은 정조가 문체에 대해 시비를 일으킨 것은 별로 좋아하지 않았다. 그러나 위에서 말한 대로 당송 팔대가를 깊이 흠모했다. 고암은 틈이 날 때마다 성리학의 리기설理氣說과 인물성동이론人物性同異論 등을 깊이 연구하였다. 그러나 내심 불교의 유식론唯識論과 노장老莊 사상에도 관심을 기울였다. 그의 지적 취향은 성리학을 중심으로 형성되었다고 할 수 있으나, 거기에 안주한 것은 아니었다. 고암은 지적 호기심이 많은 인물이었다.

명나라 말기에서 청나라 초기에 중국에서 새롭게 유행한 소품小品 등 새로운 문예사조에 대해서도 호감을 품었다. 또, 중국을 통해 들어온 서학西學도 그의 궁금증을 불러일으켰다. 그러나 서학을 신봉하다가 중벌을 받은 이들이 한양뿐만 아니라 전주와 진산 등 가까운 곳에서 여러 명이 나왔으므로, 드러내놓고 함부로 논의할 일은 못 되었다.

내가 보기에 고암은 일종의 딜레탕트(dilettante)라고 할 수 있다. 그는 그림이나 음악 그리고 여러 학문 분야를 깊이 사랑하는 선비였다. 그러나 어느 한 분야에 정주하거나 그것만을 깊이 천착하는 전문가는 아니었다. 만약 18~19세기에 고암과 같은 딜레탕트가 더욱더 많았더라면 조선사회는 20세기의 고통을 겪지 않아도 되었을 것이다. 혼란과 혼돈의 시기 또는 역사적 대전환의 시기에는 딜레탕트가 많아야 한다. 그래야만 낡은 것에 대한 집착에서 벗어나 새로운 단계로 자연스럽게 넘어갈 수 있다. 그런 점에서, 나는 지금 우리 시대에도 고암 같은 이가 더 많아졌으면 하는 소망을 가진다.

고암의 문집이 내 손에 있었더라면 그의 학문과 예술에 대한 애호를 조금 더 상세히 서술할 수 있었을 터인데, 그렇게 하지 못해 참으로 애석하다.

고암의 사촌 동생도 효자

40년쯤 전에 나는 사료史料를 읽다가 고암의 사촌 아우인 백사문白
士文을 발견하고 매우 기뻐했다. 그의 초명初名은 문원文源이라고 했
는데, 역시 공조참판에 증직된 효자였다. 고암의 숙부로 호조판서
에 추증된 휘 상엽尙曄의 넷째 아들이었다.

관련된 문서는 2건으로, 1854년(철종 5) 7월 27일에 전라감사 정
기세鄭基世가 조정에 올린 보고서이다. 〈전라감사계록全羅監司啓錄〉(5
권)에 실려 있다. (《각사등록》, 18; 전라감사계록全羅監司啓錄 5)

삼가 전하께 아뢰올 일은 예조에서 (소신에게) 명령한 문서에서 언급한
바에 관한 것입니다. (…) 전라도 유학 유정양 등은 참판에 증직된 전주
의 선비 백문원(사원)의 효행을 기리며 삼가 정려를 내려주시기를 청
하였습니다. (…) 이에 백문원의 행적에 관하여 해당 지역에서 이미 상
세히 조사하여 보고한 바가 있으며, 또 여론을 널리 수집하여 별도의
문서로도 보고하였습니다. 해당 관청(예조)에 명하여 잘 처리하여 주
시기를 간청하며 이만 줄이옵니다. 謹啓爲相考事. 節到付禮曹關內, 節啓
下敎, 道內 … 幼學柳正養等, 幼學安濟民等 … 駕前上言據, 曹啓目粘連, 啓下
是白有亦. 向前 … 全羅道幼學柳正養等, … 只限內現身, 戶口現納親呈之實是
白在果. 觀此 … 上言, 則 … 全羅道幼學柳正養等段, 爲全州贈參判白文源孝行
… 請旌褒之典事 … 全州贈參判白文源, … 只關問各該邑, 參以所報, 博採輿
論, 後錄馳啓爲白去乎, 令該曹稟處爲白只爲. 緣由, 謹具啓聞 …

이상의 문서에 추가하여 또 한 편의 보고서가 승정원에 발송되었다. 이것은 전라도 관찰사 정기세가 현지 여론을 조사하여 조정에 올린 보고서이다. 효자 정려를 위해 첨부한 부속적인 문서였다. 주요 내용을 간추려 번역하면 다음과 같다.

전주의 선비로 가선대부 공조참판에 추증된 백문원은 충숙공(훗날 문경공으로 시호가 바뀜) 백인걸의 7대손이옵니다. 그는 정문 효자 백상희(호는 중암, 나의 8대조)의 조카이며, 역시 정문 효자인 백덕성(호는 고암, 사성으로 개명)의 4촌 아우이옵니다. 이 집안은 그동안 여러 대에 걸쳐 도덕을 실천하였습니다. 백문원도 어린 시절부터 남달라 그 성품은 성실과 효성에 뿌리를 두었고, 부모님을 봉양하는 도리와 받드는 예절이 털끝만큼도 도에 어긋남이 없었습니다. (…) 그런데 효자 백문원은 불행히도 젊은 나이에 요절하였습니다. 숨을 거둘 때가 되자 그는 눈물을 쏟았는데, 아직 자신의 아버지(휘 상엽)가 살아계셨기 때문입니다. 봉양을 다하지 못하게 되었으므로, 그는 가족들에게 신신당부하기를 자신이 생전에 한 것처럼 아버님을 봉양하라고 했습니다. 그리고 눈을 감았습니다. 신기한 일은, 가족이 무슨 일이든 조금이라도 소홀히 하면 그가 곧 꿈에 나타나 그 일은 이렇게 저렇게 해야 한다며 일러주곤 했다는 점입니다. 더구나 그 가르침이 일마다 사리에 맞아 틀린 적이 한 번도 없었다고 합니다. 예나 지금이나 유례를 찾아볼 수 없는 참으로 신기한 일이었습니다. 살아 있을 때는 물론이고, 죽어서까지도 그 효행에 조금도 부족함이 없어, 자신이 몸소 실천하는 것과 다름이 없었습니다. 그런데 여태껏 나라에서 효자 정려를 내려주지 않아, 전주의 공론이 매우 안타깝게 여기고 있습니다. 全州 贈嘉善大夫工曹參判 白文源, 卽忠肅公仁傑七世孫, 旌閭孝子尙熙之姪, 旌閭孝子德成之從弟也. 果是屢世行家之人, 而自在齠齡, 性根誠孝, 奉供之節, 承順之道, 靡不庸極 ... 文源不幸夭逝, 臨死之日, 泣托其兄及家人曰, 吾命有限, 未得終養, 吾死之日, 朝夕甘旨之供, 一如吾在之時. 其夫[婦]一從家夫遺托, 誠養〈之〉節, 竭盡心力, 間或有滋味之失宜, 衣帶之未備, 則文源必現夢於家人, 每每指敎, 如合符契, 此實前古罕有之事, 而可謂幽明無間. 以若實行實蹟, 亦未蒙旌褒之典, 公議嗟惜是如爲白齊

효자 휘 문원 곧 휘 사문의 아들은 한성부윤에 추증된 휘 동일東馹이었다. 그는 나의 6대조 풍암(휘 동량)께서 작고하셨을 때, 만사輓詞를 지어 와서 눈물을 흘린 6촌 아우였다. 더욱이 19세기 말, 우리 세효각에서 배출된 세 명의 진사와 생원이 모두 효자 문원(사문)의 현손이었다는 사실을 떠올리면, 그에 대한 애정은 더욱 깊어질 수밖에 없다.

옛사람은 말하기를, 효도는 "백행지원百行之源"이라 하였다. 효행이 모든 행동의 근본이라는 뜻이다. 서로 사촌 간이었던 고암과 휘 문원의 탁월한 효성은 자손들의 지향과 성취에 깊은 영향을 주었을 것이다.

08.

중암重庵
백상희白尙熙
─세효각의 시초

이 책의 제목을 《세효각 백씨 이야기》라고 했는데, 세효각의 출발점
이 바로 나의 8대조 중암重庵에서 비롯되었다. 청계(휘 남룡)는 자신
의 6대조를 설명할 때마다 영조 때 전주에서 일어난 화재사건을 눈
에 잡힐 듯 설명하곤 했다. 전주 성안이 화마에 휩싸였을 때 성의 서
쪽에 있는 중암의 집만 무사했다고 한다.

　사람들이 그 일을 신기하게 여겼으며 모두가 중암의 학덕과 효성
이 하늘을 움직인 결과라고 입을 모았다. 화재사건의 진상을 알아
보려고 조정에서 파견한 어사가 그 일을 영조에게 보고했다. 그 결
과 마침내 왕의 포상이 있었다고 한다.

　어린 시절에 나는 청계 할아버지로부터 그런 이야기를 들을 때마
다 한편으로는 자랑스러웠다. 그러나 다른 한편으로는, 그것이 과
연 사실일지 속으로 은근히 의심하곤 했다.

　'사람이 아무리 착하고 바르게 산다고 해도 그렇지. 어떻게 하늘

이 알고 우리 집만 무사하게 만들 수 있을까?'

몇 번을 곱씹어보아도 실제로 일어나기 어려운 일이었다. 내 할아버지 중암과 그 가족이 살던 집이 무사했다면 그것은 순전히 우연이었거나, 아니면 온 가족과 집안의 노비들이 열심히 지붕과 담장에 물을 끼얹은 덕분일 것이다. 또는, 그런 화재사건 자체가 아예 존재하지 않았을 수도 있다고 어린 나는 생각했다.

세월이 흐른 뒤, 내가 한문을 어느 정도 자유롭게 읽을 수 있게 되었을 때, 청계 할아버지가 들려주신 영조 때의 화재사건과 중암 할아버지의 고사古事에 관한 여러 기록을 찾아 직접 살펴보았다. 그리고 그 내용을 확인한 순간, 나는 크게 놀랐다.

청계는 어린 손자에게 거짓말을 한 것이 아니었다. 중암과 전주성 화재사건에 관해서는 실제로 여러 기록이 남아 있었다. 과연 이럴 수가 있는가. 중암 일가가 그런 큰 재앙에도 무사했던 이유는 여전히 알 수 없다. 그러나 당시 사람들은 그 이유를 중암의 인품과 효성에서 찾았으며, 이 점만큼은 의심할 여지가 없는 사실이었다.

아래에서는 다음의 세 가지 주제를 다룰 생각이다. 우선 영조 때 일어난 전주 화재사건과 효자 중암에 관한 기록을 살펴보고, 이어서 세효각의 여러 할아버지를 언급할 때마다 등장하는 "검루黔婁"의 행실이란 과연 무엇인지를 알아보려고 한다. 아울러 지난날 세효각의 명예를 빛낸 "14효 3열"의 주인공을 간단히 소개할 것이다. 그중 상당 부분은 이 책의 1장에서 7장에 걸쳐 차례로 소개한 바 있다. 그러나 여기서는 세효각이 '세효각'이라 불리게 된 까닭을 밝히기 위해, 이를 종합적으로 정리하고자 한다.

효자 백중암

중암重庵은 그의 호이며, 자는 운경雲景, 휘는 상희尚熙였다. 영곡(휘 구민)의 봉사손奉祀孫으로 아우는 휘 상엽尚曄이다. 사후에 중암 형제는 나란히 참판에 추증되었다. 자손을 잘 둔 덕택으로 중암은 공조참판, 그 아우는 호조참판이 되었다.

임진왜란 때 영곡이 전주로 피난한 이래 3대가 단전單傳이었다. 아들 성암誠庵(휘 홍소弘素), 손자 회암晦庵(휘 광세光世), 증손 근암近庵 (휘 시만時萬) 모두 형제가 없었다. 자손이 단출하여 집안이 영락한 것처럼 보이기도 했으나, 재물이 흩어지지 않아 은근히 좋은 점도 있었다.

이처럼 전주에 온 지 4대 100년을 지내는 사이에 거주하는 공간도 조금 바뀌었다. 처음에 영곡은 왜적을 피해 전주성 동쪽 바깥에 있는 화심花心(대승동, 현 완주군 소양면)에 터를 잡았다. 그러나 난리가 끝나고 정세가 안정되자 성암은 성안으로 집을 옮겼다. 그때부터 줄곧 성의 서쪽에 살았으므로 중암이 태어나고 거주한 곳도 마찬가지였다.

그러다가 중암의 증손자 이은(휘 추진)이 솔가率家해서 성 바깥 서북 지역에 있는 석양동(현 용진읍 관전리 독서동)으로 옮겼다. 그 무렵에는 이미 영곡의 자손이 수적으로 늘어나, 일부는 성 서쪽에 터를 잡아 살았고 또 일부는 석양동으로 옮겨갔다. 그 이후에는 자손들의 거주지가 더욱 널리 분산되었다. 그 점은 이미 흑석과 이은에 관한 서술에서 언급한 바 있다. 19세기 말까지도 영곡의 자손은 누구나 경제적으로 여유가 있었다는 사실은 여기서 반복하지 않겠다.

나의 8대조 중암은 을유생이었다. 1705년(숙종 31)에 출생하여 1771년(영조 47) 신묘년 4월 3일에 작고했으므로, 향년은 67세였다. 품행이 단정한 선비로 많은 사람의 칭송을 받았으며 특히 효행이 탁월하였다. 사후에 효자 정려를 받았는데, 이는 영곡이 전주에 정착한 이래 처음 있는 일이었다.

그 묘소는 선영이 있는 거마평에 있었다. 20세기 후반에 대승동으로 이장할 때까지 200년가량 거마평에 우뚝한 비석과 아름다운 상석床石이 있어 사람들의 눈길을 끌었다.

처음에 중암은 평강채씨 집안의 규수와 결혼하였는데, 부인은 그보다 3년 연하인 1708년(숙종 34) 무자년에 태어났다. 1724년(경종 4)에 결혼했으나 1728년(영조 4) 무신년 9월 30일에 세상을 떠났다. 향년은 20세에 불과했다. 그 사이에 두 아들을 낳았으나 모두 요절하였다.

이어서 중암은 남양홍씨와 재혼하였다. 홍씨 부인은 경인생으로 1710년(숙종 36)에 태어나 부군보다 5세 연하였는데 늦게나마 다행히 두 아들(휘 사성과 사덕)을 낳았다. 홍씨 부인은 부군보다 한 해 먼저 1770년(영조 46) 6월 30일에 작고했다. 아들 형제의 극진한 보살핌 속에서 임종하였으므로, 향년은 61세에 그쳤으나 사람들이 모두 부러워했다고 한다.

중암의 부친 근암近庵(휘 시만)은 전주 입향조 영곡의 증손으로, 조상을 위하는 정성이 깊어 자신의 할아버지인 성암(휘 홍소)의 제각祭閣을 흑석동 선영에 웅장하게 지었다. 또, 그에 앞서 입향조 영곡의 제실을 대승동에 훌륭히 완성하였다. 이 사실만 보아도 근암의 효심이 얼마나 깊었으며, 살림이 얼마나 넉넉했는지를 충분히 짐작할 수 있다. 근암은 을유년, 즉 1765년(영조 41) 9월 26일 별세하였는데, 향년이 무려 83세였다. 유택은 역시 선영이 있는 거마평이었다. 비석과 상석 등 석물이 번듯하였다.

근암의 배필은 나주정씨丁氏로 1693년(숙종 19년) 계유생이었다. 부군보다 10살이 적었다. 이로 보건대 정씨 부인은 아마도 근암의 초배初配(처음 배필)는 아니었을 듯한데 기록이 없어 정확하지는 않다. 부인은 1761년(영조 37) 신사년 2월 23일에 작고했으며 향년은 69세였다. 근암은 부인보다 4년을 더 살았으니, 당시에는 매우 보기 드물게 장수한 편이었다.

무병장수한 이유

신기하게도 세효각의 할아버지들은 대부분 70세 이상 무병장수했다. 그에 비해 할머니들은 단명한 경우가 많았다. 부유한 집안이었으니 남녀 모두 섭생에 큰 문제가 있었을 리 없는데도, 왜 이러한 차이가 생겼을까?

무엇보다도 여성에게는 출산이라고 하는 어려움이 있었다. 선비 집안에서는 어려서부터 여성의 출입을 제한하여 근골筋骨 발달이 부족했고, 그에 더하여 가사로 온종일 분주하여 수면시간도 충분하지 못하였다. 하인이 있어 힘든 일을 직접 하지는 않았을 테지만, 새벽부터 밤늦게까지 연로한 어른을 봉양하고 어린 자녀를 돌보느라 부인들은 날마다 노심초사하였을 것이다. 이른바 봉제사奉祭祀(제사를 받듦)와 접빈객接賓客(손님 접대)의 가장 힘든 부분은 여성의 몫이었다. 결국 세효각 할머니들에게는 일상의 무게가 유난히 무거웠다.

반면 남성들은 효행에 힘쓰느라 생활이 대체로 절제되어 건강에 유리하였다. 음주를 삼가고 일상은 규칙적이었으며, 매일같이 묘소를 살피느라 말을 타거나 걷기를 충분히 하였다. 또한 틈틈이 활쏘기까지 하였으니, 육체적으로나 정신적으로 늘 수련을 쌓은 셈이었다.

조선 후기는 특히 젠더 불평등이 심했다. 더구나 선비 집안에서는 그 격차가 더욱 커, 세효각의 여성에게는 일상생활이 너무나 버거운 짐이었다. 차라리 평범한 농가의 딸로 태어났더라면 오히려 남성보다 오래 살았을지도 모른다. 알다시피 사회 전체적으로 보면, 그때도 여성의 수명이 남성보다 길었다. 과부가 홀아비보다 많았다는 이야기다. 지금도 여성의 자연 수명이 남성보다 5~6년은 길다.

그런데 세효각에서는 남성의 수명이 여성보다 평균적으로 20년 이상 길었던 것으로 보인다. 이는 큰 문제라 할 수 있으나, 당시에는 누구의 관심을 끄는 일도 아니었다. 아마 유족한 다른 집안에서도 사정은 크게 다르지 않았을 것이다.

전주 화재사건

1767년(영조 43) 정해년 봄에 전라도의 수부首府 전주에 초대형 화재사건이 일어났다. 성안에 있는 집은 대부분 불길에 휩싸였다. 그런데 어찌된 일인지 나의 할아버지 중암 일가는 온전하였다. 이웃 사람들은 그것이 바로 중암의 효행 때문이라고 말했다. 그 화재사건의 진상 조사차 한양에서 내려온 암행어사는 중암에 관한 일을 조정에 보고하였다. 조정에서는 중암에게 큰 상을 내렸다. 그 일이 〈세효각기〉와 중암의 〈비문〉 등에도 기록되어 있다.

실록을 찾아보면 1767년(영조 43) 3월 24일에 예조판서 신회申晦가 영조를 알현하러 궐내에 들어왔다. 그러자 왕은 영의정 김치인에게 명하여 배석하라고 했다. 왕과 2명의 대신은 전라관찰사 원인손元仁孫이 올린 〈장계〉를 읽었다.

그에 따르면 전주성全州城 안에 큰 화재가 일어나 무려 2천 3백여 호가 소실되었다. 다행히 화염이 왕실의 조상을 제향하는 경기전慶基殿에 미치지는 않았다. 그러나 만일의 사태에 대비하여 태조 이성계의 어용御容(초상화)을 전주향교로 옮겨 안전하게 봉안하였다. (《영조실록》, 영조 43년 3월 24일)

이 문제로 숙의한 끝에 영조는 예조판서 신회를 전주로 급파했다. 급히 향축香祝을 받들고 내려가 태조의 어용 앞에서 그간의 사정을 고유告由(알림)하고 경기전에 다시 봉안하라고 하였다. (《영조실록》, 영조 43년 3월 24일)

알다시피 조선왕실은 전주이씨였으며, 그 먼 조상은 본래 그 고장의 토착 세력이었다. 그래서 왕조를 창립한 이후 전주에 먼 조상을 위해 경기전이라는 제사 공간을 지었고, 시조始祖의 묘소를 조경단肇慶壇으로 정했다. 전주는 왕실의 발상지였으므로 조선의 역대 왕들에게는 무척 중요한 곳이었다.

그런데 하필 전주에서 초대형 화재가 일어났으므로 영조는 마음이 몹시 불편하였다. 그 시절에는 《정감록鄭鑑錄》과 같은 정치적 예 언서가 유행하였고, 그런 책에는 어김없이 조선왕조의 멸망이 다가 왔다고 기록되어 있었다. 영조는 그런 예언을 믿지 않았으나, 혹시 라도 이번 화재를 계기로 민심이 동요한다면 어찌할 것인가. 그것 은 영조가 조금도 바라지 않는 일이었다.

예조판서를 전주로 내려보낸 것만으로는 도무지 성에 차지 않았 다. 그래서 왕은 그로부터 나흘이 지난 1767년(영조 43) 3월 28일에 조정 대신과 비변사의 당상관을 모두 불러들였다. 화재사건을 무난 히 해결하고, 민심을 안정시킬 대책이 필요했기 때문이다. 《영조실 록》, 영조 43년 3월 28일)

어전회의 끝에, 이번 화재사건으로 피해를 입은 전주의 선비와 백성들에게 재정 지원을 아끼지 말아야 한다는 결론이 났다. 이에 왕은 홍문관 부교리 서호수徐浩修를 전주 선유 어사全州宣諭御史로 임 명하고 곧장 길을 떠나라고 명했다. 《영조실록》, 영조 43년 3월 28일)

어사 서호수는 왕명을 받들어 화재를 입은 백성을 위로하고, 쌀 2 천 334석을 나누어주어 춘궁기를 무사히 넘기게 하였다. 아울러 1만 냥의 돈을 풀어 백성들에게 빌려주고, 그 재원으로 집을 다시 지을 수 있도록 하였다. 나라에서 쌀과 돈을 풀기로 한 것은 전라도 관찰 사의 요청에 따른 것이었다. 《영조실록》, 영조 43년 3월 28일)

전주성 재건은 빠른 속도로 추진되었고, 이재민도 춘궁기를 무난 히 넘길 수 있었다. 그런데 시간이 흘러 조정에 돈을 갚을 시기가 되 자 전주 백성들은 여러 가지 사유를 들어 납부기한을 지키지 않았 다. 그러자 영조는 결단을 내려 1만 량에 대한 채무를 전액 탕감하였다. 돈보다 더욱 소중한 것은 민심 수습이었다. 왕실의 위엄을 높이고 왕에 대한 신뢰를 강화할 수만 있다면 1만 량이 무에 그리 중요하겠는가. 영조가 가장 염려한 것은 민심 이반이었다. 더구나 왕실의 발상지인 전주의 선비와 백성들이 자신을 원망하는 사태만은 막고자 하였다.

어사 서호수가 한양으로 돌아와 나의 선조 중암(휘 상희)의 효행이 대단하다는 점을 보고했다. 이번 화재 때 그 집이 무사하였음을 두고 백성들이 신기하게 여기며 칭송한다는 내용이었다. 서호수의 보고를 들은 영조는 아마도 가슴을 쓸어내리며 회심의 미소를 지었을 것이다.

초대형 화재사건 끝에 중암의 미담이 등장하면서 민심은 효행의 중요성을 논의하는 쪽으로 기울었다. 이는 통치자인 영조의 관점에서 보면 최상의 방향 전환이었다. 만약 이 사건이 조선의 망국을 거론하고, 영조의 부덕함을 비난하는 흐름으로 이어졌다면 최악의 결과를 초래할 수도 있었다. 어쩌면 역적의 무리가 전주 성안에 불을 지른 것일지도 모른다. 그들은 이번 화재사건을 통해 반反 왕조 분위기를 키우려 했을 수도 있지 않은가.

노회한 영조는 전주에 사는 중암이란 선비가 고맙게 생각되었다. 구세주까지는 아니라 해도 마침 중암과 같은 인물이 있어, 왕은 정치적 위기를 저절로 벗어난 듯한 안도감을 느꼈다. 기쁘고도 고마운 마음에, 영조는 중암에 대한 포상을 서둘렀다.

철종 초년에 우승지를 지낸 이승익李承益(1812년생)이 쓴 중암의 〈비문〉에서 관련된 사항을 읽어보면 다음과 같다.

정해년에 엄청난 재앙이 일어나 수천 여 집이 불에 탔다. 그러나 공이 사는 초가집은 홀로 무사했으므로 사람들이 모두 신기하게 여겼다. 이에 어사王人가 (현지에) 찾아와 그 아름다움을 칭찬하며 다음과 같이 말하였다. '진실로 (중암의) 순수한 효행이 하늘을 감동시킨 것이 아니라면 어찌 이런 일이 일어날 수 있었겠는가' 丁亥有鬱攸災 燃燒數千餘戶 公所居廬 巋然獨存 人莫不異之 至有王人之褒美 苟非純孝格天 烏得以此哉_ (이승익, 〈중암〉 비문)

화재사건이 일어났을 때 어사 서호수가 중암의 집을 몸소 방문해 칭찬을 아끼지 않은 것은 분명한 사실이었다. 〈세효각기〉에도 이와 같은 내용이 거의 그대로 기록되어 있다. 바로 이러한 사실을 토대로 훗날 중암은 효자 정려를 하사받았고, 그 아들 고암(휘 덕성)이 잇따라 효자가 됨으로써 "세효각"이란 택호宅號가 만들어진 것이다. 이후 그들의 직계 및 방계 자손이 대대로 학문과 효행에 힘써, 이 책에서 서술한 바와 같은 가문의 전통이 형성되었다.

이천 화재사건

가을부터 봄까지 조선의 도시는 화재에 취약했다. 특히 17세기부터는 온돌 사용이 보편화되어 여간 조심하지 않으면 언제 어디서라도 화재가 일어날 가능성이 높아졌다. 한국은 가을부터 날씨가 건조하고 추웠으므로 소방용수를 조달하기도 어려워, 불이 나면 화재 진압은 거의 불가능했다.

관청에서는 나름의 대책을 세워 화재 감시에 힘쓰고, 각 가정의 아궁이를 단속하는 데 유념하였다. 그럼에도 간혹 방화가 발생하였고, 때로는 온돌이 과열되어 한밤중에 불이 나기도 했다. 한양이나 평양, 개성, 전주같이 큰 도시에서는 성안에 불이 나면 그야말로 대재앙이었으니, 수백 혹은 수천 호의 민가가 불타고 관공서마저 큰 피해를 입었다. 일찍이 세종은 지역마다 방재설비를 갖추게 하여 화재에 철저히 대비하였다. 그러나 다른 왕들은 그 수준에 미치지 못하였다.

영조의 손자인 정조 때도 큰 화재사건이 발생했다. 1781년(정조 5) 11월에 경기도 이천의 중심지가 전소되었다. 한겨울에 화재가 일어난 것으로 보아 누군가 고의로 방화했을 가능성은 별로 없어 보인다. 《정조실록》에는 다음과 같이 기록되었다.

> 이천현에 불이 나서 100여 호가 불탔다. 임금께서 하교하기를, '이천의 사정이 참으로 딱하고 애석하다. 화재를 당한 많은 민호를 특별히 보살피지 않을 수 없다.' 《정조실록》, 정조 5년 11월 5일

정조는 이천을 재난지역으로 선포하고, 국가적인 재정 지원을 하겠다는 뜻을 밝힌 셈이었다. 화재사건이 일어나기 2년 전에 정조는 이천을 거쳐 여주의 세종대왕릉을 참배하였다. 그처럼 특별한 인연이 있었던 만큼 이천에 대한 정조의 관심은 컸다. 왕 자신이 하룻밤을 지낸 곳이고, 관청에서 아주 가까운 민가들이 피해를 입었기 때문에 하루빨리 피해 복구를 해야만 국가의 위신이 선다고 보았다.

정조는 다음과 같이 지시하였다.

특별한 휼전恤典을 (이천의 이재민에게) 시행해야 한다. 즉시 비국備局(비
변사)에 알려 과거의 사례를 참고하여 넉넉하게 (도와줄 방법을) 마련하
라. (《정조실록》, 정조 5년 11월 5일)

지원 대책이 마련되자 정조는 이런 지시를 내렸다. 이천의 현감은
몸소 피해 지역에 가서 피해를 입은 집집마다 "분표分俵(조세 감면을
나눠줌)"하고, 서둘러 집을 지어 본래의 집에 백성이 살게 하라고 했
다. 정조는 얼마 뒤에 선전관宣傳官을 보내어 이천현감이 피해 복구
에 성실하게 임했는지를 조사하겠다는 뜻도 밝혔다. (《정조실록》, 정
조 5년 11월 5일)

이천의 이재민을 구휼하려는 정조의 의지는 완강하였다. 화재가
일어난 지 불과 이삼일 만에 왕은 경기도 관찰사를 직접 불러, 피해
복구 문제를 상의한 다음에 조정 대신들에게 아래와 같이 신신당부
하였다.

지금은 한창 조세租稅 납입을 독촉하는 때이다. 화재를 당한 백성이 1
백 94호나 된다. 그들이 다시 지은 집으로 돌아가 살 수 있는 방도를
어제 비변사 대신들과 상의하여 휼전恤典을 시행하게 하였다. 그러나
이것으로 어찌 화재를 입은 사람들을 구제하기에 충분하겠는가?
본읍本邑(이천)은 경기 감영에서 가까운 곳이고, 과인이 주필駐蹕(머뭄)
한 곳이다. 그대는 그들을 돌보고 구제하는 일을 다른 어떤 사무를 처

리하는 것과도 비교할 수 없을 만큼 잘해야 한다.

더구나 모든 것이 불에 타버리고 말았으니, 곡식을 담은 독이 텅 비어 있을 것은 안 봐도 훤히 알 수 있다. 이제 도신道臣(감사)을 불러 민정民情을 물어본 결과, 과연 신환新還(금년의 환곡)을 감당하기 어려워 소요가 일어날 단서가 된다고 한다. 《정조실록》, 정조 5년 11월 7일)

그 당시 조정에서는 구환舊還, 즉 지난해의 환곡은 상환을 연기해주더라도 정조 5년에 빌려준 환곡을 되돌려 받는 신환新還만큼은 철저히 수납하려고 하였다. 그러나 정조는 이천현의 이재민만큼은 예외를 인정하자고 말하였다. 정조의 명령은 이러했다.

이천현에서 화재를 당한 백성들에게는 당년當年(정조 5년)의 환곡還穀을 특별히 연기하도록 하라. 즉시 비변사에 알려, 경기 감사로 하여금 조정이 그들을 딱히 여기고 돌보는 뜻이 있음을 알게 하라. 《정조실록》, 정조 5년 11월 7일)

정조는 이천의 이재민 약 200호를 구호하려고 진정으로 마음을 쓰고 있었으나, 혜택을 주는 데는 한계가 있었다. 왕이 그들에게 가옥을 무료로 다시 지어준 것도 아니고, 세금이나 환곡을 완전히 면제한 것도 아니었다. 조세와 환곡 납부를 다른 지역의 백성들보다 늦춰주는 정도에 그쳤다. 그 정도라면 이천의 이재민들이 정조가 베푼 혜택에 깊이 감사하였을지 의심스럽다.

굳이 다른 왕들과 조목조목 비교할 일은 아니다. 그러나 영조가 전주 대화재 사건 때 1만 량의 재건축 비용과 구호미 2천 300여 석을 무상으로 제공한 것에 비하면 정조의 조치는 다소 인색했던 것이 아닌가 하는 생각이 든다.

중암에 대한 포상

중암의 효행은 선유 어사 서호수를 통해 영조에게 보고되었다. 조정에서는 크게 기뻐하고 상을 내렸다. 그러나 효자 정려까지 내려주지는 못했다. 아직 당사자가 엄연히 살아 있었기 때문이다. 산 사람에게 정표旌表하기는 부담스러운 일이었다.

전주 화재사건이 일어난 지 4년 뒤에 중암이 작고했다. 아들 고암(휘 사성)은 부친의 효행을 내세우며 조정에 큰 포상을 청하지 않았다. 언젠가 때가 되면 자연히 이뤄질 일일 테지만 아들 된 입장에서 직접 나서는 일은 왠지 마음이 편치 않았기 때문이다. 그래서 그는 오랫동안 망설였다.

그러다가 고암마저 세상을 떠나자 전주 유림이 중암과 고암 부자의 효정孝旌(효자 정문)을 요청하기 시작했다. 1840년(헌종 6) 9월 하순,《일성록》에 다음과 같은 기록이 보인다.

예조에서 다시 아뢰었다. '전라도 유학 송명혁 등이 올린 글을 살펴보니 작고한 전주의 선비 백상희(중암)와 그 아들 덕성(고암)은 효행이 뛰어났으므로 정려로 표창해야 합니다. 백상희는 고가古家(명문가)의 후예로 성품이 독실하고 행실도 지극하였습니다. 집이 매우 가난하였으

碑文

公諱尙瀗字大伯貫隨城九世諱效叅都承八世祖諱思粹

贈쯼文攝學七世祖諱茁長喬奉六世祖諱仁賢訓鍊院正休菴

先生諱仁傑其役父兄弟也五世祖諱惟貞成均進士高祖諱龜民

値壬辰之難因僑居金州有諱弘素有諱光世有諱自萬曾今三世

也妣羅州丁氏諱世雄女公以 萧廟巳酉十二月五日生幼有至性事親

以先意承順親疾不能咹則粒米未甞八口出外未及蹙必候門

至暮及長竭力百養家計雖蘩僾然不顧執喪哀毀踰禮旣

葬日輒展墓不以風雨寒暑或癈凡十有八年如一日丁亥有鬱氣

依灾延燒數于戶公所居廬㸌然獨存人莫不異之至有

王人之薦茍非純孝格天烏得以致此哉辛卯四月三日以疾卒

于家葬扵兩林谷甲馬坪癸坐配平康蔡氏諱一永女無育

墓同原艮坐繼配南陽洪氏諱百善女墓同面百源洞坤坐生二男

長德成次德ㄷ德成子東良是公之岩孫也嗚呼子而德成克

중암 백상희 비문.

이 비문은 흑석 백인수가 정리한 〈가승〉에 실려 있다.

나(집이 가난하지 않았는데도 가난했다고 기록한 것은 의례적인 표현이었다. - 백승종) 봉양에 정성을 쏟았고, 부모상을 당하자 예를 다하여 거의 기절하기까지 했습니다. 이미 관찰사가 조정에 추천한 바 있어 그 사정을 잘 알고 있으며, 여론의 실상도 확인하였습니다. 오늘날 이처럼 많은 선비가 그의 정표를 청하고 있으니, 정려로 표창하는 것이 법에 합당하다고 여겨집니다. 부디 상께서 결정하시옵소서. … (그러자 임금이 그 말을) 따랐다. 該曹啓言 (중략) 又啓言 觀此全羅道幼學宋命爀等上言 則爲全州故士人白尙熙及其子德成孝行 請旌褒之典事也 白尙熙 以古家裔 有篤至行 家甚貧寠 而甘旨不匱 居喪盡禮而 幾至滅性 道剡已登可知 採輿論之實 而今此多士呼籲 又如此 恐合旌褒之典 上裁 … 從之 … (《일성록》, 헌종 6년 9월 24일)

그 당시에 조정에서는 아들 고암(휘 사성)도 효행이 탁월하다는 점을 인정하면서도 부친과 동시에 표창하는 것은 적절치 않다고 여겼다. 결국 고암은 3년 뒤인 1843년(헌종 9)에 효자 정려를 받게 되었으며, 이 내용은 이미 앞 장에서 언급한 바 있다.

검루상분

세효각에 관한 글을 쓰다 보니 관련 기록에 반복적으로 등장하는 인물이 있다. 가령 〈백효자전〉에서도 풍암(휘 동량)에게 "검루지행黔婁之行"이 있었다고 했다. 그리고 〈뇌사〉 여러 대목에서도 검루라는 인물이 비교 대상으로 언급된다.

옛사람들이 효자의 상징으로 떠올린 이가 곧 검루였으나, 현대인에게는 낯설기만 하다. 그래서 나는 그가 어떠한 사람이었는지를 잠깐 소개하려고 한다.

검루黔婁는 중국 육조六朝 시대, 그중에서도 남조南朝에 속한 양梁나라 사람이다. 그 이름은 유검루庾黔婁였다. 《오륜행실도》 제1권에 〈검루상분黔婁嘗糞〉이라는 기사가 실려 있는 것만 보아도 짐작할 수 있듯 조선시대에 그는 효자의 전형으로 널리 알려졌다.

유검루는 잔릉이란 고을의 지방관, 즉 잔릉령孱陵令에 부임했다. 그로부터 열흘도 지나지 않아 갑자기 가슴이 두근거리고 온몸에 식은땀이 났다. 그러자 검루는 곧장 벼슬을 그만두고 집으로 돌아갔다. 집에 도착했더니 그의 아버지 유역庾易이 병석에 누워 있었다. 《양서梁書》, 47권, 〈유검루 열전庾黔婁列傳〉)

아버지는 설사가 몹시 심했다. 검루는 간호를 극진히 하였으나 아버지의 생명이 위독한 지경이 되었다. 의원은 아버지의 대변을 맛보라고 권하였다. 만약에 대변이 달면 곧 운명할 것이고 쓰면 살아나신다고 했다. 대변이 달았다. 매일 밤 검루는 북두칠성에게 빌며, 자신이 대신 죽을 테니 아버지를 구해달라고 기도했다. 그렇게 간절히 기도한 결과 아버지는, 그달 그믐까지 살다가 운명하였다. 《양서梁書》, 47권, 〈유검루 열전庾黔婁列傳〉)

유검루는 참으로 효성이 지극한 선비였으나 무척 가난하였던 모양이다. 당나라 시인 백거이白居易가 아내에게 준 시 가운데 다음과 같은 구절이 있다.

가난에도 여러 등급이 있다오. (다행히 나의 배필이 되었으니) 검루에게 시집간 것보다는 낫지 않겠소. 貧中有等級 猶勝嫁黔婁 (백거이, 〈백거이가 아내에게 드리다白居易贈內子〉)

중암을 비롯한 세효각의 여러 효자도 조선의 다른 선비들과 마찬 가지로 중국 고대의 효자 검루를 본받으려 노력한 것으로 보인다.

일문 십칠효열

중암부터 나의 할아버지 청계에 이르기까지 7대에 걸쳐 세효각에 서는 모두 14명의 효자와 3명의 열녀가 배출되어 세상의 기림을 받 았다. 실로 보기 드문 일이었다. 한 집안에 효자가 아무리 많이 나왔 다고 해도 5~6명을 넘기는 어려웠다. 그런데 세효각은 매우 달랐 다. 세대마다 효자와 열녀가 평균 2명씩 배출되었으므로 전국 어느 집안과 비교해도 이보다 뛰어난 세효世孝 전통을 다시 보기 어려울 것이다.

아래에는 중암 이래 효열로 포상을 받은 이들을 세대별로 정리하 였다. 이 가운데 나의 직계 선조에 대해서는 이미 앞에서 상세히 서 술하였으므로, 여기서는 별도의 설명을 덧붙이지 않는다.

1. 중암(휘 상희) – 정려 효자, 통정대부 공조참의에 증직
2. 고암(휘 사성) – 정려 효자, 가선대부 행 공조참판에 증직,
   효자 중암의 큰아들

3. 휘 사문師文 – 정려 효자, 호조참판에 증직, 효자 고암의 조카

4. 풍암(휘 동량) – 정려 효자, 조봉대부 행 동몽교관에 증직,

   효자 고암의 큰아들

5. 휘 동한東翰 – 정려 효자, 운봉현감, 효자 고암의 둘째 아들

6. 휘 동권東權 – 정려 효자, 조봉대부 행 동몽교관에 추증, 휘 사문의 아들

7. 휘 유진有鎭 – 정려 효자, 통례원 인의

8. 휘 경진慶鎭 – 정려 효자, 병조참의에 증직, 효자 사문師文의 손자

9. 김해김씨 – 정려 열녀, 효자 경진의 배필

10. 휘 규진圭鎭(휘 동권의 양자) – 정려 효자, 증 이조판서

11. 휘 정수正洙 – 정려 효자, 조봉대부 행 동몽교관에 증직,

    효자 사문의 증손

12. 휘 흥수興洙(휘 규진의 큰아들) – 정려 효자, 무과 선전관, 증 병조참판

13. 경주김씨 – 정려 열녀, 효자 흥수의 배필

14. 휘 봉수鳳洙(휘 규진의 둘째 아들) – 정려 효자, 증 동몽교관

15. 열녀 신씨 – 열녀, 효자 남룡의 모친

16. 청계(휘 남룡) – 효자, 효자 풍암의 현손

17. 휘 남준南埈 – 효자, 휘 상엽의 6대손

오늘날에는 더 이상 효자, 효녀, 효부, 열녀와 같은 칭호가 쓰이지 않는 듯하다. 부모와 자식처럼 가까운 사이라도, 한쪽이 다른 쪽을 위해 큰 희생을 치르면 칭찬하기보다는 오히려 "좀 특이한 사람" 혹은 "이해하기 어려운 사람"으로 보는 이들이 많아졌다. 시대가 변하면서 이러한 덕목은 사회적으로 거의 의미를 잃었지만, 집안에 그

러한 전통이 대대로 이어져 내려왔다는 사실은 여전히 귀하고 아름답다. 그것은 한 시대의 가치관과 생활방식을 온전히 품고 있는, 사라져가는 향기와도 같은 유산이기 때문이다.

문명의 "하이브리드"

나는 평생 역사를 연구하며 살았고, 그 과정에서 한 가지 깨달음을 얻었다. 인간 세상의 가장 큰 특징은 끊임없이 변화한다는 점이다. 겉보기에 세상은 쉽게 변하지 않는 듯 보이지만, 일단 변화의 흐름이 정해지면 우여곡절을 겪더라도 반드시 변한다. 조선 500년 동안에는 충·효·열과 같은 유교적 덕목을 실천하는 쪽으로 역사가 흘러갔다. 그랬기에 나의 할아버지들은 오랜 세월에 걸쳐 세효각의 전통을 만들어냈다. 다른 어느 지역을 찾아가 보아도 아마 우리와 비슷한 가문이 적지 않게 발견될 것이다.

하지만 지금은 역사의 흐름이 바뀌었다. 현대인은 무엇보다 자유롭고, 평등하며, 정의롭고, 합리적이며, 민주적인 세상에서 살기를 원한다. 이러한 시각에서 보면, 과거 우리 선조들이 추구했던 유교적 가치는 쓸모없고 이미 낡을 대로 낡은 것으로 비칠 수 있다. 따라서 그것을 하루빨리 폐기하고, 과거라는 짐에서 완전히 벗어나는 것이 지극히 당연한 일처럼 여겨질지도 모른다.

내 생각은 다르다. 과거의 전통과 유산을 무작정 버리고 잊어버리는 것이 능사는 아니다. 조금 더 깊이 생각해보면 우리 선조들을 매료시킨 유교적 가치관에도 보편성이 있다. 현대인이 추구하는 가치

또한 그러함은 두말할 나위가 없다. 얼핏 보면 서로 완전히 달라 보여도 조금 더 깊이 이해한 다음에 살펴보면 통하는 점이 적지 않다. 따라서 한쪽을 반드시 포기해야만 다른 쪽으로 나갈 수 있는 것이 아니다.

오늘날 세계인의 마음을 울리는 한류(Korean Wave)는 무엇인가. 그 본질에는 하이브리드, 즉 융합 아닌 것이 하나도 없다. 요컨대 법고창신法古創新의 실천이다. 음악도, 요리도, 문학도, 영화도 모두 마찬가지이다. 과거와 현재, 동양과 서양, 독자성과 보편성, 예술적 전문성과 대중성은 조화롭게 동행하는 편이 좋다. 어느 한쪽을 완전히 배제하거나 소외시키는 것을 새로운 해결책처럼 여긴다면 이는 착각이다.

이런 맥락에서 나는 세효각의 미래를 생각할 때가 있다. 오래된 전통을 현대의 보편적 가치와 어떻게 하면 조화롭게 융합시킬 수 있을지, 그 해법을 숙고하고 있는 것이다.

끝으로 한마디를 첨언하면, 세효각에는 효자와 열녀도 많았지만 그 외에도 각 세대마다 눈길을 끄는 인물이 적지 않았다. 그분들의 생애를 일일이 서술하기에는 여러모로 제약이 따른다. 따라서 여기서는 그들의 휘(이름)와 특징만을 간략히 적어두기로 한다. 일종의 '부록'인 셈인데, 관심이 있는 독자는 읽어보기 바란다. 본문에 등장한 나의 직계 조상은 특별히 밑줄로 표시하였다.

조선 후기
세효각의 주요 인물

1세 입향조 영곡靈谷 선생 휘 구민龜民(생원 유직惟直의 둘째 아들), 임진왜란을 피해 처음으로 전주에 살기 시작. 부인은 덕수장씨. 영곡 선생 자손이 현재의 "화심 문중"

2세 성암誠庵 휘 홍소弘素, 부인은 전주이씨

3세 회암晦庵 휘 광세光世, 증 호조 참판, 부인은 밀양박씨

4세 근암近庵 휘 시만時萬, 초명 자만自萬, 증 호조 참판, 부인은 나주정씨

5세 중암重庵 휘 상희尙熙, 정려 효자, 증 공조 참판, 첫 부인 평강채씨, 둘째 부인 남양홍씨, "세효각"의 시작

5세 휘 상엽尙燁(중암의 아우), 증 호조 참판

6세 고암顧庵 휘 사성師成(중암의 아들) 초명 덕성, 정려 효자, 증 공조 참판. 첫 부인 동복오씨, 둘째 부인 김해김씨, 셋째 부인 김제이씨

6세 휘 사윤師聞(휘 상엽의 차자) 통덕랑

6세 휘 사문師文(휘 상엽 3자), 정려 효자, 증 호조 참판

7세   풍암楓庵 휘 동량東良(고암의 아들), 정려 효자, 증 동몽교
            관, 함양박씨

7세   휘 동한東漢/翰(풍암의 아우), 정려 효자, 운봉 현감

7세   휘 동행東行(휘 상엽의 손자), 부사용

7세   휘 동일東馹(휘 사문의 아들), 증 동지중추

7세   휘 동권東權(사문의 셋째 아들), 정려 효자, 증 동몽교관

8세   이은梨隱 휘 추진秋鎭(풍암의 아들), 석양동 백씨서당 산장,
            부인은 인동장씨

8세   휘 승진承鎭(휘 동한 큰아들), 부사과

8세   휘 호진豪鎭(휘 동한 둘째 아들), 부사과, 부인 전주최씨(진
            사 최정열崔正烈의 딸)

8세   휘 일진一鎭(풍암의 조카) 초명 갑진, 사헌부 감찰

8세   휘 귀진貴鎭(휘 동행의 큰아들), 무과, 부사과

8세   휘 은진銀鎭(휘 동행의 둘째 아들), 돈령부 도정

8세   휘 유진有鎭(휘 동일의 큰아들), 정려 효자, 통례원 인의

8세   휘 응진應鎭(휘 동일의 셋째 아들), 지중추부사

8세   휘 경진慶鎭(휘 동일의 넷째 아들), 무과, 호군, 정려 효자,
            증 병조 참판, 부인 김해김씨, 정려 열녀

8세   휘 채진宷鎭(휘 동일의 다섯째 아들), 돈령부 도정

8세   휘 규진圭鎭(휘 동권의 양자), 정려 효자, 증 이조 판서

9세   흑석黑石 휘 인수鱗洙(이은의 아들), "흑석동 할아버지", 첫
            째 부인 경주김씨, 둘째 부인 진주하씨

9세   휘 관수觀洙(휘 승진의 큰아들), 경상남도 양무위원, 부인 강

릉유씨(외조는 참판 장규한張奎漢, 인동인)

9세 휘 재수宰洙(휘 일진의 큰아들), 경릉참봉, 부인 동래정씨(조
부는 여산부사 정언술鄭彦述)

9세 휘 해수海洙(휘 일진의 둘째 아들), 영릉참봉

9세 휘 용수龍洙(휘 귀진의 큰아들), 돈령부 도정

9세 휘 정수正洙(휘 은진의 큰아들) 정려 효자, 동몽교관

9세 휘 형수瑩洙(휘 유진의 양자), 돈령부 도정

9세 휘 현수鉉洙(휘 응진의 장남), 익릉참봉, 부인 김해김씨(부 도
정 김덕현金德鉉, 조 참봉 김태종金太宗, 증조 진사 김사준金士俊)

9세 휘 철수喆洙(휘 채진의 큰아들), 익릉참봉

9세 휘 상수常洙(휘 윤진의 양자, 생부 경진), 정릉참봉

9세 휘 흥수興洙(휘 규진의 큰아들), 무과 선전관, 증 병조 참판.
부인 경주김씨, 열녀

9세 휘 봉수鳳洙(휘 규진의 둘째 아들), 정려 효자, 증 동몽교관

10세 휘 낙승樂承(흑석의 큰아들), 부사용

10세 수졸재 휘 낙기樂器(흑석의 둘째 아들), 부사용, 부인 영월신
씨(열녀, 지중추부사 신옥현辛玉鉉의 딸)

10세 휘 낙정樂晶(휘 재수의 큰아들) 부인 남평문씨(회인 군수 문창
석文昌錫의 딸)

10세 휘 낙권樂權(휘 상엽의 5대손), 영릉참봉

10세 휘 낙인樂寅(휘 정수의 큰아들), 의금부 도사

10세 휘 낙구樂九(휘 형수의 큰아들), 익릉참봉

10세 휘 낙정樂珵(휘 형수의 둘째 아들), 사헌부 감찰

10세 휘 낙운樂云(휘 현수의 큰아들), 명릉참봉, 부인 전주이씨(외조는 비서승 서인용徐寅用(달성인))

10세 휘 낙중樂中(휘 사문의 현손, 생부 상수), 갑오 생원

10세 휘 낙홍樂弘(휘 철수의 둘째 아들), 신묘 진사, 부인 광산김씨(진사 김방현金芳鉉의 딸)

10세 휘 낙원樂元(휘 상수의 양자, 생부 철수), 무자 진사. 부인 제주고씨(진사 박제삼朴濟三, 반남인의 외손녀)

10세 휘 낙은樂殷(휘 상수의 둘째 아들), 부인 나주오씨(진사 오병엽吳秉燁의 증손녀)

10세 휘 낙환樂煥(휘 상엽의 5대손), 부인 여산송씨(진사 송주철宋柱澈의 딸)

11세 청계 휘 남룡南龍(수졸재의 아들), 전주향교 장의, 효자, 상관면 민선 면장, 남선제지 사장, 부인 밀양박씨(내각 주사 긍농肯農 박준필朴準弼의 손녀딸)

11세 휘 남준南埈(휘 낙권의 둘째 아들), 효자

11세 휘 남주南柱(진사 낙중의 둘째 아들), 부인 평택임씨(아버지는 무장 군수 임준희林準熙, 할아버지는 진사 임영수林榮壽, 외조는 진사 김양석金良錫(김해인))

11세 휘 남인南嶙(진사 낙중의 셋째 아들), 부인 한양조씨(진사, 의금부 도사 조종림趙鍾林의 손녀딸, 진사 이현기李顯基(연안인)의 외손녀)

11세 휘 남열南列(휘 유진의 증손), 부인 인동장씨(할아버지는 교관 장창직張昌稷(증조는 호조 참판 장제급張濟汲))

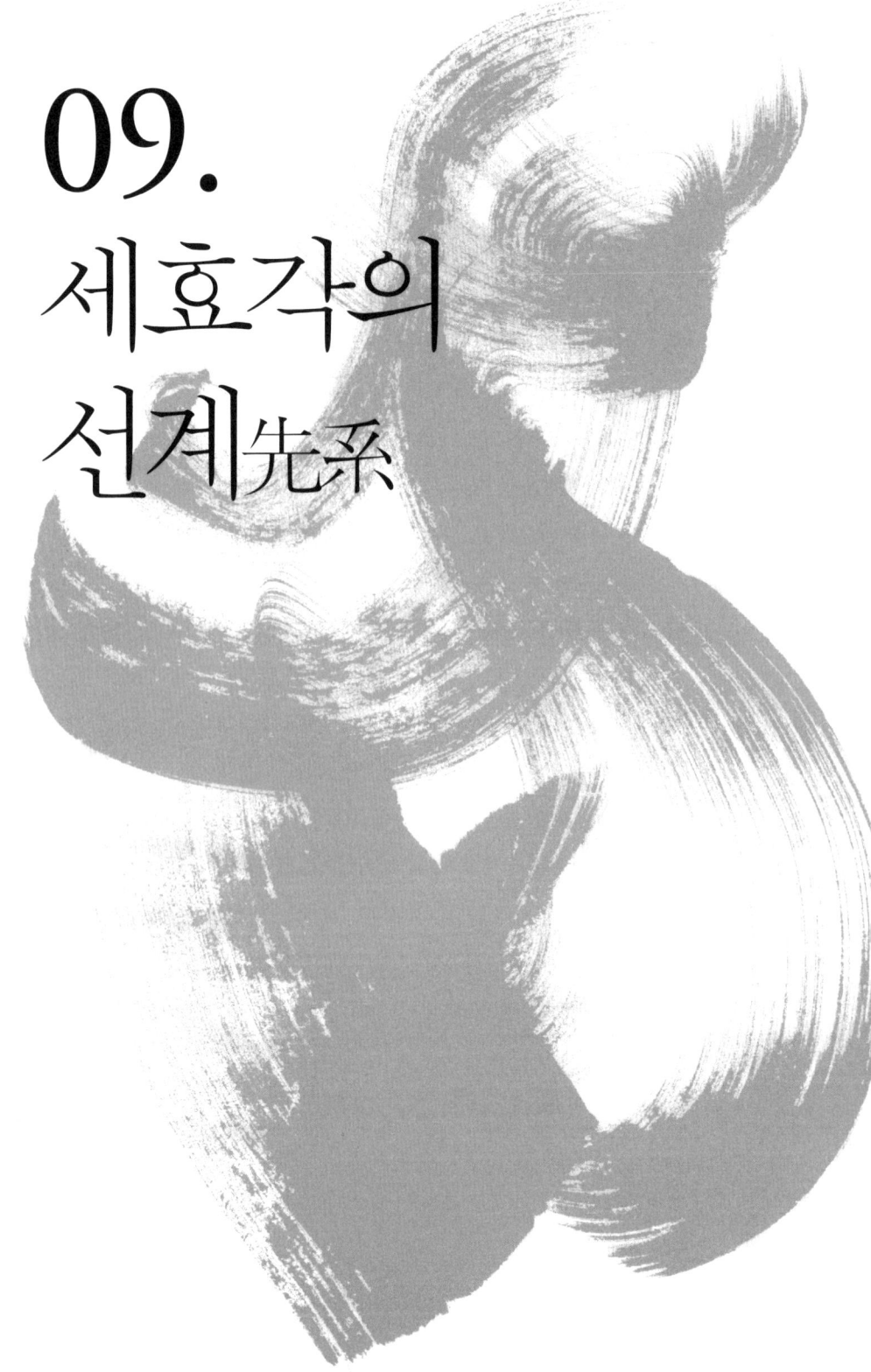

09.
세효각의
선계先系

세효각의 조상은 누구였을까. 조금 지루하게 여겨질지 몰라도 뿌리
가 없는 나무란 있을 수 없는 법이다. 우선 현재의 족보를 기준으로
세효각의 뿌리를 더듬어본다.

훈정공

누누이 설명한 것처럼 전주에 첫발을 디딘 이 집안의 입향조는 영
곡 선생(휘 구민)이었다. 그는 훈정공訓正公, 휘 인현仁賢의 손자이며,
생원 유직唯直과 파평윤씨의 아들이었다.

훈정공은 본래 진사로 훗날 무과에 급제하여 훈련원 정正을 지냈
다. 또한 병방兵房 승지承旨를 역임하기도 한 유능한 관리였다. 그 부
인은 평양조씨인데 사복시윤司僕寺尹 조청노趙淸老의 손녀요, 평천군
平川君 조견趙狷(영의정 조준의 아우)의 현손녀였다.

훈정공의 아우 휘 인영仁英도 뛰어난 학자였다. 그는 문과에 급제해 사헌부 지평을 지냈으며, 도승지에 추증되었다. 훈정공의 또 다른 아우 휘 인웅仁雄은 생원으로 참봉을 역임했다.

한 대를 거슬러 올라가면 휘 익장益長인데 영은전 참봉이었다. 부인은 전주최씨로 문과에 급제하여 청풍군수를 지낸 최서崔湑의 손녀이자 역시 문과에 급제해 직제학을 역임한 최흥효崔興孝의 증손녀였다. 부인의 외조도 문과를 거쳐 벼슬이 이조 참의에 이른 이사강李思剛(경주이씨)이었다.

휴암공

19세기 전반까지도 세효각은 문경공 휴암(휘 인걸仁傑)의 자손이라는 점을 자타가 공인하였다. 휴암으로 말하면 선조 때의 명신으로 문과에 합격한 것은 물론이고 탁월한 문신이자 이름난 간관諫官이었다. 의정부 우참찬을 지냈으며, 첫째 부인은 평택임씨였고 둘째 부인은 순흥안씨였다. 휴암의 형님은 휘 인호仁豪인데 생원과 진사 시험에 모두 합격하고 별좌別坐를 지냈다.

승문원 참교공

한 대 위로 올라가면 휴암 형제의 부친은 휘 익견益堅으로, 생원시에 합격해 왕자사부를 지냈다. 부인은 단양우씨이다. 휘 익장과 익견은 친형제였으며, 그들의 아버지는 휘 사수思粹였다. 휘 사수는 문과에 급제해 여러 벼슬을 지냈는데 특히 장단 부사로 업적이 많았다. 나중에는 승문원 참교를 지냈으며, 예조 참판에 추증되었다. 부인은 능성구씨로 훈련원 도정을 지낸 구치명具致明의 따님이다.

참교의 형님은 휘 사순思純으로 문과를 거쳐 벼슬이 병조좌랑에 이르렀다.

좌랑과 참교의 아버지는 휘 효삼孝參으로 역시 문과에 급제하고 집현전 학사를 거쳐 사헌부 지평을 역임했다. 사후에 도승지에 추증되었다. 부인은 양주윤씨로 법성만호였던 윤수尹壽의 딸이다. 지평의 아우로 휘 효옹孝雍이 있는데, 그는 청산 현감을 지냈다.

현감과 지평은 보성 현감 회繪의 아들들이었다. 보성 현감은 조선 개국 초의 인물인데 부인은 온양정씨로, 부사府使 정득전鄭得全의 딸이었다.

한양에서 하삼도로

태조 이성계가 조선왕조를 창업한 이래 17세기 초까지도 세효각의 조상은 한양에 거주했다. 구체적으로는 경복궁 서편에 있는 창의문 아래쪽, 지금의 청운동과 효자동 일대였다. 그와는 별도로 경기도 파주와 양주 일대에 농장을 경영하였으므로 때로 그곳에 머물기도 했다.

그러나 16세기 후반에 당쟁이 치열해지자 자손의 상당수가 남쪽으로 이동하기 시작했다. 가령 오늘날의 익산, 충주, 전주, 고창, 예산, 광주 등 여러 지역으로 낙향했다. 선대의 기업基業(재산)이 전국 여러 곳에 흩어져 있었고, 또 혼연婚緣으로 새로운 지역에서 농경지를 상속하였기 때문이다.

조선 건국 초기부터 대대로 한양에 살던 세효각의 조상들은 17세기에 이르러 하삼도, 즉 전라, 충청 및 경상도로 퍼져나갔다. 일부는 여전히 한양과 양주, 파주, 포천 등 경기도 북부에 머물렀다. 그러나 기후가 온난하고 사풍土風이 훌륭한 하삼도를 선택하는 것이 대세였다. 또, 몇몇 선조는 임진왜란 중에 황해도와 평안도로 이주하기도 했다. 그래도 대세는 역시 하삼도였으며, 그중에서도 전라도를 선호하는 경향이 뚜렷했다.

아래에서는 세효각의 선계 역사를 두 가지 측면에서 살펴볼까 한다. 하나는 그들 중에서 출중한 네 인물을 소개하는 것이다. 즉, 휴암(휘 인걸)과 당산(휘 유함), 승문원 참교(휘 사수) 및 사헌부 지평(휘 효삼)의 특징적인 면모를 기술하려고 한다. 또 하나는 통일신라 말기로 거슬러 올라가 세효각의 상계上系 또는 원계遠系를 탐색하는 일이다. 독자 여러분은 아래에서 전개될 세효각의 역사를 여러분 자신의 역사와 견주어 보기 바란다. 약간의 차이는 있겠으나 여러분의 집안 역사와 대동소이할 것이다. 그런 점에서 나의 서술은 한국사의 보편적인 특징을 반영한다고 할 수 있다.

사림파의 전통을 물려받은 휴암

휴암(휘 인걸, 1497~1579)은 중종 때의 개혁정치가 정암靜庵 조광조의 제자였다. 휴암은 명종 초에 권신을 비판해 귀양을 갔다가 선조가 즉위하자 조정에 복귀하였다. 그는 사림파를 대표한 문신으로 당대의 석학인 퇴계 이황과 성리학의 주요 과제를 토론한 대학자였다. 그의 자는 사위士偉이고, 호는 휴암休庵이었다. 훗날 청백리에 뽑혔으며,《해동명신록》에 그 언행이 수록되었다.

휴암의 행적을 연대순으로 정리해보자. 1519년(중종 14)에 기묘사화가 일어나 조광조와 김식金湜 등이 목숨을 잃었다. 이에 그들의 제자였던 휴암은 비분강개하여 금강산에 들어갔다가 얼마 후 다시 돌아와 모재 김안국을 찾아가 학문을 더욱 연마했다.

1531년(중종 26) 생원시에 합격했으며, 6년 뒤인 1537년(중종 32)에 식년 문과에 급제했다. 그러나 조광조 등의 제자라는 이유로 청요직에 나가지 못하고 한동안 성균관에 배속되었다.

억울한 일이라는 여론이 일어나, 1538년(중종 33)에 그는 예문관 검열이 되었다. 그러자 예문관 관리가 이조吏曹의 인사행정을 평가하던 옛 관습을 복구했다. 이후 휴암은 남평 현감南平縣監으로 재직하였는데, 청렴하고 성실한 목민관으로 이름을 날렸다. 특히 학당學堂을 세우고 학장學長을 두어 선비를 많이 길렀다. 그 공으로 상도 받고 품계도 높아졌다.

1541년(중종 36)에는 홍문록弘文錄에 녹선錄選되었으며, 1545년(인종 1)에는 호조 정랑이 되었다. 이때부터 사관인 춘추관기주관春秋館記注官을 겸했다.

그해에 명종이 즉위해 을사사화를 일으키자 간관인 헌납으로서 휴암은 문정왕후의 밀지密旨를 비판해 파직되었다. 이에 휴암은 파주의 우계牛溪로 낙향해 서당을 열고 성혼 등에게 성리학을 가르쳤다.

2년 뒤인 1547년(명종 2)에는 양재역벽서사건에 연루되어 함경도 안변安邊에 유배되었다. 4년이 지난 1551년(명종 6)에 드디어 유배에서 풀려났다. 휴암은 파주에 은거하며 《태극도설太極圖說》과 성리학의 주요 서적을 깊이 연구하는 동시에 제자들을 길렀다.

그렇게 14년의 세월이 흐른 뒤 1565년(명종 20)에 외척 윤원형이 죽었다. 이에 휴암은 조정에 복직되었다. 2년 뒤인 1567년(명종 22)에는 양주 목사가 되어 공납의 폐단을 개혁하고 선정을 베풀었다. 그가 이임하자 백성들이 선정비를 세웠다.

그해에 선조가 즉위하자 휴암은 71세 고령으로 홍문관 교리가 되었다. 그 이듬해인 1568년(선조 1)에는 대사간에 임명되었고, 이후 동지춘추관사同知春秋館事로 《명종실록》 편찬에 참여했다.

이후 10년 동안 조정의 요직을 두루 역임하고 1578년(선조 11)에는 우참찬에 임명되었으나 사퇴하였다. 그 이듬해인 1579년(선조 12) 5월에 지중추부사에 임명되자 휴암은 동서분당의 폐단을 지적하고 진정시키기를 주장했다. 또한, 외침에 대비해 군비를 확장하자고 건의했다. 그해 9월에 노환으로 휴암의 생명이 위태로워지자 선조는 친히 문병하였으며, 의원과 약을 내려보내 치료하게 하였으나 곧 운명했다.

휴암의 학문은 조광조와 김식 및 김안국의 훈도薰陶를 받은 덕분에 16세기 사림파를 대표하는 위치에 있었다. 특히 그는 조광조를 깊이 사모하여 문묘에 배향하기를 여러 번 조정에 요청했다. 또, 자신이 받은 녹봉미祿俸米와 마초값[駧直]까지도 조광조를 제향하는 도봉서원道峰書院에 보냈다.

젊은 시절부터 휴암은 당대 제일의 학자들과 두루 사귀어 송인수, 유희춘, 서경덕 등과 친했다. 이연경, 이황, 허엽, 조식, 기대항, 김인후 등과도 교류하였다. 그중에서도 이황의 학문과 인격을 사랑하여 그에게 큰 기대를 걸었다.

휴암은 성혼成渾과 같은 대학자를 길러내기도 하였다. 율곡 이이李珥 역시 그의 학문적 영향 아래서 성장하였다. 휴암의 저술로《휴암실기休庵實記》(4권 2책, 1831년, 목활자본)가 후세에 전한다.

사후에 숭정대부 의정부 좌찬성議政府左贊成에 추증되었다. 훗날 그의 학통을 계승한 김육金堉과 송시열宋時烈이 신도비를 찬술했다. 처음에는 충숙忠肅이란 시호諡號가 내려졌다가 나중에 문경文敬으로 고쳐졌다. 또, 1603년(선조 36) 청백리淸白吏로 선정되었다. 전라도 남평의 봉산서원蓬山書院과 파주坡州의 파산서원坡山書院 및 용주서원龍洲書院 등에 위패가 봉안되어 있다.

일찍이 선조는 백인걸의 올곧은 풍모를 높이 평가해 다음과 같은 내용이 담긴 수찰手札을 내렸다. "경의 충성은 해와 달을 꿰뚫을 만하고, 절의는 얼음과 서리를 능가한다." 휴암은 참으로 한 시대를 대표하는 훌륭한 선비였다. 그의 일생이 후손들에게 끼친 영향은 지대하였다. 후손들은 휴암을 본받아 언제나 학문을 연구하고, 늘 청렴결백하며, 사회적 약자를 보살피는 마음가짐을 잃지 않으려 애썼다.

휴암의 아들 당산

휴암의 둘째 아들인 당산棠山(휘 유함惟咸, 1546~1618)은 가훈을 계승하여, 장차 대업을 이룰 인물로 주목받았다. 그러나 시운이 어긋나 당쟁이 격화되어 벼슬이 승지承旨(정3품)에 그쳤다. 세상 사람들은 당산이 현명한 정승이 되기를 바랐다.

당산의 자字는 중열仲悅이었는데, 재질才質과 기량器量이 숙성夙成하였다. 1576년(선조 9)에 문과에 급제하여 승문원承文院에 들어갔다가 곧 승정원 주서承政院注書가 되었다. 이어 홍문록弘文錄에 뽑혀 여러 요직을 역임하였다. 그 후에 병조兵曹의 좌랑佐郎과 정랑正郎을 거쳐 이조 정랑吏曹正郎에 발탁되었다. 1583년(선조 16)경의 일이었다.

그 무렵 율곡栗谷 이이李珥가 세상을 떠났고 조정에 당쟁이 심해졌다. 이에 당산은 조정을 떠나 전라도 용안龍安(현 전북 익산)으로 물러났다. 그때부터 우리 가문은 익산·전주·고창·부안 등지와 깊은 인연을 맺게 되었다.

그 후 1589년(선조 22) 기축년에 정여립鄭汝立 모반 사건이 일어나자 당산은 한양으로 올라왔다. 곧 사간원 헌납司諫院獻納이 되자 상소를 올려 당시의 폐단을 일일이 아뢰었다. 선조가 감탄해 말하기를, "백경白卿(휴암)에게 이런 아들이 있었구나!"라고 하였다. 이에 조정의 신임이 더욱 깊어져 이조 정랑, 의정부의 검상檢詳 및 사인舍人 등 요직을 두루 지냈다.

1592년(선조 24) 신묘년에 동인이 서인을 대대적으로 공격하여 명류名流(훌륭한 선비)들이 잇따라 귀양을 가게 되었다. 당산도 함경도 경흥으로 유배되었다. 그러나 그 이듬해 왜란이 일어나 유배에서 풀려났다.

당산은 임금을 뵙기 위해 의주의 행재소行在所로 찾아갔다. 곧 홍문관 직제학直提學에 임명되었으며, 이어 여러 고을에서 곡식을 거두어 명나라 제독提督 이여송李如松의 군대에 군량미를 공급하였다. 그 후에 1594년(선조 27) 봄이 되자 승정원 동부승지同副承旨에 임명되었고, 곧 좌부승지左副承旨로 전직轉職되었다.

1596년(선조 29)에는 사신으로 뽑혀 중국에 다녀왔다. 이듬해에 당산은 호군護軍으로서 병부 주사兵部主事 정응태丁應泰를 접대하였는데, 그 당시 정 주사는 경리經理 양호楊鎬를 무고하였다. 그 사건이 확대되자 북인 이이첨李爾瞻 등이 당쟁에 이용해, 당산은 아무런 죄도 없이 전라도 부안扶安으로 귀양을 갔다.

5년이 지난 1602년(선조 35) 유배에서 풀려난 당산은 용안으로 돌아가 한가로이 지냈다. 그로부터 15년이 지난 1617년(광해군 9)에 개성으로 옮겼는데, 양주의 선영先塋이 거기서 가깝기 때문이었다. 그러나 이듬해에 개성에서 별세하고 말았다.

당산은 천성이 돈후敦厚하면서도 확고하여 꾸밈이 없었고, 모든 일을 과감하게 처리하였다. 몸가짐도 검소하여 조정을 떠나 있었던 20년 동안에는 농사를 짓거나 고기를 잡아 생계를 이었다. 거친 밥과 채소 국으로 끼니를 이었으나, 당산은 불평한 적이 없었다.

자제를 가르칠 때는 매우 엄격하여 의리義理를 북돋우고, 조금이라도 사악한 풍조에 물들지 않도록 하였다. 과연 아버지 휴암의 뜻을 제대로 이어받았다고 하겠다. 당산의 부인은 경주김씨로, 현감을 지낸 김굉金耾의 딸이었다.

승문원 참교공

휴암과 훈정공의 할아버지가 곧 참교(휘 사수)이다. 선초의 문장가인 서거정徐居正의 문집에 참교공에 관한 글이 있다. 1473년(성종 4) 계사년에 쓴 글인데, 그중에서 두어 대목을 인용한다.

> 무자년(1468)에 지금의 사또(즉 장단부사) 백사수白思粹가 고을의 수령으로 부임했다. 이듬해 기축년(1469, 예종1)에 이 고을이 도호부都護府로 승격되어 수진首鎭이 되었다. 관할 지역은 넓어졌고 업무도 번잡해지자 백 사또의 은혜와 위엄이 더욱더 드러났다.
> 경내가 매우 잘 다스려져 (고을의) 저축도 넉넉해졌다. 그러는 몇 해 동안에 (백 사또는) 진영 동쪽과 서쪽에 곡식 창고 스물네 칸을 지었고, 관청 동쪽과 서쪽에 몇 칸의 창고를 짓고, 마구간도 붙이고 담장을 둘렀다. 그렇게 하여 고을의 관사가 잘 갖추어지자 우뚝한 모습이 한 고을의 장관이었다. (서거정徐居正, 《사가문집四佳文集》, 2권, 〈장단부長湍府에서 새로 지은 객관客館에 대한 기문〉)

서거정이 서술한 대로 참교공은 실무에 뛰어났다. 그는 백성의 편의를 위해서, 그리고 나라 살림을 위해 헌신하였다. 한편 서거정은 자신이 이 글을 쓰게 된 경위를 다음과 같이 밝혔다.

이제 (장단) 고을의 원로들이 백후白侯(휘 사수)의 공덕을 칭송하며 나
에게 기문을 지어달라고 부탁하였다. 나 또한 변변찮은 고향 집과 선
조들의 묘소가 이 고을 서쪽에 있다. 선조를 공경하는 마음으로, 백후
(휘 사수)의 훌륭함을 직접 보았다. 따라서 기문 짓는 일을 어찌 사양
하랴. (서거정, 《사가문집》, 2권, 〈장단부長湍府에서 새로 지은 객관客館에
대한 기문〉)

위에 소개한 서거정의 글은 《신증동국여지승람》(12권, 경기京畿, 장
단도호부長湍都護府)에도 실려 있다. 우리 참교공은 장단 고을의 관아
와 창고를 중건하였으며, 치적이 뛰어나 백성들이 따르고 칭찬하였
다. 당대의 문장가인 서거정은 이러한 사실을 서술하여 길이 후세
에 전할 만한 기록으로 남겼다.

그에 앞서, 참교공은 좌익원종공신(2등)에 책록되기도 했다. (《세
조실록》, 세조 1년 12월 27일) 그로 인해 참교공의 품계가 1등급 올라
갔으며, 자제들이 음직蔭職을 받을 수 있는 특권을 얻었다. 가령 그
아들 휘 익장이 참봉에 임명된 것도 그 덕분이었을 것이다.

어사로도 이름을 떨쳐

참교공은 불의와 협잡을 용서하지 않았다. 백성을 괴롭히는 토호와
간악한 아전의 죄를 적발하는 데도 누구보다 열심이었다. 실록에는
다음과 같은 기록이 있다.

경차관敬差官(어사)인 좌랑佐郎 백사수白思粹의 계본啓本을 바탕으로
형조에서 아뢰었다. "(경기도) 이천의 향리利川鄕吏 이근李根과 서원書
員 정이흥鄭而興 및 원우元右 등은 모두 향원鄕愿입니다. 그들은 전적
田籍의 기록을 관장할 때 뇌물에 따라 (경지 면적을) 증감하였습니다.
이로써 부역賦役이 균등하지 못했으나, (이천) 부사府使 권미權眉와 이
세보李世珤는 두 사람 모두 (비리를) 검찰하고 조사하지 못하였습니다.
청컨대 권미와 이세보는 각각 장杖 1백 대를 때리소서. 그리고 정이흥
과 원우는 각각 장 1백 대를 때린 다음에 강원도江原道의 잔역리殘驛吏
에 소속시키소서. 다만 이근은 나이가 70이 되었으므로 죄를 줄 수가
없습니다."

이에 (세조가) 전교하였다. "권미와 이세보는 파직시키고 장을 때리라.
정이흥과 원우는 1백 대에 각각 도徒 3년을 집행하되 벌금으로 대신
하게 하라. 이근도 장 1백 대에 도 3년을 적용해 벌금을 물게 하라."

《세조실록》, 세조 13년 6월 26일

그때 참교공은 경차관(어사)으로 경기도 이천 지방에 나가서 간악
한 향리를 규찰하고, 무능한 지방관을 적발하여 중벌을 받게 하였
다. 훗날 그 자손인 당산공이나 휴암공이 청렴하고 직간直諫을 잘 한
것은, 본래 우리 집안의 전통이 그러하였기 때문이다.

강직한 지평공

참교공의 부친이 곧 지평공 휘 효삼이었다. 1434년(세종 16) 6월에 그

는 진응사進鷹使(중국에 매를 바치러 간 사신) 정발鄭發의 서장관書狀官으로 중국을 다녀왔다. 문필에 뛰어났으므로 서장관이 된 것이었다.

1435년(세종 17) 6월 8일《세종실록》을 살펴보면 휘 효삼은 본래 집현전 학사 출신이었던 것으로 추정된다. 그날 세종은 경회루慶會樓에서 여러 문신과 함께 잔치를 베풀고 함께 즐겼다. 숙원사업인《통감훈의通鑑訓義(자치통감 주석서)》가 완성되었기 때문이다. 그 책의 찬집관撰集官인 예문관 대제학藝文館大提學 윤회尹准와 부사직副司直 백효삼白効參 등 수십 명이 초대되었으며, 왕세자王世子(문종)와 여러 대군大君도 잔치에 참석했다. 내가 조사한 바에 따르면,《통감훈의》편찬에 참가한 문신은 모두 전현직 집현전 학사들이었다. 이 책은 제왕학의 기본 교재로, 세종이 친히 최종 교열을 한 것으로 유명하다.

지평공의 참모습은 그가 누구보다 강직한 언관言官이라는 점에서 발견할 수 있다. 가령 1442년(세종 24) 4월 24일 실록 기사를 읽어보면, 사헌부 지평으로서 휘 효삼은 한 무능한 관리를 다음과 같이 질타했다.

> 박강朴薑은 온정溫井(온천)의 욕실浴室을 감독할 때 (직무에) 전혀 마음을 쓰지 않았습니다. 따라서 그 죄가 지극히 무거운데도 그 관직만 파면시키고 말았습니다. 신 등은 (처벌이) 너무 가볍다고 생각합니다. (《세종실록》, 세조 13년 6월 26일)

그러자 세종은 박강을 두둔하며 그는 다른 관리가 이미 조성한 욕실을 관리한 것에 지나지 않는다고 했다. 그런데도 휘 효삼은, "이미 만든 뒤에 감독한 것은 사실이지만 만약에 그가 마음을 써서 자세히 살폈으면 이와 같은 일(욕실이 무너지는 사고)은 없었을 것이 옵니다. 그에 대한 처벌은 마땅히 엄중해야 합니다."라고 하였다. 《세종실록》, 위와 같음)

이후에도 지평공은 세종의 정치에 조금이라도 허점이 보이면 깊이 파고들어 강직한 언사로 간언하였다. 왕이 불편한 기색을 보이더라도 그는 간언을 멈추지 않았다. 심지어는 세종이 가깝게 여기는 종친宗親이라도 잘못이 드러나면 준엄히 처벌하여, 왕의 노여움을 사기도 하였다.

1442년(세종 24) 10월의 일이었다. 세종은 지평공과 그 동료들을 불러 놓고 다음과 같이 꾸짖었다.

(종친인) 호군護軍 이인우李仁祐의 아들 이흥달李興達의 아내에 관한 일이다. 어찌하여 (너희는 그 여인이) 임금의 단문친袒免親이 아니라고 주장하고, 마음대로 (체포하고) 국문鞠問하는가. 《세종실록》, 세종 24년 10월 6일)

화가 난 세종은 의금부에 명하여 지평공 등 강직한 언관들을 국문하게 하였다. 우리는 세종이라면 매사에 공정하고 모범적인 현왕賢王으로만 기억한다. 그러나 실제는 조금 달랐다. 그는 친인척의 비리에 대해서는 눈감아주는 일이 잦았고, 도리어 강직한 언관을 꾸짖어 의금부에 가두고 벌하기도 하였다. 그래도 우리 지평공은 굽히지 않았으니 참으로 충직한 선비였다.

세효각의 상고사 – 호족의 시대

까마득한 옛일을 제대로 알기는 어려운 일이다. 설령 안다 하더라도, 그것이 오늘날의 우리와는 직접 관련이 없는 듯 느껴지기도 한다. 그래도 역사를 공부하는 것은 소중한 일이다.

오늘의 '나'를 만든 지난 세월이 경이롭다고 할 수 있다. 세월의 흐름 속에서 선조들의 사유와 행적이 켜켜이 쌓여 있기에, 그들의 삶을 또렷이 알면 알수록 오늘의 세파 속에서 흔들리는 나의 걸음 또한 다소나마 바로잡힐 수 있으리라는 생각이 든다.

나의 고조부 흑석(휘 인수)이 정서淨書한 〈가승〉을 토대로 나는 역사적 기행에 나서려 한다. 흑석은 〈가승〉에서 "병진보丙辰譜"를 언급했다. 그것은 1676년(숙종 8)에 간행된 〈수원백씨족보〉였다. 요컨대 〈가승〉에는 늦어도 17세기 후반부터 축적된 가문의 역사에 관한 지식이 집약되어 있다. 그렇게 생각하면 절로 마음이 숙연해진다.

여기서는 고려 후기를 건너뛰어 호족의 시대, 곧 통일신라 말에서 고려 초로 거슬러 올라가고자 한다. 그 까닭은 조선 초기와 마찬가지로 고려 후기에도 대대로 크고 작은 벼슬을 했기 때문에 벼슬 이름을 기록하는 일이 다소 지루하게 느껴졌기 때문이다. 그 속에서 특별한 의미를 찾기란 어렵다고 보았다.

하지만 호족豪族의 시대는 사정이 달랐다. 9세기 후반부터 10세기

중반까지 대략 100년은 우리 역사가 힘차게 변화하던 때였다. 그야
말로 가장 역동적인 시대라 할 수 있다. 〈가승〉에 따르면 중시조인
휘 창직昌稷부터 그의 증손인 휘 휘揮까지 4대에 걸친 역사이다. 이
제 그 발자취를 차례로 살펴보고자 한다.

임천 호족

호족의 시대가 열렸을 때 세효각의 조상은 휘가 창직昌稷이었다. 자
字는 화숙和叔이었고, 벼슬은 중랑장이었다고 한다. 그러나 중앙정
부에 나아가 이런 벼슬에 실제로 종사했을 리는 없다. 나중에 그는
자손이 고려에서 출세한 덕분으로 시중侍中과 상장군上將軍이란 벼
슬에 추증되었다.

　부인은 셋이었다고 하는데, 〈가승〉에는 먼저 상화공주尚和公主 박
씨가 기록되어 있다. 공주의 아버지는 신라 경명왕(재위 917~924)이
었다고 하는데, 자녀를 낳지 못했다고 한다.

　또 다른 부인은 진천임씨였다. 부인은 일흥군一興君 희曦의 딸이었
다. 임희는 역사적 인물로,《고려사절요高麗史節要》에 보면 태조 원년
(918)에 임희林曦를 병부령兵部令으로 임명했다는 기록이 있다. 실학
자인 반계 유형원이 편찬한《동국여지지東國輿地志》의 충청도 진천
현鎭川縣 조항에도, "임희林曦를 흥화군興化君에 봉하였다"라고 적었
다. 임희는 고려 혜종惠宗의 후비后妃인 의화왕후義和王后의 아버지라
고도 한다. 실로 대단한 인물이었다.

　흑석이 기록한 〈가승〉에는 다음과 같이 의미심장한 내용이 서술

되어 있다.

> 대장군 흥화부원군興化府院君 희희曦의 따님에 관해서이다. 사위인 공(휘
> 창직)의 성과 이름을 적은 다음에 주註를 달았는데, '공은 임천 사람이
> 다. 자는 화숙이요, 벼슬은 중랑장. 나중에 시중 벼슬에 추증되었고,
> 백씨의 비조鼻祖가 되셨다'라고 하였다. (백인수, 〈가승〉, 1850년대)

　흥화부원군 임희의 딸은 두 명의 아들을 낳았다. 큰아들은 휘가
길吉, 둘째 아들은 휘가 탁卓이었다. 세효각은 첫째 아들인 휘 길의
자손이다.

　그 밖에도 휘 창직에게는 또 다른 부인이 있었다. 대장군 공직龔直
의 딸이었는데, 역시 자녀를 낳지 못하였다고 한다.

　그렇다면 공직은 어떤 인물이었는가. 그는 본래 후백제의 장군이
었으나, 나중에는 고려 태조에게 항복하였다. 《고려사절요》에는 이
에 관한 비교적 상세한 기록이 남아 있다. 정확히 말하면, 939년(태
조 22) 3월에 "좌승佐丞 공직龔直이 작고하였다"라고 한 뒤, 그의 내
력을 다음과 같이 기술했다.

> 공직은 연산군燕山郡 매곡昧谷(임천) 사람이다. 어릴 때부터 용맹과 지
> 략이 있었다. 후백제를 섬겨 견훤의 심복이 되었는데, … (공직이) 드디
> 어 고려에 귀부하기로 결심하였다. … 왕(고려 태조)이 기뻐서 대상大
> 相으로 임명하고, 백성군白城郡(경기도 안성安城)의 녹祿과 말 및 채백彩
> 帛을 내려주고, 그 아들 함서咸舒를 좌윤佐尹으로 임명하였다. 또 귀척

貴戚인 정조正朝 준행俊行의 딸을 영서의 아내로 삼게 하였다. … (이에) 견훤이 노하여 (공직의 큰아들) 직달과 그 아우 및 누이동생을 붙잡아서 다리 힘줄을 불에 지져 끊었다. 이에 직달은 죽고 말았다. 후백제가 멸망하자 (공직의 아들) 금서는 (고향으로) 돌아왔다. 《고려사절요》, 태조 22년 3월)

우리 세효각의 먼 조상 휘 창직은 후삼국 시대에 살았다. 그는 현재의 충청도 임천 지방에서 세력을 가진 호족이었으므로, 역시 충청도의 호족 임희 및 공직과 결혼관계를 맺어 하나의 세력권을 형성하였다. 이미 국력을 거의 상실한 신라의 경명왕과도 정치적으로 관계를 맺었던 것으로 추정된다.

휘 창직은 신라와 후백제 그리고 고려 세 나라 모두와 인연을 맺고 형세를 저울질한 것으로 보인다. 당시 전국 각지의 호족이 대체로 그러하였을 것이다. 그러던 중에 휘 창직은 고려 태조가 가장 출중한 인물이라고 판단하여 재빨리 손을 잡은 것 같다. 이 역시 그 당시 호족 세력의 일반적인 행보와 크게 다르지 않았다.

광평성 시랑

휘 창직의 첫째 아들이었던 휘 길의 일생은 어떠하였을까. 〈가승〉에는 그의 자字를 태초太初라고 적었다. 분명코 의미심장한 이름이었던 것 같은데, 〈가승〉의 설명이 흥미롭다.

우리 집안에서는 (휘 길이) 처음으로 고려 왕조에 벼슬하였다. (백인수, 〈가승〉)

아버지(휘 창직)는 고려에 항복하였으나 굳이 고향 임천을 떠나 개경으로 진출하지는 않았다. 그러나 큰아들(휘 길)은 고려 조정에 벼슬해 정남장군征南將軍 또는 광평시랑廣平侍郎 직위에 올랐다. 앞의 칭호는 후백제 정벌에 참여하였음을 암시하며, 뒤의 관직은 그가 중앙의 광평성에서 시랑侍郎(장관)이라는 지위에 오른 사실을 시사한다.

부인은 충주유씨劉氏이며 태사太師 내사령內史令 긍달兢達의 딸이라고 하였다. 내가 조사한 결과, 유긍달은 역시 충청도 충주의 호족이었다. 《신증동국여지승람新增東國輿地勝覽》 충청도忠淸道 충주목忠州牧에 관한 조항에 다음과 같이 기록되어 있다.

고려 유긍달劉兢達: 태조太祖 때 태사 내사령太史內史令을 증직하였다.

세효각 〈가승〉에 기록된 관직과 완전히 일치한다. 유긍달 역시 사돈인 휘 창직과 마찬가지로 충청도의 유력한 호족이었으며, 두 집안은 혼인을 통해 세력을 결집하였다.

유씨 부인은 두 아들을 낳았다. 큰아들은 휘 사유思柔이며 둘째 아들은 휘 사홍思弘이었다. 세효각은 큰아들 휘 사유의 자손이다.

병부시랑과 〈고경참〉

앞에서 나는 휘 창직의 둘째 아들이 휘 탁卓이라고 했다. 그는 과연 무슨 일을 하였을까. 그가 지낸 최고의 벼슬은 병부兵部 시랑侍郎 곧 국방부 장관이었다. 〈가승〉에는 다음과 같은 구절도 있어 주목된다.

> 궁예 말기에 송함홍宋含弘 및 허원許原과 더불어 (휘 탁은) 고경古鏡에
> 적힌 글귀를 풀이하였다. 그 이야기가 〈여사麗史〉에 나온다. (백인수,
> 〈가승〉)

과연 《고려사절요》에는 흑석이 〈가승〉에서 언급한 내용이 있다. 휘 탁과 동료들은 청동거울에 새겨진 예언을 읽고, 삼한 통일의 운수가 왕건에게로 돌아갔음을 알아차렸다. 하지만 궁예를 속이지 않으면 왕건의 목숨이 위태롭겠다고 판단하여, 임기응변의 기지를 발휘하였다고 한다. 이에 관한 기사를 인용하면 다음과 같다.

> 이해 3월에 객상客商 왕창근王昌瑾이 당나라에서 와 저잣거리의 가게
> 에 있었다. 문득 저자 안에서 어떤 사람을 만났는데 용모가 웅장하고
> 수염과 머리털은 희며 옛 관을 쓰고 거사居士 옷을 입었으며 왼손에는
> 바리때를 들고 오른손에는 헌 거울을 쥐고 있었다. 그가 창근에게 말
> 하기를, '내 거울을 사겠느냐?' 하므로, 창근이 쌀을 주고 거울을 사서
> 시장 담벼락에 걸어 놓았다.
> 거울에 햇빛이 비치자 은은히 가느다란 글자가 드러나서 읽을 수 있

었다. … 창근이 처음에는 글이 있는 줄을 알지 못하였다가 글을 발견하고는 예사로운 것이 아니라 여겨 궁예에게 바쳤다. … 궁예가 감탄하고 기이하게 여겨 문인文人 송함홍宋含弘·백탁白卓·허원許原 등에게 해석하라고 하였다.

함홍 등이 (서로에게) 말하기를, '삼수중 사유하요, 상제가 아들을 진·마에 내리셨다는 것은 진한辰韓·마한馬韓입니다. 뱀해 중에 두 용이 나타나 한 용은 청목에 몸을 감추고 한 용은 흑금 동쪽에 형상을 나낸다고 했습니다. 청목은 송松이니 송악군松嶽郡 사람으로 용龍 자 이름을 가진 사람의 자손이 왕이 될 것을 예언한 것이다. 왕시중王侍中이 왕후王侯의 상相이 있으니, 이분을 두고 한 말이다. 흑금은 철鐵이니 지금 도읍한 철원(鐵圓, 철원鐵原)을 가리킨다. 지금의 임금(궁예)이 처음에 이곳에서 창성하였는데 마침내는 이곳에서 멸망할 것인가 보다. 먼저 계鷄를 잡고 뒤에 압鴨을 친다는 것은 왕시중이 나라를 다스리게 된 뒤에 먼저 계림鷄林(신라新羅)을 얻고 뒤에 압록강까지 수복한다는 뜻일 것이다.'라고 하였다.

세 사람이 상의하기를, '왕이 시기하여 사람 죽이기를 좋아하니, 만약 사실대로 아뢰면 왕시중이 반드시 해를 입게 될 것이다. 우리 역시 화를 면하지 못할 것이다'라고 하며 이윽고 거짓으로 꾸며 고하였다. 《고려사절요》, 태조 원년 3월)

요컨대 세 선비는 고려 왕건의 대성을 예언한 줄 알면서도 궁예를 속여 왕건의 목숨을 살리고, 자신들의 안전도 도모했다는 말이다. 위 기사에 등장하는 휘 탁은 아들 둘이 있었는데, 큰아들은 휘

사청思淸으로 그 6대손이 곧 고려 후기의 이름난 성리학자 휘 이정
頤正 선생이었다. 둘째 아들은 휘 사렴思廉이었다.

지공거

다시 말머리를 돌려 휘 창직의 장손이자 세효각의 직계 조상인 휘
사유思柔를 〈가승〉에서 만날 차례이다. 때는 고려 광종 계유년, 973
년(광종 24)이었다. 지공거知貢擧(시험관) 왕융王融이 과거시험을 주관
해 진사進士를 여럿 뽑았다. 알다시피 고려시대에는 문과 급제자를
"진사"라고 불렀다. 중국의 역대 왕조에서도 과거시험 합격자를 진
사라고 하였다. 그러나 조선시대는 문과 아래 따로 생원진사 시험
이 있었다. 휘 길의 아들인 휘 사유는 973년 과거시험에서 장원급
제하였다.

　이후 991년(성종 10)이 되자 그는 한림학사가 되어 송나라에 사신
으로 갔다. 그에 앞서 송나라 황제는 고려 성종에게 불교 경전을 하
사하였고, 친서를 보내왔다. 휘 사유 등은 그에 대한 감사의 뜻을 알
리려고 사행使行을 떠났다.

　휘 사유는 워낙 학문과 문장이 뛰어나 두 번이나 지공거에 임명
되어 과거시험을 주관하였다. 〈가승〉에서는 《여사》, 즉 《고려사》에
휘 사유에 관한 기록이 적혀 있다고 하였다.

　확인해본 결과, 모두 어김없는 사실이었다. 《고려사절요》에는 휘
사유가 과거에 장원급제한 사실이며 송나라에 사신으로 다녀온 일
도 기술되어 있다. 실학자 안정복이 저술한 《동사강목》과 이덕무의

《청장관전서》및 한치윤의《해동역사》에도 몇 가지 흥미로운 사실이 서술되어 있으나, 여기서 일일이 소개하지 못하고 지나간다.

그런데 〈가승〉에는 한 가지 특별한 언급이 부기附記되어 있다.

여러 친척의 가계 기록을 살펴보았는데, 송나라에서 돌아오신 뒤에 간의대부諫議大夫가 되셨다가 좌천되어 영주永州(경상도 영천) 자사가 되셨다. (백인수, 〈가승〉)

휘 사유는 권신의 비위를 거슬러 한때 영천의 지방관으로 좌천되었다고 한다. 그 역시 바른말을 서슴지 않았다는 뜻이겠다. 이미 앞에서 살핀 바와 같이, 세효각의 여러 조상이 간관으로 크게 이름을 떨친 사실이 눈앞에 어른거린다. 아, 이것이야말로 우리 집안의 오랜 전통이었구나!

지공거(휘 사유)의 부인은 낭주朗州 최씨崔氏였다. 태사 내사령을 지낸 민휴敏休 공 최지몽崔知夢의 딸이었다.

최지몽은 10세기의 명인이었다. 《고려사절요》에는 987년(성종 6)에 내사령 최지몽이 별세했다는 기록이 있다. 그 기사를 읽어보면 본래 이름은 최총崔聰이었는데, 고려 태조의 꿈을 옳게 풀이하였으므로 "지몽知夢" 곧 꿈의 뜻을 알아냈다는 이름을 하사받았다고 한다. 그런 이야기는 여러 책에 나오는데, 나는 《신증동국여지승람》의 전라도 영암靈巖 조항을 인용하고 싶다. 영암이 곧 낭주였다는 점은 여러분도 알고 있을 것 같다. 《승람》에는 다음과 같이 서술되어 있다.

최지몽崔知夢: 처음 이름은 총聰이다. 경사經史를 두루 섭렵하였는데, 복서卜筮에 더욱 정통했다. 태조가 그의 이름을 듣고 꿈을 점치게 했다. 그가 길조를 얻었다면서, '반드시 삼한三韓을 통일해 다스리실 것입니다'라고 하였다. 태조가 기뻐하여 지몽知夢이라고 이름을 고쳐 주었다. 벼슬은 태사太師에 이르렀으며, 시호는 민휴敏休이다. 경종景宗의 묘정廟庭에 배향되었다. 《신증동국여지승람》, 전라도 영암靈巖)

최씨 부인은 아들 둘을 얻었는데, 큰아들은 휘가 휘揮이고, 둘째 아들은 휘가 채採였다. 세효각은 그중 큰아들의 자손이다.

내봉감

혼란스러웠던 호족의 시대도 4세대가 지나자 완전히 저물었다. 휘창직의 증손 때였다. 고려는 중앙집권을 거의 완성하였고, 지공거의 큰아들인 휘 휘揮는 중앙 문벌귀족에 편성되었다.

〈가승〉에는 그의 자字를 경열慶悅, 호號를 포주浦州라고 하였다. 그도 과거시험에 장원으로 급제하여 진사가 되었다. 부자가 연이어 장원의 영예를 누렸다는 것이다.

진사 휘는 벼슬이 내봉감內奉監에 이르렀다. 왕명을 출납하는 내봉성內奉省의 우두머리였다는 말인데, 조선시대의 도승지에 해당한다. 현재의 대통령 비서실장과 비슷한 관직이었다.

격세지감이 아닐 수 없다. 내봉감의 증조부는 충청도 임천의 호족이었으나 4대 100년이 지나는 동안에 중앙에 거주하는 귀족으로 신분이 안정되었다. 알다시피 호족의 시대에는 거의 해마다 정치적 변동이 심해, 호족의 상당수가 역사의 부침浮沈 속에서 도태되었다. 그러나 휘 창직의 자손은 순항을 거듭했다.

성공 비결이 있었다면 과연 무엇이었을까. 학문에 능통하였기에 안착했다고 본다. 중랑장(휘 창직)의 자손은 문한文翰으로 두각을 나타냈으며 중앙 정계의 권력투쟁에 적극적으로 가담하지 않았다. 그들은 야망에 불타는 정치가의 길이 아니라, 유능한 전문 관료의 길을 걸었다. 그 결과 시대적 흐름에서 멀리 벗어나지 않을 수 있었다.

내봉감의 배필은 개성왕씨였고, 태사太師에 추증된 위정공威靜公 왕식렴王式廉의 딸이었다. 위정공은 태조 왕건의 사촌 아우였다. 《고려사절요》를 펼쳐보면, 949년(정종 4) 정월에 왕식렴이 작고하였을 때, 다음과 같은 〈졸기卒記〉가 서술되어 있다.

식렴은 태조의 종제從弟(사촌 아우)로서 부지런하고 신중하여 오랫동안 서경을 지켰다. 왕규王規의 난을 평정한 공으로 광국익찬공신匡國翊贊 功臣이 되었고, 관직은 대승大丞에 올랐다. 그가 세상을 뜨자, 위정威靜 이라는 시호를 내리고 태사太師로 증직하였으며, 후에 왕(정종)의 묘정 에 배향하였다. 《고려사절요》, 정종 4년 정월)

왕식렴은 태조의 사촌 아우로서 왕실을 안정시키는 데 공이 컸다는 이야기다. 그의 딸인 왕씨 부인은 아들 휘 간미簡美를 낳았다. 역시 세효각의 직계 조상이다.

통일신라 말기에 충청도 지방의 일개 호족에서 시작하여 마침내는 태조 왕건의 사촌 아우인 왕식렴의 외손이자 고려의 중앙귀족으로 성장하였다. 성공적인 역사라 하겠는데, 그 바탕에는 무엇보다도 학문의 힘이 컸다.

돌이켜 보면 호족의 시대에는 방방곡곡 어디든지 호족으로 군림한 영웅호걸이 수백 또는 수천 명을 헤아렸다. 그 가운데 상당수는 잇따른 정쟁政爭에 끼어들었다가 몰락하였으나, 또 다른 이들은 위에서 살핀 세효각의 조상처럼 중앙무대에 진출하여 안정된 지위를 얻었다. 이 글을 쓰는 내내 시대적 변화에 발맞춰 활동 방향을 과감히 전환한 선조들의 생애가 인상적이었다.

또, 〈가승〉에서 언급한 자잘한 여러 가지 사실이 《고려사절요》와 같은 국가의 공식적인 역사 기록이나 여러 문집에서 확인된다는 점도 흥미로웠다. 사소하고 무의미한 것으로 비칠 수도 있는 여러 가지 사실을 하나씩 확인하는 재미도 적지 않았다.

오늘날 나와 같은 역사가는 책상 앞에 앉아 손쉽게 여러 가지 역사 기록을 대조하고, 옳고 그름을 따져볼 수 있다. 그러나 조선시대에 살았던 조상들은 오늘날처럼 여러 가지 책이나 문서를 구할 수 없었다. 그런데도 그들이 남긴 기록이 거의 정확했다는 사실을 곱씹어 보면, 나의 고조부 흑석이 〈가승〉을 함부로 작성하지 않았음을 새삼 느끼게 된다.

이는 지극히 당연한 일이다. 역사적 사실은 임의대로 꾸며서는 안 된다. 거짓된 기록은 조상에게도, 후손에게도 결코 자랑이 될 수 없는 법이다.

10.
세효각의
후손

내가 열 살쯤 되었을 적에 청계 할아버지는 이런 말을 하였다.

"네 아비에게 나는 정말로 큰 기대를 걸었다. 그러나 사람이 시운을 만나지 못하면 어쩔 수가 없는 법이다."

주변 사람들 말을 들어보아도 그랬다. 나의 아버지 은석은 어린 시절부터 촉망받는 부잣집 둘째 아들이었다. 그러나 이른바 사상 문제 때문에 젊은 나이에 뜻이 꺾이고 말았다. 청계는 그 점을 못내 안타깝게 여겨 불운한 아들 은석을 보호하기에 마지막까지 힘썼다.

상관 호랑이

청계가 특별히 은석만을 감싼 것은 아니었다. 그는 아들딸 모두를 최선을 다해 지키겠다는 뜻을 품었고, 이를 행동으로 옮겼다. 6·25 전쟁으로 남편을 잃고 홀로 된 딸을 다시 데려와 재혼을 주선하고,

힘이 닿는 한 끝까지 보살폈다. "빨갱이"라는 낙인이 찍힌 다른 사위도 불러들여 신변의 안전을 지켜주었다.

청계는 먼 친척이라도 곤경에 빠지면 어떻게 해서든지 살릴 방도를 마련하였다. 친척이 아니어도, 마을 사람이나 같은 면민이라면 모두 성심껏 돌보았다. 사람들은 청계를 "상관 호랑이"라고 불렀다. 호랑이처럼 매섭게 굴 때도 있었기 때문이다. 하지만 그것은 자신의 이익을 위해서가 아니었다. 약자를 괴롭히거나 공공의 이익을 해치는 이들 앞에서는 호랑이처럼 위엄을 세웠던 것이다. 가난하고 힘없는 사람들에게 청계는 너그러우며 부드러운 사람이었다.

아침 식사 때가 되면 누군가 청계를 찾아와 눈물로 하소연하곤 했다. 그러면 청계는 불쌍한 그 사람의 말을 귀 기울여 들었다. 그를 위로하며 밥을 권하고, 함께 눈물을 흘릴 때가 많았다. 내가 청계와 함께 지낸 시간은 불과 3년 남짓이었고, 그때 나는 아직 초등학생에 지나지 않았다. 하지만 그 시절 청계가 몸소 보여준 아름다운 모습은, 60년이란 세월의 강을 건너 오늘도 여전히 어제 일처럼 생생히 되살아난다.

생불 금주 여사

할아버지 청계보다 더 많은 사람을 기꺼이 돌본 이는 나의 할머니 박금주 여사였다. 할머니는 아침 식사를 막 시작하였더라도 대문이 열리는 소리만 들리면 바로 숟가락을 상에 내려놓고 식사를 멈추었다고 한다.

"이 시간에 남의 집을 찾아온 이라면 배가 고파서 온 게지. 이따가 나는 점심도, 저녁도 많이 먹을 수 있어."

이렇게 혼잣말을 하며 이른 아침의 "불청객"을 정성껏 대접하였다. 여사는 육십 평생을 한결같이 이처럼 살았다.

나의 어머니가 새색시였을 때 일이다. 아마 1957년 무렵이었을 터인데, 설날이 되자 날마다 세배객歲拜客이 찾아오기 시작해, 그 행렬이 정월 보름까지 이어졌다. 정월 한 달을 지나고 곳간의 쌀가마를 점검하였더니 쌀이 26가마나 줄어 있었다. 한 가마는 80킬로그램이었으니, 2,080킬로그램이 줄어든 것이다.

"2톤도 넘는 많은 쌀이 다 어디로 갔을까? 날마다 밥을 아무리 많이 지어도 이렇게 많은 쌀이 사라질 수는 없지."

그 쌀의 대부분은 청계 할아버지의 부인, 금주 여사가 가난한 이웃에게 나눠준 것이었다. 여사는 가난하고 병든 사람을 보면 따뜻한 밥 한 끼만 대접하고 돌려보내는 법이 없었다. 반드시 식량 두어 되라도 챙겨주어야 마음을 놓는 사람이었다. 이처럼 자선을 즐겨 행하는 부인을 청계는 더욱 아끼고 사랑하였다. 단 한 번도 "왜 이렇게 많은 쌀을 썼소?"라고 질책하는 법이 없었다.

"부족하면 늦지 않게 말씀하시게. 오늘 내가 정미소에 말해둘 테니, 곧 가져올 테지."

청계와 금주 여사 부부는 금실이 좋아 자녀도 여럿이었다. 장남은 송암 휘 성기, 차남은 은석 휘 정기, 삼남은 학암 휘 홍기였으며, 장녀는 휘 복기, 차녀는 휘 완기 그리고 삼녀는 휘 덕기였다. 그 밖에도 일찍 세상을 떠난 아들 창기와 염이란 딸이 있었다. 모두 8명

청계 내외분과 두 손자 승종과 천종

청계 4부자

의 자녀를 두었다는 이야기이다.

아래에서는 청계와 금주 여사의 자녀들, 곧 나의 백부와 숙부 및 고모들의 삶을 서술하려고 한다. 그러나 그분들의 생애를 내가 자세히 알지 못한다. 아는 바도 조금은 있지만, 그분들의 삶을 함부로 서술하는 것은 송구스러운 일이 되고 말 염려가 있다. 그래서 그에 관한 서술은 최소로 줄이고, 나의 아버지 은석(휘 정기)의 생애를 주된 화제로 삼을까 한다.

청계의 둘째 아들 은석

내가 제일 잘 아는 분이 나의 아버지 은석이다. 별세하기 며칠 전, 병실을 찾은 나에게 그는 이렇게 말하였다.

"너에게 하고 싶은 말이 참 많았다. 그러나 내 안에서 정리가 되지 않아 미루기만 하다가 내 이야기를 들려주지 못하고, 그만 가게 되었다."

그 순간 이제 올 것이 오고야 말았다는 생각이 들어 마음이 몹시 슬펐다. 2011년 8월의 일이다. 평소 아버지는 나에게 크고 강한 존재였으나, 그런 말씀을 듣는 순간에 아버지 은석이 마치 어린아이로 변한 것처럼 느껴졌다. 마치 아버지가 아들이라도 된 듯 애잔한 마음이 들었다.

그날 이후 나는 속으로 다짐하였다. 좀 더 나이가 들면 아버지 은석과 할아버지 청계, 그리고 그 윗대로 이어지는 여러 할아버지에 관한 이야기를 쓰겠다고 말이다. 본업이 역사가인 내가 소설을 쓸 수야 없는 일이지만, 한 권의 역사를 기록할 수는 있겠다는 결심이었다.

은석의 휘는 정기正基인데 1932년 2월 9일(음)에 태어났다. 우여곡절 끝에 대학에 진학하여 사학과를 졸업하고, 당시에는 드물게 대학원까지 진학하여 수료했다. 그러고는 간난신고를 겪은 끝에 2011년 8월 31일에 세상을 작별하였으니 향년은 80세였다. 유택은 전주시의 효자추모관에 있다. 슬하에 남긴 아들과 딸이 6명이었다. 출생 순으로 기록하면 승종, 진숙, 길종, 현숙, 은미 그리고 신종이다.

나의 아버지 은석의 한평생은 질곡의 연속이었다. 그는 10대 초반에 이미 현실의 부조리와 부정 및 불평등을 깊이 깨닫고 세상을 바꾸고자 노력했다. 특히 해방공간에서 이른바 공산주의운동에 적극적으로 참여해 모진 고난과 핍박을 받았다. 그런 이유로 은석은 평생 제대로 된 직장을 단 한 번도 갖지 못하였다.

타고난 천성이 학문을 좋아하여 노년에 이르기까지 눈을 책에서 떼지 않았고, 늘 즐거운 마음으로 공부를 이어갔다. 그러나 그가 자신의 생각이나 지식을 글로 남기거나 다른 이들에게 설명할 기회는 허락되지 않았다. 젊은 시절부터 줄곧 공안의 감시와 통제로 어려움을 겪었을 뿐이다. 그러나 크게 개의하지 않았고, 늘 낙천적이며 너그럽고 온화한 태도로 살았다. 이런 모습만 보아도 보통 사람과는 다른 점이 있었다는 사실을 알 수 있다.

김광희 여사

은석의 배필은 곧 나의 어머니 김광희 여사이다. 김제군 금산면 주
평에 수백 년 동안 살아온 명문가 언양김씨 집안의 막내딸이다. 세
상 어려움을 모르고 자랐으며, 해방 직후에 전북여중(훗날의 전주여
중)에 들어갔고, 이어서 전주여고와 중앙대학교 약학과를 다녔다.
당시 여사와 같이 훌륭한 학력을 갖춘 여성은 김제군 전체를 통틀
어도 두세 명에 불과했다. 은석과 결혼하기 직전에는 고향의 금산
중학교에서 교편을 잡았다.

1933년 2월 10일(음)에 태어났으므로, 부군보다 1년 하고 하루 늦
게 태어났다. 부잣집 막내딸인 데다 보기 드물게 신식교육을 두루
받았으므로, 평생이 순탄하고 안락하리라 모두가 믿었다. 그러나
"빨갱이" 은석과 결혼하는 바람에 모진 세파에 시달리며 많은 고초
를 겪었다. 하늘이 허락한 수명도 짧아 1984년 10월 12일에 작고하
였다. 향년은 52세에 불과했다.

여사의 아버지 김재순金在淳은 서화書畫를 사랑한 멋스러운 분이
었다. 한 번 은석을 만나보고 사윗감으로 점찍은 뒤에 그 뜻을 굳게
지켜 혼인을 이루게 하였다. 여사의 어머니는 전주의 명문 연안이
씨 집안의 따님으로, 살림에 힘쓰고 자제 교육에 헌신하였다. 내 어
머니 광희 여사는 언니 경희慶熙 여사와 우애가 매우 깊었다.

또, 여사에게는 두 명의 오빠가 있었다. 큰오빠는 김장희 선생인
데 독농가篤農家로 이름이 높았다. 특히 주목할 것은, 그 김 선생이
자신보다 나이가 훨씬 어린 막내 여동생을 각별히 아껴 대학까지

김광희 여사가 금산중학교에서 교사로 재직하던 시절의 모습(위)
김광희 여사가 금산중학교를 퇴임하던 날(아래)

김광희 여사 부친의 환갑날

진학하게 뒤를 보살폈다는 사실이다. 둘째 오빠는 한양대학교 물리학과 교수를 지낸 김근희(한국물리학회 회장 역임) 박사였다. 여사의 유택幽宅도 전주시 효자추모관으로 부군과 함께 있다.

어머니 광희 여사는 궁핍 속에서도 늘 희망을 잃지 않았으며, 정성껏 자녀를 키웠다. 그리고 가난한 이웃을 돕는 일에 힘써 마치 친형제자매를 대하듯 절실한 마음으로 보살폈다. 생전에 많은 사람이 여사를 철석같이 믿고 의지하였다.

태극기 사건

은석과 그 형제들은 부유한 아버지 청계 덕분에 전주에서 교육 여건이 가장 뛰어난 사범부속학교(현 교대부속 초등학교)를 다녔다. 그 당시에는 아홉 살이 되어서야 입학하는 것이 보통이었다. 은석도 그러했는데, 어려서부터 책을 좋아해 초등학교 저학년 때는 이미 상당한 지식을 갖추고 있었다.

연전에 어느 모임에서 은석의 2년 후배 황병인 선생을 만난 적이 있었다. 뜻밖에도 그는 은석에 관해 귀한 말씀을 들려주었다. 황 선생은 나중에 행정고시를 거쳐 총무처에서 차관에 해당하는 지위까지 오른 분이다. 총기가 비상하여 오래전의 일까지 세세히 기억하고 있었다. 은석이 초등학교 4학년 때의 일이었다. 당시에 은석은 학생들 사이에서 인정받는 모범생이었는데, 어느 날 4학년부터 1학년까지 모든 학생을 교사 뒤편으로 모이게 하였다. 쉬는 시간이었다.

다들 웬일인지 영문은 모르면서도 뭔가 중요한 일이 있는 것 같아서 조용히 모여들었다. 아이들은 은석의 입에서 무슨 말이 나올지 몰라 궁금증을 참으며 조용히 서 있었다. 은석은 그들 앞에서 가슴에 품고 있던 태극기를 꺼내 높이 치켜들고 다음과 같이 말했다.

"제군은 일장기를 우리나라 깃발인 줄 잘못 알고 있다. 그것은 절대로 우리나라 국기가 아니다. 우리나라 국기는 태극기이다. 이 깃발을 똑똑히 보라!"

결연한 어조로 힘차게 말을 마친 그는 한동안 태극기를 좌우로 펄럭이며 흔들었다. 그날 황 선생을 비롯한 많은 학생이 큰 충격을 받았다고 했다.

"아, 일장기는 우리나라 깃발이 아니었구나!"

은석이 일으킨 태극기 사건은 크게 문제 삼을 수 있는 일이었다. 그러나 다행히도 학교 선생님들이 함구령을 내려 조용히 넘어갔다고 한다. 황 선생은 그날의 기억을 더듬으며, "자네 선친(은석)은 그때부터도 이미 생각이 다른 분이었어. 사상가가 될 분이었지. 일제 치하가 오래갔더라면 아마 독립운동에 투신하셨을 거야"라고 회상했다. 소년 은석은 일제의 강점을 분하게 여겨, 우리나라 국기를 제대로 알려주려고 집에서 태극기를 그려 온 것이었다.

공산주의자와의 만남

요즘 우리는 초등학교 4학년을 사춘기라고 말한다. 은석에게도 초등학교 4학년이란 시기는 특별하였다. 태극기 사건도 그렇지만 더더욱 큰 사건이 있었다. 은석은 이른바 "급장"(학급회장)이었는데 담임선생님인 일본인 교사가 심상치 않은 인물이었다. 그는 공산주의자였다.

1940년대 초반에 공산주의자로 산다는 것은 극히 위험한 일이었다. 1937년부터 일제는 중일전쟁을 시작하였고, 자국은 물론 식민지인 조선에서도 "전시 총동원 체제"를 강요하였다. 일제 군국주의자들은 독립운동뿐만 아니라 공산주의운동을 철저히 탄압하였다.

은석의 담임선생님은 아직 독신의 청년이었는데 공산주의를 신봉했다. 다른 학생들은 그 점을 눈치채지 못했을 수도 있었을 것이다. 그러나 은석은 달랐다. 자신을 깊이 신뢰하고 아껴주는 스승의 사상은, 은석이라는 조숙한 소년에게 한없이 고결하게 다가왔다. 그때부터 소년은 선생님에게 공산주의에 관한 책을 빌려 읽으며 마음속에 새로운 사상의 터전을 가꾸었다.

"해는 서쪽에서 떠오른다."

아직 초등학생이던 은석이 그렇게 말했다고 한다. 내가 아직 십대였을 때 둘째 고모가 전해준 이야기이다. 해는 동쪽에서 뜨는 것이 당연한 일이지만 우리는 해가 서쪽에서 뜨게 해야 한다는 주장을 담은 말이었다. 우리에게 익숙한 기존의 모든 제도를 타파하여 완전히 새로운 세상을 오게 해야만 구습에 시달리던 대다수 사람이 참된 해방을 맞을 수 있다는 뜻이었다. 그런 생각으로 하루하루를 보냈을 때 은석의 나이는 고작 열두세 살이었다.

해방과 오순

1945년 8월 해방이 찾아왔을 때 은석은 전주 북중학교 신입생이었다. 그해 8월 16일쯤에는 거의 모든 면민이 은석의 집으로 몰려왔다. 그들은 대형 라디오에서 울려 퍼지는 일본 천황의 항복 선언을 몇 번이고 반복해서 청취했다. 무슨 말인지 제대로 이해하기는 어려웠으나, 그것이 곧 연합군에 대한 무조건 항복이라는 해설이 나왔으므로 다들 환호성을 지르며 기뻐했다. 지금은 상상조차 할 수 없는 일이지만, 그때 상관면에서 쓸 만한 라디오가 있는 집은 은석의 집뿐이었다.

해방을 맞았으므로 장차 이 나라를 어떻게 만들어야 할지를 둘러싸고 많은 의견이 쏟아졌다. 은석은 이미 사회문제에 깊은 관심을 가지고 있었고, 무엇보다도 시급한 과제로 불평등 해소를 손꼽았다. 공산주의 사상에 기울어 있었던 그로서는 당연한 일이었다.

은석은 자신과 생각이 같은 네 명의 친구와 함께 〈오순五筍〉이란 유인물을 만들었다. 그들은 원고를 쓴 다음에 철필로 긁어 유인물을 만든 뒤, 거리로 나가 사람들에게 나눠주었다. 은석은 해방공간의 기쁨 속에서 이때야말로 공산사회를 구현할 절호의 기회라 여기며 크게 고무되었다.

그는 여러 선배 및 동료들과 함께 운동의 전선에 앞장섰다. 수많은 "삐라"를 제작하여 곳곳에 살포하고, 함께 모여 인민해방 구호를 외쳤다. 그는 남로당(남조선노동당)에도 가입했다. 뜻을 같이하는 다른 학교의 여러 동지들과도 연대했다.

중학교 3학년이 될 때까지 은석의 공산주의운동은 계속되었다. 경찰에 쫓기다가 체포되어 유치장에 갇히고 고문을 당하는 일도 거듭되었다. 그때마다 아버지 청계의 힘으로 풀려났으나, 얼마 뒤에 다시 붙잡혀 갔다. 그러는 사이에 대다수 동지는 운동의 대열을 이탈했다. 시간이 갈수록 운동을 함께할 이는 줄어들었고, 그런 만큼 운동조직에서 은석의 위치는 높아졌다. 경찰의 고문과 폭행도 강도가 높아졌다. 마침내 은석은 습관성 직장탈출증(탈홍)에 평생 시달리는 몸이 되었다. 지나친 구타로 괄약근의 기능이 크게 약화된 탓이었다.

수학 박사이고 책벌레

앞에서 말한 은석의 후배 황병인의 증언도 그러하거니와, 둘째와 셋째 고모의 말을 들어보아도 은석은 본래 학업에 뛰어난 수재였다. 은석의 형수, 즉 나의 백모 역시 다음과 같이 말하였다.

"참 책을 좋아했어. 아침에 단풍나무 밑에 의자를 가져다 놓고 앉으면 그냥 그대로여. 밥때가 돼서 불러야 움직여. 뭔 책이 그렇게도 재미있다는 것인지."

은석은 이른바 책벌레였다. 그가 일제강점기에 다닌 학교는 초등학교 6년에 지나지 않았다. 그런데도 우리 집에는 은석이 일제강점기에 사들인 어려운 일본 책이 많았다. 그리스 철학에 관한 서적을 비롯해 교양서적이 백 권 넘게 있었다. 그는 초등학교 시절에 이미 두껍고 어려운 책을 구해 읽었다. 아버지가 부자였으니, 값비싼 책이라도 마음만 먹으면 얼마든지 사서 읽을 수 있었다.

은석이 가장 좋아한 과목은 수학이었다. 북중학교 시절에 동급생들은 그를 "수학 박사"라고 불렀다. 그의 선배와 후배들도 다 아는 사실이다. 언젠가 내가 수학 문제를 풀지 못하고 쩔쩔맬 때 그가 말했다.

"세상에 수학같이 쉬운 과목이 없지. 복잡하게 외울 것도 없고, 생각만 잘하면 다 풀리는 것 아닌가. 그런데 뭐가 그렇게 어렵다는 것이냐."

수학이 너무 쉬워서 상급생의 교재를 구해서 문제를 풀어보았고, 중학교 3학년 때는 이미 고등학교 3학년 교재까지 모두 마쳤다고 했다. 나로서는 반신반의할 수밖에 없었는데, 세월이 흘러서야 그 말이 허언이 아닐 수도 있음을 깨달았다. 그의 손자들 가운데서도 유난히 수학에 뛰어난 아이가 있었기 때문이다. 그 아이가 수학 공부하는 것을 지켜보면서 '할아버지를 닮아서 저렇구나!' 하는 생각이 들어 나도 모르게 빙긋이 웃었던 기억이 난다.

보안법 위반

은석은 일찍이 학교를 그만두어야 했다. 중학교 3학년 때 그는 총기를 소지하고 보안법을 위반한 죄로 재판을 받았다. 아버지 청계의 노력으로 겨우 징역형을 면하고 2년의 집행유예를 선고받았다.

그날 재판정에는 유난히 많은 방청객이 몰려들었다고 한다. 가족과 친지는 물론이고 은석을 응원하는 좌익 청년들이 트럭을 타고

와서 재판정을 가득 메웠다. 당시에는 버스가 별로 없어 단체로 이동할 때 으레 트럭 짐칸에 올라타고 가는 것이 보통이었다. 대단한 응원이었다.

16살 어린 나이에 은석은 영웅이 된 것도 같았고, 폐인이 된 것도 같았다. 그는 더 이상 학교에 다닐 수 없게 되었고, 정기적으로 파출소에 나가 자신의 동향을 보고해야 하는 신세가 되었다. 그런 뒤에도 주기적으로 유치장에 갇혔다가 경찰의 구타를 당하고 풀려나는 일이 되풀이되었다.

알다시피 악랄하기 짝이 없는 "보안법"이 맹위를 떨치던 시절이었다. 1945년 11월 2일에 미군정법령 제21호가 공포되었는데, 그것은 바로 일제강점기에 독립운동가를 괴롭힌 보안법이었다. 은석은 바로 그 법을 위반한 범죄자였다.

그러다가 1948년 8월에 정부가 수립되었다. 1949년 6월이 되자 이승만 정권은 과거에 좌익운동을 하다가 전향한 사람들을 모아 "보도연맹"이란 것을 만들었다. 당연히 은석과 같은 전과자를 내버려둘 리 없었다. 은석은 겨우 18살짜리 보도연맹원이었다.

몇 번이고 받아 간 수업료

그가 아직 중학교에 다니던 시절의 일이다. 해마다 네 차례 정도 학교에 기성회비를 납부해야 했는데, 그는 그때마다 서너 번씩이나 그 돈을 아버지에게 청구하곤 했다. 동생을 통해서도 몇 번이나 기성회비를 중복해서 받아 갔다. 청계는 은석이 여러 차례 기성회비를 받아 가는 줄 다 알면서도 눈감아주었다.

"그렇겠지. 가난한 친구를 돕는다든가, 꼭 쓸 일이 있어서 저러는 게지."

은석이 그 돈으로 친구를 도운 적도 없지 않았다. 그러나 대개는 아버지 청계와 같은 지주 또는 자본가 계급을 타도하려는 운동 자금으로 쓸 때가 훨씬 더 많았다. 그래도 청계는 아들을 막지 않았다.

6·25 전쟁

한반도에서 일촉즉발의 위기 상황이 계속되었다. 그러다가 드디어 1950년 6월 25일 새벽 북한이 전면 전쟁을 시작하였다. 명백한 침략행위였다. 북한의 함흥과 원산 지역은 일제강점기에 이미 세계에서도 가장 크고 발전된 중화학 공업단지였다. 그 덕분에 북한 공산 정권은 전쟁을 일으키기에 좋은 여건을 갖춘 셈이었다. 게다가 그보다 한 해 전에 마오쩌둥이 이끄는 중국 공산당이 장제스의 국민당 정권을 본토에서 완전히 축출한 터였다. 북한 김일성은 승리를 예감하며 단숨에 적화통일赤化統一(공산화)을 이루고자 했다.

북한군은 빠른 속도로 남진을 거듭했다. 은석도 희망에 부풀었으나, 보도연맹에 소속되어 몸이 자유롭지 못했다. 북한군이 전주에 들어오기 직전에 우리 정부는 보도연맹 사람들을 무참히 학살했다. 하지만 아버지 청계가 백방으로 노력한 결과, 은석의 목숨은 무사했다.

곧 그는 의용군에 자진 입대해 낙동강 전선으로 달려갔다. 은석은 진주 남강 바로 북쪽에 주둔한 북한군에 합류했는데, 서울을 비롯한 전국 각지에서 은석과 뜻이 같은 청년들이 이미 많이 와 있었다. 그는 전쟁터에서 처음으로 총 쏘는 법을 배웠다.

남쪽이나 북쪽이나 낙동강을 가운데 두고 열심히 싸웠으나 승부가 나지 않았다. 은석은 시간이 흐를수록 자신이 속한 공산군이 수세에 몰리고 있다는 점을 피부로 직감했다. 미 공군의 폭격이 날마다 강도를 더했고, 전선에는 위압적인 체구를 가진 흑인 병사들이 다수 투입되었다.

그러다가 그해 9월 15일에 인천상륙작전이란 대사건이 일어났다. 맥아더는 휘하에 해병과 보병 각 1개 사단을 동원하였고, 거기에 한국군을 각각 1개 연대씩 배속하였다. 마침 미군 제7보병사단에는 8천 600명쯤 카투사 병력이 속해 있었으므로, 인천상륙작전에는 한국군 1만 3천 명이 참전한 셈이다. 맥아더 사령관 휘하의 총 병력은 약 6만 5천 명이었다.

그해 9월 28일에 미군과 한국군은 여세를 몰아 서울까지 수복하였다. 그러자 퇴로가 끊긴 북한군은 철수하기에 바빴다. 은석이 속한 북한군 부대도 밤에는 후퇴를 재촉하고, 낮에는 민가나 숲에 숨어 쉬었다. 은석도 그들과 함께 북한으로 갈 생각이었다. 그러나 학질 증세가 심해 집으로 돌아가라는 명령이 내려졌다. 돌이켜보면 학질이라기보다는 미군이 사용한 생화학 무기로 인한 후유증이었던 것 같다.

은석이 무사히 귀가하자 가족들이 모두 반가워했다. 특히 어머니 금주 여사는 날마다 아들의 무사 귀환을 천지신명에게 기도하였던

284

터이므로, 더더욱 다행으로 여겼다. 그런데 은석이 돌아왔다는 소문이 빨치산 부대에 알려져, 산으로 들어오라는 연락이 왔다. 은석은 몇 번이나 야밤에 집을 떠나려 했으나, 그때마다 아버지 청계가 미리 배치해둔 장정들에게 붙들렸다. 그래도 은석이 끝끝내 집을 떠나려 하자 청계는 안채 대들보에 명주 수건으로 목을 맸다.

"아들을 잃느니 차라리 내가 목숨을 버리겠다!"

다행히 누군가 발견해 정신을 잃었던 청계는 의식을 회복했다. 이 일을 계기로 은석은 빨치산이 되기를 포기했다. 그보다 더한 불효를 저지를 수는 없다고 판단했기 때문이다.

어학 공부

은석은 무슨 공부든 한번 시작하면 끝을 보지 않고는 그만두지 않는 성품이었다. 어린 시절에는 전주에서 한문을 제일 잘 가르친다는 범范씨 훈장을 청계가 초빙했다. 훈장은 은석 형제에게 글을 가르쳤다. 은석은 초등학교에 들어가기 전에 여러 해 동안 범 훈장에게 한문을 배웠다. 다른 형제들도 마찬가지였다. 1930년대 식민지 조선의 유지들은 거의 모두 그렇게 했다. 우선 집에서 《천자문》과 《사자소학四字小學》, 《추구推句》, 《동몽선습童蒙先習》 등을 공부했다. 그런 다음에 학교에 들어갔다.

그 사이에 은석은 한글도 자연히 깨쳤으며, 입학한 뒤에는 일본어 공부에 힘썼다. 중학교에 들어가서는 영어도 배우기 시작했다. 시국 사건으로 죄인이 된 다음에는 영어를 더욱 열심히 공부했고,

전쟁 뒤에는 그리스어, 라틴어, 에스페란토, 독일어, 불어 및 러시아어까지도 공부했다. 물론 독학으로 배우는 것이었다.

은석의 영어 사랑은 끝이 없었다. 6·25 전쟁 때 서울의 주요 도서관이 무너져 많은 장서가 유출되었다. 전주 헌책방에서도 진귀한 서적이 많이 거래되었다는데, 아버지 청계의 재력을 이용해 은석은 수백 권의 양서를 구입하였다. 내가 어린 시절에도 그 책들이 집에 있었다.

혼담

전후에 은석도 결혼할 나이가 되었다. 그 사이에 그는 대학에 진학해 역사를 전공했다. 그런 다음에는 대학원에 가서 프랑스 혁명을 연구했다. 당시에는 대학교수라고 해도 석사학위를 가진 이가 드물었고, 학사학위조차 없는 교수들도 있었다. 하지만 은석은 대학 강단에 설 수 없었다. 그는 보안법 위반자요, 공산군에 부역附逆한 사람이었다. 그래서 은석은 결혼할 마음이 조금도 없었다.

그러나 주위 사람들의 생각은 달랐다. 다른 이유도 아니고, 사상 문제로 인해 범죄자 아닌 범죄자가 되었으니, 세상이 좋아지기만 하면 언젠가는 자연스레 풀릴 일이라고 여겼다. 더구나 청계처럼 유능하고 덕망 높은 아버지가 계시므로, 은석이란 유망한 청년이 독신으로 살게 내버려둘 수는 없다는 것이 중론이었다.

여러 곳에 혼담이 있었으나 결과는 없었다. 그런데 앞서 말했듯, 김제의 언양김씨 쪽에서 장인 되실 분이 "은석이 아니면 막내딸을

은석 백정기와 김광희 여사의 결혼식 날 풍경.
사진의 정중앙은 청계 백남룡, 그 왼편은 송암 백성기.

시집보내지 않겠다"라고 뜻을 밝혔다. 그래서 청계는 속으로 기뻐하며 은석을 장가보낼 생각을 굳혔다.

그런데 놀라운 소문이 들려왔다. 신부 될 사람의 큰오빠가 한센병(문둥병)에 걸렸다는 것이었다. 청계의 가족은 깜짝 놀라 장차 이 일을 어찌해야 할지 깊은 고민에 빠졌다. 아버지 청계는 세 아들을 모아놓고 회의를 시작했다. 큰아들과 셋째 아들은 은석의 혼사를 반대했다. 아직 확인된 사실은 아니지만, 굳이 그런 집안과 인연을 맺을 이유가 없다는 주장이었다.

그러자 청계가 당사자인 은석에게 의견을 물었다. 그랬더니 아들은 다음과 같이 대답했다.

"세 가지 이유로 저는 그 처자와 결혼하겠습니다. 첫째, 처자의 오빠가 한센병에 걸렸다고 하지만 소문에 불과합니다. 소문 때문에 인륜의 대사를 중지할 수는 없습니다. 둘째, 소문이 만약 사실이라면 그 처자는 참으로 큰 타격을 받을 것입니다. 오빠 때문에 혼약이 깨진다면 너무도 큰 상처가 될 것입니다. 셋째, 한센병은 환자의 가족이라도 쉽게 전염되지 않는다고 합니다. 요컨대 저는 그 처자를 전혀 모릅니다만 한갓 소문 때문에 양가의 어른들께서 약속한 바를 깰 수는 없습니다."

청계는 머리를 끄덕이며, "그럼 그렇고말고. 과연 내 아들다운 말이구나!"라며 회의를 끝냈다.

나중에 알고 보니 누군가 잘 알지도 못한 채 함부로 소문을 퍼뜨린 것이었다. 얼마 후 은석은 광희 여사와 결혼하였다. 이후에 부부는 익산에서 신문사 지국을 경영하며 생계를 도모하였다. 은석은 그것이 뜻있는 사업이 되기를 바랐으나 뜻대로 되지 않았다.

은석의 스크랩북

젊은 시절에 은석이 만든 〈스크랩북〉의 일부가 남아 있다. 우리의 전통문화를 대표하는 도자기와 서화 등을 기록한 사진이 대부분이다. 또, 6·25전쟁 이후 정전회담의 진행에 관한 보도라든가 중국 공산당의 활동에 대한 외신 보도를 모은 것이 적지 않다. 그는 외신을 모았으며, 특히 〈타임〉에 실린 기사를 많이 수집했다. 한반도를 둘러싼 국제 정세에 큰 관심을 두었다는 사실을 알 수 있다.

그러나 은석의 소망과는 달리 통일의 전망은 희미했고, 국내의 사회적 갈등이 해소되거나 자신과 같은 사상범에 대한 통제가 조금이라도 풀릴 가능성은 없었다. 1972년 10월 17일에 독재자 박정희가 이른바 "10월 유신"을 선포하며 온 나라를 떠들썩하게 만들었을 때, 은석은 아무 이유도 없이 공안 경찰에 끌려가 2~3일 동안 고생하다가 풀려났다.

그에 앞서 은석은 유력한 정치인을 보증인으로 내세우고 일본으로 이주할 꿈을 꾼 적도 있었다. 그는 사상 문제로 자신과 가족을 괴롭히는 한국을 떠나려고 했던 것 같다. 그러나 그게 용이한 일은 아니었으며, 더구나 북한을 지지하는 '조총련'이 버젓이 활동하는 일본으로 이주하겠다는 생각은 너무도 무모한 일이었다.

화가 밀레에 대한 사랑

은석은 서양의 화가들이 그린 유화를 좋아했다. 1970년대 서울에서는 이따금 서구의 거장이 그린 그림들이 전시되었다. 그런 소식이 들리면 은석은 만사를 제쳐두고 서울의 전시회장으로 달려갔다. 그는 주로 19세기 후반의 그림을 좋아했다.

은석의 마음을 가장 사로잡은 화가는 프랑스의 장 프랑수아 밀레였다. 언젠가 밀레 전시회가 서울에서 열렸는데, 〈양치기 소녀〉라는 제법 큰 그림도 선보였다. 그때도 은석은 고속버스를 타고 전주에서 서울로 직행해 전시회를 찾았다. 그는 의자를 빌려 〈양치기 소녀〉 앞에 두어 시간 동안이나 앉아 있다가 집으로 돌아왔다.

그 시절 전주에는, 지금은 이름이 기억나지 않는, 조금 신기한 막걸리 집이 있었다. 여러 문인과 예술 애호가가 모이는 일종의 사랑방 같은 곳이었다. 그 집에는 한쪽 벽에 칠판도 있고, 분필도 있었다. 때때로 주흥이 오른 신사들이 시를 쓰기도 하고, 문학과 예술에 대한 소견을 청중 앞에서 설명하기도 했다. 은석은 가끔 그 집에 가서 자신이 감상한 서양의 명작에 대한 느낌을 강의하듯 털어놓기도 했다. 물론 그는 미술평론가가 아니었으나, 미술을 깊이 사랑한 만큼 나름의 견해를 지니고 있었다. 은석의 큰딸이 화가의 길을 걷게 된 것도 결코 단순한 우연만은 아닐 것이다.

농사꾼으로 살고자 했으나

은석이란 호를 쓰게 된 것은 그가 은석동에서 태어났고, 서른 살쯤 되었을 때 다시 은석동으로 돌아가게 되었기 때문이다. 그는 돌石이 숨은隱 것을 의미심장한 상징으로 여겼다. 자신을 은사隱士라고 여겼다는 뜻이다.

1963년경 은석의 가족이 그 마을로 돌아가게 된 것은 할아버지 청계의 배려 덕분이었다. 청계는 자신이 아끼는 둘째 아들 은석의 앞날이 막연하다는 사실을 일찍이 알았다. 그래서 은석이 장차 가족을 거느리고 살림을 꾸려가며 어려운 형편 속에서도 미래를 도모할 수 있도록, 든든한 바탕을 마련해 주고자 애썼다.

마침 은석동에는 수졸재(휘 낙기)의 묘소가 있었다. 그 아랫마을에는 최씨가 주인 노릇을 하며 살았으나, 청계는 이미 마을의 거의 모든 땅을 차근차근 매입해 두었다. 누군가를 위해 청계는 그렇게 조치한 것인데, 이제 그곳으로 은석을 보내기로 작정했다.

청계는 큰아들 송암(휘 성기)에게 지시해 마을 언덕에 복숭아나무 과수원을 만들게 했다. 그러고는 마을 한복판에 있는 비교적 큰 집을 미리 비워두고 은석에게 들어가서 살라고 했다. 그런 다음 3년쯤 지나자 청계 자신도 둘째 아들 은석의 집으로 들어왔다.

참으로 세심하고 간곡한 배려였다. 청계 할아버지는 은석의 아들인 나를 비롯하여 장차 은석에게 태어날 손자 손녀의 미래까지도 염두에 두고 있었다. 산이 수십 정보요, 마을 전체의 땅이 확보된 만큼 은석이 농사를 열심히 짓고 과수원도 잘 관리하면 2~3대는 이곳에 살면서 힘을 비축할 수 있을 것으로 내다본 것이다.

은석도 아버지 청계의 뜻을 받들어 농사에 힘을 쏟았다. 그는 정원수를 기르는 데도 힘써 주목, 철쭉, 오동, 금송, 은행나무 등을 심고 가꾸었다. 돼지도 치고 닭도 길렀으며, 복숭아 과수원을 열심히 가꾸는 동시에 산기슭에 배나무 과수원도 만들었다. 알고 보면 은석도 다재다능한 일꾼이었다.

그러나 농사꾼 은석은 좌초했다. 1960~70년대 우리나라의 농정農政은 갈팡질팡 흔들려, 정부가 하라는 농사를 지으면 망하기 일쑤였다. 1969년에 은석은 그동안 근근이 모은 돈에 융자를 더해 1만 평도 넘는 큰 밭을 매입했다. 정부가 권유하는 대로 과수원을 확장할 생각이었다. 은석은 드넓은 밭에 포도나무를 심었다. 아직 포도가 열리려면 적어도 2년을 기다려야 했다. 그래서 봄이 되자 수박과 참외를 심고 정성껏 가꾸었다. 그해 농사는 풍작이었다. 그러나 다른 농부들도 사정이 비슷해 수박과 참외를 가져다 팔 곳이 없었다. 은석은 상당한 타격을 받았다. 가을이 오기를 기다려 그는 무와 배추 등 김장거리 채소를 잔뜩 심었다. 이번에도 대풍이었다. 그러나 다른 논밭에서도 무와 배추는 풍년이 들어, 하나도 제대로 팔 수가 없었다. 은석은 봄가을 농사에서 크게 실패한 나머지 적자가 쌓여 그 넓은 밭을 불과 1년 만에 완전히 포기하고 말았다. 밭은 헐값에 매각되었고, 은석은 농협에 큰 빚을 지고 말았다.

그 무렵 은석이 얼마나 열심히 농사를 지었는지 나는 똑똑히 기억한다. 그는 숨은 선비로 주경야독晝耕夜讀을 꿈꾸었다. 유감스럽게도 그는 농사에는 성공했으나 돈벌이에는 완전히 실패했다. 정원수를 기르는 일도 마찬가지였다. 애써 잘 길러놓았으나 가격이 폭락해 원가에도 미치지 않는 가격에 내다 팔지 않을 수 없었다.

몇 차례 농협 빚만 떠안게 되자, 은석은 위기감에 사로잡혔다. 무리가 아니었다. 빚은 늘어가고 아이들은 자꾸만 상급학교로 진학하는데, 길이 보이지 않았다. 그래서 은석은 적성에 맞지도 않는 여러 가지 사업에 손을 대었으나, 어느 것 하나 성공하지 못하였다. 1980년대 중반이 되자 그는 아버지가 물려준 땅을 지킬 수 없게 되었다. 모든 재산이 농협과 신용조합에 진 부채에 눌려 어디론가 사라졌다. 은석은 단칸방도 얻지 못하는 딱한 신세가 되고 말았다.

아내 김광희 여사

은석에게는 헌신적인 아내가 있었다. 나의 어머니 김광희 여사는 이웃을 보살피는 다정다감한 심성의 소유자였다. 여사는 명절이 되면 온 마을 사람들에게 수건 한 장, 양말 한 켤레라도 나누었다. 그도 아니면 헌 옷가지라도 깨끗하게 손질해서 나눠주곤 했다.

가난한 이웃집 아이들이 상급학교에 진학하게 도와주기도 했다. 여사는 면사무소에 가난한 이웃을 알려 "생활보호대상"으로 지정하게 했다. 그렇게 되면 기성회비(수업료)를 면제받을 수 있었다. 또, 글을 모르는 부모들이 외지에 나간 아들딸과 편지를 주고받을 때면 기꺼이 대필도 했다. 나의 어머니는 자녀들이 다니는 초등학교와 중학교 일에 적극적으로 앞장서 10년 이상 자모회장을 맡았으며, 육성회장도 여러 해 동안 지냈다. 막내딸 은미가 중학교를 졸업할

은석 내외와 셋째 딸 은미

때까지 김광희 여사의 봉사활동은 계속되었다.

그러나 부군 은석이 부채에 눌려 원하지 않던 사업에 나섰다가 연거푸 실패하자 마침내 몸져눕게 되었다. 여사는 본래 몸이 허약했는데, 그동안 무리하여 농사일에 매달렸다. 게다가 중년에 지병인 고혈압이 발병해 여러 해를 고생한 끝에 일찍 작고하고 말았다.

여사가 곱게 기른 세 딸의 효성이 지극했다는 점도 기록해 둔다. 김씨 부인이 쓰러지자 진숙, 현숙, 은미는 1년씩 교대로 휴학하고 어머니의 병간호에 매달렸다. 딸들의 효성이 지극해 병에 차도가 있었으나, 1984년 10월에 찬바람이 불자 부인은 끝내 일어나지 못하고 숨을 거두었다. 이처럼 부인이 고난 끝에 세상을 떠난 이후 집안 형편은 더욱 어렵게 되었다.

은석은 과연 공산주의자였을까

"내가 공부를 한다고는 하였으나 그 어린 나이에 마르크스의 《자본론》을 제대로 알았을까. 스탈린주의나 마오주의를 알았을까. 어림없는 일이었다. 나는 그저 불평등한 세상을 바로잡고 싶었을 뿐이다."

내가 외국에서 학자로 활동하다가 서울의 대학교수가 되어 돌아왔을 때 은석이 한 말씀이다. 그럴 것이다. 그가 무슨 공산주의자인가. 은석은 휴머니스트였으며, 굳이 말하면 보수적인 인물이었다. 그 점은 나도 그러하다. 사람들은 나를 종종 진보 좌파라 부르지만, 정작 나는 그런 말을 들으면 그저 웃음이 나올 뿐이다. 은석과 그의 아들인 나는 전통의 가치를 소중히 여긴다. 우리는 세효각의 자손이다. 공자와 맹자를 아무리 부정하려고 애쓰더라도 끝내는 그들의 미덕에 고개를 끄덕이고 마는 전통주의자들이다.

은석이 바란 것은 누구든지 더 민주적인 세상에서 자유롭고 평등하게 사는 것이었다. 우리 헌법의 가치에 정확히 부합되는 생각이 아니었던가. 그러나 그는 그런 세상을 별로 경험하지 못했으며, 일찍이 16살 어린 나이에 사실상 방외方外의 처사處士가 되고 말았다. 보안법 위반자란 딱지는 그의 인생을 망가뜨렸고, 그의 아들딸에게도 무거운 멍에가 되었다.

은석은 재물을 모으는 재능은 타고나지 못하였으나, 쓰는 데에는 아낌이 없는 성품이었다. 그의 곁에는 일찌감치 조락凋落한 친구가 적지 않아, 그의 호주머니에 들어온 돈은 이내 흘러나갔다. 돌봐야 할 친구가 많아도 너무 많았다. 그가 아직 부자의 아들이었을 때는 별문제가 아니었으나, 나중에는 적지 않은 문제가 되었다. 수중에 돈이 없어도 다른 사람을 위해 빚이라도 얻어서 써야 하는 사람, 그는 참으로 세효각의 자손이었다. 가난한 사람들에 대한 은석의 연민은 끝이 없었으며, 설령 자신이 궁핍한 처지에 놓였어도 늘 의로움을 좇았다. 이 또한 장한 일이 아니겠는가. 그러나 그의 아들인 나는 유감스럽게도 그만큼 의롭지 못하다.

은석의 성품을 잘 보여주는 일화가 떠오른다. 아직 신혼시절의 일인데 신부가 아이를 임신했다. 그 아이가 바로 나였는데, 은석은 어느 겨울날에 형님인 송암의 엽총을 빌려 사냥을 나갔다. 마침 함박눈이 쏟아지는 날이었다. 어느 산골짜기에 도착했을 때 노루 한 마리가 눈앞에 나타났다. 한참 노려보았더니 그 노루는 임신 중인 것 같았다. 은석은 임신 중인 아내가 떠올라 방아쇠를 당길 수 없었다. 그는 한참 동안 노루를 바라보다가 그냥 집으로 돌아왔다. 은석에게는 눈앞의 이익보다는 사람과 사람의 의리가, 생명의 소중함이 훨씬 더 중요했다. 그는 동식물을 바라볼 때도 쉽게 감정이 이입되어 늘 그 처지를 바꾸어 생각하는 역지사지易地思之의 마음가짐을 지녔다.

교훈

은석은 아버지 청계가 자신에게 베푼 은혜를 끝까지 잊지 못했다. 빨갱이 아들도 함부로 나무라지 않고 묵묵히 뒤를 봐주던 아버지의 너른 품을, 은석은 그리워했다. 그러한 기억 탓이었을까, 은석은 형편이 극도로 어려워진 뒤에도 자녀들의 삶에 함부로 간섭하지 않았다. 가정 형편이 아무리 나빠도 "대학에 가지 말라"거나 "돈이 드니 다른 전공을 택하라"라는 말을 단 한 번도 하지 않았다. 은석은 자녀에게 그 무엇도 강요하지 않았으며, 오히려 늘 미안해하였다.

"네 할아버님은 우리를 위해 모든 것을 아끼지 않으셨는데, 나는 힘이 부족해 어쩔 수가 없구나."

은석은 참으로 낙천적이었다. 어린 시절에 그토록 심한 구타와 고문을 겪었음에도, 세상을 미워하는 법이 없었다. 그는 세상만사 어느 것도 자신의 뜻대로 되지 않음을 수없이 겪고도, 항상 희망을 잃지 않았다. 그에게는 남을 미워하거나 의심하는 일이 없었다. 그런 점에서 은석은 다소 어리석다고 여겨질 만큼 순박한 사람이었다.

바로 그런 은석 때문이었을 것이다. 그가 공산주의운동에 몰두했던 그 나이쯤 되었을 때부터, 나 또한 큰 질문을 떠안게 되었다.

'우리는 독재국가를 벗어나 민주적인 사회로 나아갈 수 있을까? 혁명이란 과연 가능한 일일까?'

은석은 나에게 이런 과제를 주지 않았다. 오히려 아들인 내가 가능하면 평안하고, 넉넉하게 살기를 바랐다. 그래서 어린 시절, 책을 사 줄 때마다 책 표지 안쪽에 "과학자가 되어라!"라고 힘찬 글씨를 또박또박 적어 넣곤 했다. 혹여 아들이 사회적인 문제에 관심을 가졌다가 애로를 겪을까 봐 남몰래 노심초사한 것이다.

은석은 자신이 가지 않은 안전한 길, 평탄한 길을 아들이 가기를 바랐다. 그러나 그것 또한 자신의 바람대로 되지 않는다는 것을 모르지 않았다. 그래서 언제부턴가는 이렇게 말을 바꾸었다.

"다 무시해라. 확신이 든다면 부모 형제까지 죽음의 구렁텅이에 몰아넣어도 좋은 것이다."

자식이 나가는 길에 조금이라도 걸림돌이 되지 않으려고, 그는 이처럼 하기 어려운 말을 꺼냈다. 그러나 아들이 집안을 그런 지경으로 몰아넣어서는 안 되었기에, 나는 그 말씀을 들으며 스스로 더욱 자중하였다. 불행하게도 20세기 후반 한국 사회에서는 자그만 일이라도 뜻있는 일을 하려면 무엇보다 먼저 가족의 안위를 걱정해야 했다. 지금은 그때와 달라진 점이 많아, 그나마 다행스럽게 여긴다.

은석의 동기간

은석의 형님은 송암(휘 성기盛基)으로 젊은 시절에 전주시 동사학동의 시의원에 뽑혔다. 나중에는 개인사업에 종사하였다. 송암은 타고난 성품이 한없이 너그럽고 원만하여 '인자무적仁者無敵(어진 사람은 적이 없다)'이란 옛 말씀에 부합한다고 다들 칭송하였다. 평생 그 누구와도 목소리를 높여 다투는 법이 없었다.

음악에 재능이 탁월해서 다루지 못하는 악기가 없었다. 바이올린, 아코디언, 오르간, 기타 등 스스로 연주법을 터득한 음악의 천재였다. 승마, 검도, 사격에도 뛰어나 학창시절 전국 대회에서 좋은 성적을 거두었다. 기계에도 밝아 일찍이 자동차를 운전하고 고장이 나면 스스로 고쳤다.

1927년 정묘년 정월 초8일에 태어나 2001년에 향년 75세로 별세하였다. 묘소는 은석동 선영 아래 있다.

송암의 배위配位는 순흥안씨인데 휘는 용하鎔河이다. 1928년 무진년 8월 10일에 태어났다. 여사의 외사촌 오빠는 국회부의장을 지낸 백봉 나용균 선생이다. 80이 넘게 장수를 누렸는데, 묘소는 부군의 묘와 합장하였다.

송암은 슬하에 9남매를 두었다. 3남 6녀인데, 큰아들은 완종으로 기독교 장로이며 개인사업으로 성공했다. 둘째 아들은 천종으로 개인사업을 하며 셋째 아들 이종은 요절하였다.

큰딸 순자는 오래전에 작고했고, 둘째 딸은 옥자, 셋째 딸은 영자, 넷째 딸은 귀례, 다섯째 딸은 귀종이며, 막내딸은 옥정이다. 딸과 사위들 중에는 고위 공무원, 국회의원을 지낸 이가 많다.

송암은 내외 손자녀와 증손도 여럿인데, 손자녀는 공무원과 의사, 대기업 사원이 많다. 증손과 증손녀는 아직 나이가 어리다.

은석의 아우는 학암 휘 홍기弘基이다. 고려대학교 상과대학 경제학과를 졸업했으며, 재학 중에 3급 특채시험에 우수한 성적으로 합격했다. 국비로 호주국립대학교에 유학한 후에 상공부에서 근무하였고, 주미한국대사관 상무관도 역임하였다. 나중에는 남일무역주식회사를 창업해 대표가 되었다. 1983년에 가족을 동반해 미국으로 이주했다.

학암은 1936년 2월 19일에 태어나 70평생을 보람 있게 잘 보내고 미국에서 작고하였다.

학암의 배위는 순창조씨 가문에서 태어난 정빈 여사이다. 이화여대를 졸업한 재원으로 1942년 10월 14일에 태어나 아직 미국에서 자녀와 함께 여생의 복을 누린다.

자손으로는 1남 3녀가 있는데, 아들은 상현이요, 딸은 혜리, 혜원, 혜수이다. 모두 미국의 명문대학을 졸업하여 전문직에 종사한다.

은석의 누님들

첫째 누님은 복기, 둘째는 완기, 셋째는 덕기이다. 첫째 매부는 김판곤(김해김씨)이며, 둘째 매부는 김필녕(언양김씨)이고, 셋째 매부는 황병모(우주황씨)이다. 위 6인은 모두 오래전에 작고하였다.

첫째 누님의 아들은 김종락과 김종립 둘이며, 딸은 김명자, 김남

순, 김문자인데, 박사, 공무원, 교사로 활동했다.

둘째 누님에게는 세 아들과 네 딸이 있다. 순서대로 기록하면, 김성자, 김성수, 김성희, 김성숙, 김성현, 김성택, 김윤섭이다. 그들 7 남매와 사위 및 며느리 중에는 의사와 교수가 여러 명이며 언론기관과 공사 및 대기업에서 활약한 이도 다수이다.

셋째 누님은 1남 1녀를 두었는데, 출생 순으로 보면 황현정과 황필성이다. 사위와 며느리까지 일가족이 대부분 공무원으로 크게 성공하였다.

은석의 자녀

은석은 슬하에 3남 3녀를 두었는데 태어난 순서대로 기록하면, 승종, 진숙, 길종, 현숙, 은미와 신종이다. 여기에 며느리와 사위까지 모두 고려하면 교수, 화가, 장학사, 교사 등 전문직에 종사하는 이가 대부분이다. 손자녀도 여러 명인데 의사와 기자도 있고 법률과 상담에 관한 일을 한다.

남은 이야기
– 역사가의 삶

청계 할아버지와 그의 둘째 아들 은석, 즉 나의 아버지에 관한 이야기를 서술함으로써 이 책의 본래 목적은 완수되었다. 조선 후기에 시작된 세효각의 역사가 일제강점기를 거쳐 한국 현대사에 어떻게 접목되었는지, 그것을 대강이나마 서술하는 것이 이 책의 목적이었다.

이제 남은 이야기는 여담에 불과한 것으로, 잡지의 마지막을 장식하는 권말 부록쯤으로 여겨도 무방하다. 읽어도 그만이고 무시해도 괜찮은 사담私談이다. 아래 지면을 빌려서 나는, 하필 왜 다른 공부가 아닌 역사학을 전공하게 되었는지, 그리고 그 공부를 어떠한 방법으로 하였는지를 기록했다. 이 글은 5장으로 구성되었다.

차례

남은 이야기
역사가의 삶

‖ 1 ‖
서양의 역사가 궁금했다

내가 역사를 공부하게 된 데는 한 가지 특별한 이유가 있다. '왜, 우리나라는 이처럼 오랫동안 군사독재에 시달리게 되었는가?' 청소년 시절부터 나는 우리가 왜, 민주 시민사회를 건설하는 데 그토록 많은 어려움을 겪어야 하는지 궁금하였다. 이것은 물론 아버지 은석의 피어린 삶을 지켜보는 과정에서 일찍부터 내면에서 자라난 정치 사회적 감수성의 결과였다고 생각한다.

그런 질문이 청소년기 내 삶을 지배했다. 나는 역사 공부를 통해 이 문제를 해결할 수 있을 것으로 확신하였다. 지금 생각해보면 터무니없는 일이지만, 그 시절의 나는 그렇게 생각했다. 그래서 1976년 봄 사학과에 입학했다.

대학생이 되자 자연히 책도 몇 권은 더 읽었고, 머리도 조금 굵어졌다. 그러자 내 공부의 목표는 더욱 구체적으로 변해갔다. 나는 전통 시기 한국의 사회구조를 알고 싶었고, 당시 사회를 지배한 이데

세효각
백씨 이야기

올로기의 실체를 입체적으로 이해하고 싶었다. 나는 고향 가까이에 있는 한 마을을 연구대상으로 삼아 평생토록 그 연구에 매달리고 싶었다. 그 시절 나에게는 꽤 엉뚱한 욕심이 있었다. 본격적으로 한국 역사를 공부하기에 앞서 서양 역사가들이 자신들의 사회와 문화를 어떻게 분석하는지를 먼저 알고 싶었다. 누구나 알다시피 근대적 역사학은 유럽에서 시작되었기 때문에, 그들의 연구 방법이 호기심을 자극했다.

독일 유학

이런 소박한 꿈이 있어서 그랬는지, 아니면 그저 단순한 우연이 중첩된 결과였는지는 알 수 없다. 다만 내게도 유학의 기회가 찾아왔다. 한 가지 분명한 사실은 전두환 정권이 악명 높은 연좌제를 없앴고, 그 결과 나 같은 "빨갱이"의 자식도 여권을 신청할 수 있게 되었다는 점이다. 나는 그 기회를 놓치지 않았다.

1980년대 후반, 나는 유럽으로 떠났다. 말로 묘사하기 어려울 만큼 가난한 독일 유학생이었다. 낯선 말을 배우기는 쉽지 않았으나 열심히 노력했고, 그래서였는지 예상보다 한결 쉽게, 빠른 속도로 현지 생활에 적응하였다.

독일 대학에서 나는 새로운 과목을 많이 접했다. 용어도 낯설었던 '인구의 역사', '숲의 역사', '농업사', '사회경제사', '구술 및 사진자료를 토대로 한 독일 현대사', '문화지리학', '종교사' 등에 관심이 쏠렸다. 시간이 좀 흐르자 '전체사'와 '사회사'를 거쳐, 다시 '역사적 인류학'과 '미시사'로 향했다. 유럽에 유학한 지 여러 해가 지난 뒤에, 나는 결국 '미시사'의 세계로 스며들었다.

그동안에 나의 시선을 사로잡은 서양 역사학자들이 여럿이었다. 맨 먼저는 아르투어 임호프(인구사가)와 '캠브리지 인구사 연구회'의 저작을 좋아했고, 그다음에는 한스–울리히 벨러와 토머스 니퍼다이를 존경했다. 그 후에는 독일의 미시사 및 일상사 연구의 중심지인 '막스플랑크 역사연구소' 사람들의 저술에 매료되었는데, 그때는 1990년대 초반이었다.

막스플랑크 역사연구소

박사학위 논문을 제출한 것은 1994년이었다. 그 뒤로는 괴팅겐에 있는 '막스플랑크 역사연구소'의 단골손님이 되었다. 초빙연구원으로 시작하여 해마다 여름이면 그곳을 찾았다. 나중에는 초빙교수가 되기도 하였다. 이 연구소와 나의 동행은 2000년대 초반까지 이어졌다.

이 연구소의 중심인물 가운데 한 사람이 위르겐 슐룸봄 교수였다. 그와는 십 년 동안 우정을 쌓았다. 그가 전폭적으로 도와준 덕택에, 세계 여러 나라의 학자와 제법 활발하게 교류할 수 있었다. 그들이 조직하는 여러 학회와 워크숍에 참가했고, 논문을 발표할 기회도 얻었다. 그들과의 거듭된 만남으로 나의 좁은 생각이 조금씩 넓어졌다.

유럽사 관련 저술

1990년대 중반부터 유럽 역사에 대한 관심은 여러 측면으로 계속 확대되었다. 조금은 깊어진 점도 있었으니, 지금에 와서 돌이켜 보면 퍽 다행한 일이었다. 그때부터 나는 몇 권의 서양 역사책을 번역하기도 했고, 직접 유럽사에 관해 저술하기도 하였다.

《미시사와 거시사》, 위르겐 슐룸봄 편, 궁리, 2001(공역)

《미시사의 즐거움》, 위르겐 슐룸봄 저, 돌베개, 2003(공역)

《개혁과 종교개혁》, 아이케 볼가스트, 백승종 역, 코젤렉의 개념사 사전 8, 푸른역사, 2014.

《상속의 역사》, 저술, 사우, 2018

《신사와 선비》, 저술, 사우, 2018

《도시로 보는 유럽사》, 저술, 사우, 2020

《제국의 시대》, 저술, 김영사, 2022

지난 30년 동안 7권이나 되는 책을 냈다. 처음에는 번역을 위주로 했고, 나중에는 없는 용기를 내어 과감하게 책을 저술했다. 일반 시민의 교양을 위해서도 필요하다고 생각했는데, 여러 책의 내용과 특징을 간단히 설명해 보겠다.

《미시사와 거시사》는 이른바 미시사라는 것이 무엇인가를 알려주는 책이다. 기존의 역사와 인식론적인 점에서 무엇이, 어떻게 다른가를 설명한 책자라 조금 난해한 점도 있다. 그에 비하면 《미시사의 즐거움》은 읽기가 쉬운 편이다. 슐룸봄 교수의 대표적인 논문을 가려 뽑은 것으로, 독일의 미시사 연구가 어떠한 성과를 얻었는지를 실제로 보여주는 책이다.

《개혁과 종교개혁》은 일반에게는 생소한 책인데 "개념사"라고 하는 새로운 분야의 저작이다. 하나의 개념이 2천 년의 역사 속에서 어떻게 굴절되고 덧씌워졌는지를 생생하게 알려준다. 그런 점에서 의미도 있고 매우 흥미로운 책이다.

《상속의 역사》는 내가 막스플랑크 역사연구소를 출입하는 가운데 스스로에게 부여한 연구과제이다. 딱딱한 학술서가 아니라 시민들이 이해하기 쉬운 평이한 서술로 풀어본 것이다. 세상을 이해하는 데 상속만큼 중요한 제도는 없다고 생각한다. 그래서 이 문제를 오랫동안 끌어안고 있었던 것인데, 마침내 한 권의 책을 쓰게 되었다.

《신사와 선비》도 오랜 문제의식을 담은 책이다. 한국은 왜, 유럽식 근대화를 수행하기가 그토록 어려웠는가를 묻고 있는 저술이다. 역사 공부를 처음 시작할 때부터 내가 가졌던 의문을 풀어보려고 애쓴 결과이다. 이 책에서 나는 나름대로 해답을 제시한다. 그것이 과연 많은 사람의 호응을 얻을 만한지는 모르겠으나, 내 나름으로는 한 가지 숙제를 마친 셈이다.

《도시로 보는 유럽사》는 지난 30년 동안의 유럽 체험을 정리한 책이다. 고대에 찬란한 문명의 꽃을 피운 아테네와 로마를 비롯해 근현대 유럽의 중심 도시인 런던, 파리, 모스크바, 베를린에 이르기까지 18개 도시의 이야기를 담담한 어조로 설명하려고 했다. 나의 여행담이자, 역사가로서 유럽 문명의 성격을 어떻게 바라보고 있는지를 솔직 담백하게 털어놓은 일종의 보고서이다.

《제국의 시대》는 지난 2천 년 동안 세계 역사를 지배한 가장 강력하고 영향력 있는 나라의 역사를 내 나름으로 분석한 책이다. 이 책에는 현대인의 운명을 좌우하는 미국과 중국 및 러시아의 미래를 논의한 부분도 있다. 아울러 21세기를 이끌 강대국의 새로운 조건을 논의하기도 했다.

유럽사 연구의 소득

유럽 역사를 공부한 덕분에 나는 두 가지 점에서 큰 혜택을 입었다. 하나는 유럽의 역사, 나아가 세계 문명의 흐름을 조금 더 폭넓고 깊이 있게 이해할 수 있게 되었다. 만약 내가 한국에 살면서 한국사만 연구했더라면 세계 역사를 이만큼이라도 이해하기는 아마 불가능했을 것이다.

또 하나는 유럽 역사를 조금이나마 공부한 덕분에 나는 한국의 역사와 문화에 대해서도 상당히 독자적인 시각을 가지게 되었다. 그렇다고 해서 내가 의미 있는 한 사람의 역사가로 성장했다는 말은 아니다. 30여 년 전 고향에서 역사 공부를 시작했을 때와 마찬가지로 나는 지금도 평범한 학도일 뿐이다. 그렇기는 하지만 긴 세월 동안 여러 나라를 드나들며 다양한 경험을 쌓은 덕분에 조금은 덜 완고해진 것 같다. 유럽을 만남으로써 나는 많이 달라졌다. 좋은 쪽으로 바뀌었다고, 자평하고 싶다.

‖ 2 ‖
〈신문 스크랩북〉, 근현대사에 대한
관심을 일깨우다

1990년대 초반의 일이다. 내 인생에 가장 큰 영향을 준 이기백 선생님이 저술한 책을 읽었는데, 뜻밖의 대목에서 시선이 저절로 멈추었다. 이기백 선생님은 선친 이찬갑 선생이 남겨놓으신 여러 권의 〈스크랩북〉을 가지고 있다는 사실을 털어놓으셨다.

'일제강점기 식민지 조선의 한 지식인이 신문을 읽으면서 대관절 어떤 기사를 가위로 오려 붙였을까? 그는 거기에 자신의 생각을 무어라고 기록했을까?'

이러한 궁금증이 내 안에서 강하게 일어났다. 그 무렵 나는 '미시사'에 마음을 빼앗기고 있던 터라 그 〈스크랩북〉에 큰 매력을 느꼈다. 아직 한 번도 읽어보지 못한 그 〈스크랩북〉이 너무나도 궁금했다.

여러 해가 지난 다음, 선생님을 찾아뵙고 부친이 남긴 〈스크랩북〉을 보여주기를 청하였다. 그렇게 해서 일곱 권의 〈스크랩북〉이 내

세효각
백씨 이야기

눈앞에 펼쳐졌다. 세월의 무게를 견디지 못해 스크랩된 신문 기사는 누렇게 바랬고, 더러는 좀을 먹거나 바스러진 곳도 있었다. 눈여겨 살펴보니, 거기에는 선생님의 선친이 깨알 같은 글씨로 적어놓은 독자평 같은 것이 군데군데 적혀 있었다. 나는 반드시 이 〈스크랩북〉을 연구하리라 마음먹었다.

평민지식인

그렇게 하여 한 권의 책이 태어났다.《그 나라의 역사와 말》(궁리, 2002)이었다. 책의 부제를 "일제강점기 한 평민지식인의 세계관"이라고 붙였다. 〈신문 스크랩북〉의 주인공 이찬갑은 정규 교육이라고는 9년밖에 받지 못했다. 그런 점에서 지식인이라고 부르기도 어려웠으나, 평생 책을 가까이하며 스스로를 연마하였기 때문에 내가 보기에 그는 당당한 지식인이었다.

이 책이 간행되자 어느 기자와 논평자는 이찬갑으로 말하면 일제강점기의 특권층이라고 주장하며, 그를 "평민지식인"이라고 부르면 왜곡이라고 비판하였다. 터무니없는 생트집이었다. 이찬갑은 평생 한 자리의 공직도 차지하지 못하였고, 사회문화적으로도 이름난 인사와는 거리가 멀었다. 그는 시골에서 과수원 농사를 지은 농부였으며, 해방 후에 몇몇 시골 학교에서 단기간 강사를 역임한 것이 이력의 전부였다.

그런 사실을 책에 명백히 밝혔는데도, 비판자들은 이찬갑이 남강 "이승훈의 종손"이라는 이유를 대며, 그가 당대의 유명 인사요, 특수층이라고 주장했다. 그 점도 사실과 거리가 멀었다. 그는 "종손"
이었으나 남강의 종손宗孫이 아니라, 종손從孫인 사람, 즉 방계의 손
자였다. 정확히 말해, 남강보다 나이가 훨씬 많은 형님의 큰손자였
다. 이찬갑은 식민지의 특권층과는 거리가 멀었고, 스스로 늘 "평
민"이라는 사실을 자랑스럽게 여겼다.

너무나 완벽한 기독교 민족주의자

《그 나라의 역사와 말》을 집필할 때 내가 고심한 점은 다른 데 있었
다. 주인공 이찬갑의 올곧음이 문제였다. 그는 아무리 뜯어보아도
바르고 깨끗하기만 하였다. 인간적 결함이라고 들추어낼 만한 것이
하나도 발견되지 않았다. 이찬갑은 매사에 주저함이나 망설임도 없
었다. 자가당착도 모순도 찾을 수가 없는 맑은 영혼의 소유자였다.
이른바 식민지의 "회색"이 발견되지 않는 순수한 인물이라는 것이,
문제 아닌 문제였다. 그는 평범한 인격의 소유자가 아니었다. 이것
은 그의 강점일 테지만 역사가인 나에게는 오히려 두통거리였다.

　책을 쓰는 동안 나는 다음과 같이 짐작했다. 한 인간의 삶이란 깊
이 파고들수록 어딘가 엉켜 있는 모습이 드러나기 마련이며, 그런
점을 찾아내야만 독자에게도 읽는 재미가 생길 법하였다. 하지만
이찬갑이란 인물에게서는 도무지 그러한 허점이 발견되지 않았다.
주인공의 내적 분열을 포착해, 그것과 식민지 시대의 고통을 연결
짓기를 바랐던 나로서는 허망한 일이었다.

　시간이 흐르자 걱정은 기쁨으로 바뀌었다. 종교를 통해 순화되고,

그리하여 청순한 인격을 소유한 이찬갑과 같은 인물을 만난 것은 경이로움이었다. 나는 차츰 그의 삶에서 형언하기 어려운 감동을 느꼈고, 그가 신봉한 종교의 힘에 압도되었다.

이찬갑 덕분에 나는 기독교에 관심을 갖게 되었고, 그 종교를 깊이 공부하고 싶다는 결론에 이르렀다. 그의 사상적 동지이자 스승이기도 하였던 김교신과 함석헌, 또 그들과 밀접한 관계였던 무교회운동의 선구자들에게서 매력을 발견했다. 나는 이른바 "성서조선" 그룹의 인사들이 신앙에 관해 쓴 저작을 구할 수 있는 데까지 모두 구해서 읽었다. 그들의 저작은 매우 풍부해 나는 수년 동안 수십 권의 기독교 서적을 읽었다.

성경 공부도 열심히 했고, 그들이 관심을 두었던 덴마크의 농촌 부흥운동에 관하여도 여러 책을 찾아 읽었다. 또, 이찬갑 선생이 해방 후 충남 홍성에 만든 풀무학교도 여러 차례 방문했으며, 그 학교와 지역에 관한 서적도 구해서 차근차근 읽었다.

요컨대 이찬갑 선생이 남긴 〈스크랩북〉을 열자 기독교와 한국 근현대사라는 판도라의 상자가 저절로 열렸다. 그때까지 별로 흥미를 느끼지 못했던 새로운 분야가 물밀듯이 내 안으로 밀려 들어왔다. 밀물의 시간이었다.

현대사 탐구

이찬갑의 〈스크랩북〉을 읽은 덕분에 나는 여러 해 동안 또 다른 삶의 단계를 경험하였다. 진실한 평민지식인의 초대가 내 삶의 방향을 바꾸어 놓았다고 봐도 좋겠다. 그와의 인연으로 나는 몇 권의 책을 쓰게 되었고, 다른 분들과 힘을 합쳐 몇 권의 책을 만들기도 하였다.

- 《풀무학교를 열며》, 이찬갑 저, 백승종 해설, 그물코, 2010
- 《기독교학교, 역사에 길을 묻다》, 박상진 외, 예영커뮤니케이션, 2013(공저)
- 《지역 아카이브, 민중 스스로의 기억과 삶을 말한다》, 사진아카이브연구소 편, 아카이브북스, 2010(공저)
- 《김교신, 한국 사회의 길을 묻다》, 김교신선생 기념사업회 편, 홍성사, 2016(공저)
- 《소남 이일우와 우현서루》, 소남 이일우 기념사업회 편, 경진출판, 2017(공저)
- 《한국 사법을 지킨 양심 김병로, 최대교, 김홍섭》, 법조삼성 평전 간행위원회 편, 일조각, 2015(공저)
- 《동독 도편수 레셀의 북한 추억. 50년대의 북녘, 북녘 사람들》, 에리히 레셀 사진, 백승종 글, 효형, 2000
- 《아버지, 난 누구예요》, 백승종 편, 궁리, 2000

차례대로 간단한 설명을 붙여보자. 이 가운데는 여러분이 꼭 읽어야 할 책은 단 한 권도 없을 것 같다. 글쓴이가 훌륭해야 좋은 글이 나올 텐데, 나라는 사람은 망망한 학문의 바다 위에 뜬 작은 조각배와 같이 초라한 존재일 뿐이다. 마음을 기울여 성실하게 마치려고 늘 애를 쓰지만 결과는 빈약하기만 하다. 그래도 나는 그 속에서 즐거움을 잃지 않는다. 내 공부는 자신의 성숙을 목적으로 하는 것이지, 명성과 재산을 얻으려고 하는 공부가 아니다. 나는 그렇게 하지도 않고, 그렇게 할 수도 없다고 믿는다. 세효각 할아버지와 할머니들이 살아온 길이 그러하였기 때문이다.

《풀무학교를 열며》는 풀무학원의 개교開校 기념사紀念辭이다. 이찬갑은 동지였던 주옥로의 도움을 받아, 1958년 4월 23일에 충남 홍성군 홍동면 팔괘리에 작은 학교를 열었다. 이 학교는 훗날 제법 이름난 대안학교로 발전하였는데, 초창기에는 어려움이 많았다. 그럼에도 그는 큰 뜻을 품고, 궁벽한 시골에 세상에 단 하나뿐인 개교의 기념사를 선포하며, 완전히 새로운 교육을 실천에 옮기고자 했다.

이 소책자가 간행될 때, 나는 이찬갑의 교육사상에 깊이 심취했다. 그때 나는 다른 모든 일을 접었고, 그 학교가 있는 홍동으로 내려갔다. 꼬박 4년 동안 그곳에 살며 학생들과 함께 호흡했다.

《기독교학교, 역사에 길을 묻다》에 실린 글은 내가 홍동에 살던 시절(2009–2013)의 작은 결실이었다. 박상진 교수(기독교 학교교육 연구소장)와 인연이 닿아서 쓰게 된 글이다. 그의 요청으로, 풀무학교의 사상적 토대였던 오산학교의 이상촌 운동에 관하여 나름의 생각을 정리한 것이다.

그 글에서 나는 일제강점기 평북 오산에서 이찬갑 선생 등이 펼친 농촌운동이 훗날 풀무학교의 개교로 이어졌다는 점을 강조하였다. 풀무학교가 한국 사회의 본질적인 개혁에 이바지하는 날이 오기를 간절히 바라는 마음으로 글을 썼다.

《지역 아카이브, 민중 스스로의 기억과 삶을 말한다》에 쓴 글은 무엇인가. "농촌 마을의 역사 그리고 아카이브"라는 제목을 붙였는데, 그 역시 홍동에 머물던 시절, 역사가로서 나의 역할을 모색한 것이다. 그 무렵에 나는 장차 마을의 역사를 어떤 관점과 방법으로 연구할 수 있을지를 탐구하였다.

만약 내가 홍동에 더 오래 머물렀더라면 민중 아카이브에 관한 글을 여러 편 남겼을 것이다. 그러나 여러 가지 사정으로 마을 연구는 미완의 프로젝트로 그쳤다. 그럼에도 나에게는 중요한 전환점을 제공해 주었다. "생태주의적 관점"으로 역사를 새롭게 바라보는 눈이 열렸다. 그것은 홍동 생활이 내게 선사한 소중한 지적 결실이었다.

《김교신, 한국 사회의 길을 묻다》에 한 편의 글을 보태게 된 것도 이찬갑 선생과의 인연에서 비롯되었다. 이 책에 나는 "자율적 근대를 향한 김교신의 고뇌"라는 작은 글 하나를 보탰다.

유명 인물인 김교신은 이찬갑과는 여러모로 달랐다. 가장 큰 차이점은 '자율적 근대'에 관한 두 사람의 생각이었다. 김교신은 한국의 문화적 전통을 성서의 가르침과 조화시키려 애썼다. 반면에 이찬갑은 성서의 정신을 온전히 받아들임으로써 새롭게 거듭난 한국을 꿈꾸었다. 이것은 물론 나의 판단이다.

두 사람의 사상적 입장을 흥미롭게 바라보다가 나는 김교신의 주장에 더욱더 호감을 느꼈다. 그래서 이 글을 쓰게 되었다. 돌이켜보면 2010년대 초부터 나는 한국의 사상적 전통을 되살리는 길을 모색하기 시작한 것 같다.

《소남 이일우와 우현서루》에는 "우현서루, 근대화 담론의 장을 열다"라는 글을 실었다. 그 시절에 소남 이일우 기념사업회를 이끈 사람은 이상규 교수였다. 그의 권고로, 한말 근대화가 시작될 무렵

대구의 신흥 부호였던 이일우가 어떠한 입장을 선택했는지를 분석했다. 이일우가 활동하던 시기는, 오늘날의 어법으로 말하자면 패러다임의 전환이 일어나던 긴박한 시점이었다. 보수적 분위기가 팽배한 영남의 한복판에서, 이일우는 과연 어떠한 선택을 했을까 하는 궁금증이 나를 이 글로 이끌었다. 그러나 주최 측과의 뜻이 어긋나 글을 보내고도 후회한 기억이 있다.

《한국 사법을 지킨 양심 김병로, 최대교, 김홍섭》에 나오는 두 인물, 최대교 검사와 김홍섭 판사 부분을 내가 집필하였다. 그들 법조인에 관해서 새로운 공부를 하게 되었다. 그런 일 자체가 내게는 분에 넘치는 행운이었다.

알다시피 한국 근현대 사회에서 사법부의 역할은 지대하다. 최대교 검사와 김홍섭 판사는 현재까지도 법조인들이 호평하는 인물이다. 최대교는 한때 친일 행적이 도마 위에 오른 적도 있었지만 검사로서 강직하기로 역대 최상급이었다. 김홍섭 판사는 진실한 가톨릭 신자로서 자애롭기 그지없는 인물이었다. 그들의 저술에서 사상적 특징을 찾아내고, 법조인으로서 그들이 보인 언행을 체계적으로 분석함으로써, 나는 현대 한국 사회를 좌우한 사법계의 구조적인 문제점에 한 걸음 더 다가갈 수 있었다.

《동독 도편수 레셀의 북한 추억. 50년대의 북녘, 북녘 사람들》은 희귀한 북한 사진을 설명한 책이다. 이 책이 간행되자마자 최고급 정보기관에서 전화를 걸어, 그 사진들을 구할 방법이 없겠느냐며 문의할 정도로 관심을 끈 책이다.

1950년대 후반 동독의 건축가 에리히 레셀은 북한에 체류하며 많

은 사진을 찍었다. 그는 6·25 전쟁 직후 함흥과 원산을 복구하는 데
앞장섰다고 할 수 있다. 그가 찍은 낯선 사진을 한 장 한 장 확대해
서 살펴보며 나는 1950년대의 북한으로 여행을 떠났다.

독일 튀빙겐대학교에 재직하던 시절, 그의 아들과 우연히 만났다.
그 덕분에 뜻밖의 행운을 얻은 셈이었다. 당시에는 북한에 관한 다
른 자료를 거의 구할 수 없는 형편이어서, 오직 레셀의 시선을 통해
그 시기의 북한 사회를 깊이 들여다보고자 하였다. 그만큼 서술에
여러모로 한계가 있었다.

하지만 사진이라고 하는 시각자료가 전달하는 특유의 생생한 느
낌과 감동이 세월의 벽을 넘어 여전히 살아있었다. 게다가 "이방인"
인 독일 건축가의 눈을 통해서 북한의 내밀한 풍경을 들여다보았다
는 점에서 대상을 '낯설게 바라보는' 특별한 효과까지 더해졌다고
생각한다.

이 책을 쓸 때 나는 어쩌면 일어날지도 모르는 정치적 논쟁을 피
하고 싶었다. 그래서 보수적인 시각을 빌려 글을 썼고, '실향민'의
눈으로 북녘을 바라보았다. 어쩌면 진보적 지식인들은 그 책을 우
파적 편견으로 가득 찬 글이라고 비판했을지도 모른다. 그러나 북
한에 관해 처음 내는 책이라는 점에서, 나는 불편한 정치적 파장을
불러일으키고 싶지 않았다.

《아버지, 난 누구예요》는 37명의 대학생들과 함께 한국 현대사를
미시사 관점에서 쓴 책이다. 한 학기 동안 나는 학생들과 함께 새로
운 역사 쓰기의 가능성을 탐색했는데, 그 결과는 기대 이상이었다.
학생들은 각자의 눈높이와 시각을 유지하며 현대 한국 사회의 다양

세효각
백씨 이야기

한 문제점을 파헤치고 진단했다.

그 당시 어느 일간지가 이 책의 출현을 환영하였다. 미국 대학에서 영어를 가르치던 김기충 교수도 크게 환호했다. 김 교수는 우호적인 서평을 써서 미국에서 간행되는 학술지에 싣기도 했다.

지금도 나는 이 책을 꺼내 다시 읽을 때가 있다. 젊은 대학생들이 자신들의 소소한 인생 체험을 솔직 담백하게 잘도 서술하였다. 읽는 재미가 여간 크지 않다. 그들 저자는 사회적으로 이슈가 되었던 정치 사회적 문제들을 간명하고 날카롭게 분석하였다. 그들의 글을 대할 때마다 나는 스스로에게 묻는다.

'이른바 전문적인 역사가란 꼭 필요한 것인가?'

생태주의

이찬갑의 〈스크랩북〉은 내 인생에 변곡점을 하나 만들었다. 그와의 인연으로 여러 해 동안 한국 근현대사의 다양한 측면을 공부했다. 또, 만 4년 동안이나 이찬갑이 세운 학교가 있는 한적한 시골 마을에서 살았다.

요컨대, 〈스크랩북〉을 만나기 전에 나는 한국의 역사라면 조선시대만 염두에 두었으나, 이제는 시야가 한층 넓어졌다. '사고의 확산'이라고 불러도 좋을 정도였다. 홍동에 머무는 동안 "생태주의적 관점"을 역사 공부의 구심점으로 삼게 되었다. 그것만으로도 크게 만족할 일이었다.

‖ 3 ‖
동학에서 《정감록》,
다시 동학으로

아무래도 '나의 운명'이라고 말하는 편이 좋겠다. 지난날을 뒤돌아보면 굵게 패인 자국이 제법 뚜렷한 선으로 남아 있는 것이 보인다.

'왜 하필, 내가 걸어온 길은 이런 모양으로 흔적을 남기는 것일까?'

요령 있는 설명을 하기 어려울 때 '운명'이라는 말을 꺼내면 더이상의 성가신 질문은 사라진다. 생각할수록 동학이 내 삶에 끼친 영향은 참으로 컸다.

사학과에 들어갔을 때 나는 평생 동학농민혁명을 연구하려고 했었다. 군사독재의 사슬을 끊어버리려면 1894년에 역사를 바꾼 동학농민운동 또는 혁명의 체험을 되살리는 작업이 필요하다고 믿었다.

그러나 대학에 입학하고는 그런 공부를 하기가 불가능하다는 결론에 이르렀다. 어설펐던 나의 기대는 '현실'과 거리가 너무 멀었다. 그때 사학과에는 동학을 연구하는 사람이 존재하지 않았다. 이런저런 경로를 통해 알아보았으나 1970년대에는 어느 대학에도 그 분야를 전문적으로 연구하는 훌륭한 학자가 없었던 것 같다. 그 시절 동학은 여전히 일종의 사회적 금기어였다.

나로서는 멀리 우회하는 길밖에 없었다. 대학 초년생인 내가 동학 연구의 새 길을 여는 것은 불가능하였다. 그런데 다행히도 내가 다닌 대학에는 조선의 양반사회를 깊이 연구하는 교수가 계셨다. 그의 상세하고 정밀한 연구를 통해서라면 조선 사회의 구조적 문제를 깊이 이해할 수 있을 것 같았다. 그러면 장차 조선 사회의 특성과 문제점을 바탕으로, 내 힘으로 동학을 다시 연구할 날이 올 것이다. 나는 그렇게 생각을 정리하고 학업에 정진하였다.

송준호 선생님

양반 연구의 권위자인 선생님은 기꺼이 나의 스승이 되어주셨다. 누구보다 성품이 엄격하고 때로는 '까탈스럽다'고도 할 수 있었지만, 언제나 정직하고 소탈하셨다. 한없이 너그럽고 자애로우신 분이기도 하였다. 나는 선생님을 내 아버님처럼 생각하고 날마다 가장 가까이에서 모셨다. 자질구레한 잔심부름부터 연구실을 깨끗이 쓸고 닦는 일, 선생님의 연구에 필요한 자료를 베끼고 정리하는 일도 기꺼이 하였다. 선생님이 쓰신 원고를 몇 번이고 다시 정서하고 교정하는 일 또한 기쁜 마음으로 맡았다. 사적인 조수 노릇을 한 셈이다. 나는 그렇게 4년을 보낸 끝에 대학을 졸업하였다. 선생님과의 인연은 '매우 깊었다'라는 말만으로는 제대로 표현할 수 없다.

이별 아닌 이별

선생님의 학문과 인품을 절대적으로 믿고 따랐으나, 대학을 졸업할 때가 가까워지자 나는 그의 곁을 떠나기로 결심하였다.

"옛날에도 선비는 때가 되면 스승을 바꿔 책상을 지고 다른 곳으로 떠나는 법이 있었네. 너무 서운해하지 마소!"

그런 말씀으로 선생님은 나와의 이별을 받아들였다. 학교를 옮겨 나는 대학원에 진학했는데, 좋은 동료와 선배가 많았다. 그 무렵 나의 학문적 주소는 특이한 편이었다. 대학 시절에 조선과 중국 명·청 사회의 특징에 관해서 제법 공부를 한 것이 사실이다. 그러나 한국의 고대사라든가 근현대사에 관해서는 무슨 자료를 어떻게 다루어야 하는지를 모르고 있었다.

따라서 그런 분야의 전문가를 만나 지도를 받으면 공부의 폭을 한층 넓힐 수 있을 것 같았다. 그래서 나는 일종의 모험을 감행했다. 앞에서 서술한 것처럼 그 당시 우리 집안의 형편은 이루 말할 수 없이 어려웠다. 문자 그대로 생계를 유지하기도 어려운 시절이었으나, 나는 미래를 기약할 수 없는 학자의 길에 도전했다. 수많은 고민 끝에 내린 결정이었고, 한바탕 눈물을 쏟은 뒤의 단호한 선택이었다.

대개 학문의 길을 걷는 젊은이들은 대학원에 진학하면 전공 분야를 좁혀, 그 한 분야의 전문가로 성장하기를 기약한다. 그러나 나는 달랐다. 전공을 한정하기는커녕, 대학원 시절은 물론이고 유학을 가서도 오히려 전에는 알지 못했던 새로운 분야를 더 배우고 싶어 했다.

대학원 시절은 몇 가지 행운이 겹친 덕분에 예상보다 순탄했다.

여러 분야의 대학자를 가까이서 뵈었고, 재능과 인품을 겸비한 동료와 선후배도 여럿 만났다. 그렇게 대학원을 마친 뒤, 나는 머나먼 독일로 홀연히 떠나갔다.

조선 사회사

색다른 학문적 경험을 하면서 내 인생은 마치 스스로 길을 개척해 가는 듯 보였다. 드디어 첫 번째 책을 쓰게 되었다. 조선시대 전라도 태인현 고현내 면面의 사회사였다. 그 책은 처음부터 독일어로 저술 했으며 1993년 초에 원고를 마무리했다. 그 과정에서 나는 날마다 작업일지를 작성하였다.

얼마 뒤에 서울의 한 출판사에서 출간 제안을 받아 힘겹게 독일 어로 쓴 책을 내 손으로 직접 번역하였다. 난감한 대목도 적지 않았 으나, 이렇게 해서《한국 사회사 연구》(일조각, 1996)가 빛을 보았다. 큰 틀에서 보면, 그 시점에 이르기까지 약 20년 동안 양반 사회를 이해하려고 시간과 노력을 쏟은 셈이었다.

《정감록》으로

동학을 잊은 것은 아니었다. 1994년에 박사학위가 수여되자 나는 학문적 관심을 동학으로 되돌릴 방법을 모색했다. 내 시야에는 조 선 후기의 정치적 예언서《정감록》이 들어왔다.

그 당시《정감록》에 관심을 가진 역사가는 어디에도 없었다. 두 가지 이유 때문이었을 것 같다. 첫째, 《정감록》은 정본이 따로 있는 것도 아니고, 이본異本이 널리 퍼져 있는 데다가 내용도 일목요연하게 정리하기 어려웠다. 엄밀히 말해, 풍수신앙과 음양오행설과 점성술 등이 잡다하게 뒤섞인 잡술 서적이라는 것이 일반의 평가였다.

둘째, 조선시대의 역사 기록에서 《정감록》은 혐오의 대상이었다. 역사학자들이 보기에 그 책은 잡담거리는 될 수 있어도 진지한 연구대상으로 삼기에는 부적절해 보였다.

하지만 내 생각은 달랐다. 나는 《정감록》을 통하여 조선의 국시國是인 성리학, 즉 지배 이데올로기에 대항한 거대한 저항운동이 일어나기 시작했다고 가정하였다. 이미 서양의 여러 종교적 저항운동과 중국사에서 간혹 등장한 비밀결사에 관하여 나는 잘 알고 있었다. 그러므로 나는 《정감록》이야말로 귀중한 자료라는 확신을 가졌다.

때마침 한국에서는 역사문헌의 디지털화化가 빠른 속도로 진행되었다. 이전에는 쉽게 구해 볼 수 없었던 다양한 자료를 어디서든지 바로 검색할 수 있게 되었다. 연구 환경이 바뀌자 나의 《정감록》 연구에도 서광이 보였다.

독일연구재단

독일연구재단(DFG)은 내가 기획한 《정감록》 연구의 가치를 곧 인정했다. 재단에서는 6년 동안 연구비를 지원하기로 결정하였다. 이른바 "하빌리타치온(정교수 자격논문) 연구비" 덕분에 편안한 마음으로 《정감록》 공부에 몰두할 수 있었다. 그렇게 2년의 세월이 지났을 때

갑자기 신변에 변화가 찾아왔다.

서울의 한 대학에서 나를 교수로 초빙했다. 아쉬운 마음도 들었으나 나는 독일연구재단과 작별했다. 생활 여건은 독일이 훨씬 편했으나, 여러모로 불편을 감수하더라도 한국이 내게는 더 소중했다.

서울의 교수 생활은 분주해,《정감록》연구는 뒷걸음질 쳤다. 그래도 몇 편의 연구 논문을 발표할 수 있어서 다행이었다. 그 무렵 주변에는 누구도《정감록》연구에 의미를 부여하지 않았다. 그들은 내가 참 특이하고 이상한 연구 주제를 다룬다고 여기는 것 같았다. 그러나 그게 나와 무슨 상관이 있겠는가.

"나는 내 길을 조용히 가면 된다."

지금도 나는 그런 태도를 가지고 살지만, 그때도 다르지 않았다.

《정감록》에 관한 저술

다시 몇 년의 세월이 흐른 뒤에《정감록》을 본격적으로 연구할 기회를 얻었다. 그때 나는 한 출판사에서 일을 하고 있었는데, 마침 일간지에 50회에 걸쳐《정감록》관련 글을 연재할 기회를 얻게 된 것이다.

연재가 끝나자《정감록》에 관한 책을 쓰기 시작했다. 처음에는 한두 권으로 마무리할 생각이었다. 그러나 계획이 점차 확장되어 여러 권을 연달아 저술했다. 2006년부터 여러 해 동안《정감록》에 관한 책이 긴 행렬을 이루며 쏟아져 나왔다. 그것이 나중에는 동학에 관한 저술로 이어졌다.

- 《한국의 예언문화사》, 2006(문화관광부 선정 우수학술도서)

- 《鄭鑑錄》, 松本眞輔 역, 일본 勉誠出版, 2011(《한국의 예언문화사》의 일어 번역본)

- 《정감록 역모사건의 진실게임》, 2006(KBS 'TV 책을 말하다' 주제 북)

- 《읽기와 쓰기》, 서강대학교 교양국어 교재편찬위원회, 서강대학교출판부, 2008

- 《예언가 우리 역사를 말하다》, 2007(문화관광부 우수교양도서)

- 《정조와 불량선비 강이천. 18세기 조선의 문화투쟁》, 2011(제52회 한국출판문화
  상, 학술상)

- 《Indigo+ing》, 32호(2011년 11월호)

- 《정감록 미스터리》, 2012

- 《조선의 멋진 신세계》, 김양식 외, 서해문집, 2017(공저)

- 《동학에서 미래를 배운다》, 들녘, 2019

- 《해월 최시형. 세상을 바꾼 평민지식인》, 이천문화원/논형, 2025.

　이런 책들이 나의 인생에 독특한 색깔을 입혔다. 그 가운데는 공저 1권도 있고, 대학교재 1권, 청소년 잡지 1권도 포함된다. 내 책을 외국어로 번역한 것도 한 권 끼어 있다. 《정감록》에 관한 나의 저술은 모두 6권이고, 동학에 관해서도 2권을 썼다.

　너무 많은 책을 낸 것 같은 느낌도 든다. 하지만 책들의 성격을 곰곰이 따져보면 이것만으로는 여전히 부족하다는 마음을 지울 수 없다. 분수에 어긋난 탐심일 것이다.

세효각
백씨 이야기

《정감록》에서 동학으로

책의 권수는 늘어났으나, 필생의 업적이라고 내세울 책을 나는 아직도 쓰지 못했다. 능력이 부족하고 게으른 탓이다. 그런 나의 부족함을 순순히 인정하면서도, 여러 해 동안 내 마음을 지배한 주제들이었다는 사실을 숨길 수는 없겠다.

《한국의 예언문화사》는 《정감록》의 역사를 고대부터 현대까지 정리한 것이다. 달리 말해 '정치적 예언'의 역사를 내 나름으로 고찰한 것이었다. 독자들의 반응도 좋은 편이었다. KBS 인기 프로그램이던 〈TV 책을 말하다〉에서 이 책을 특집으로 다루었고, 문화관광부는 우수학술도서로 선정하였다.

《정감록》이라는 정치적 예언서에 주목해 역사 연구의 대상으로 삼았다는 점에서 평가를 받았다. 또, 조선 후기에 《정감록》을 빌미로 일어난 역모사건들에 정치사회 및 문화적 의미를 부여했다는 점에서 지나치게 호평을 받았다고 생각한다. 또 하나, 《정감록》이 조선 후기에 시작된 신종교 운동의 출발점이었다는 나의 주장에도 많은 이들이 동의해 주었으니, 분수에 넘치는 개가凱歌였다.

《鄭鑑錄》은 바로 위에서 언급한 책자(《한국의 예언문화사》)를 일본어로 번역한 것이다. 역자는 마츠모토 교수로 경희대학교에서 일본어를 가르치는 분이다. 우연한 기회에 서로 알게 되었는데, 그가 나의 책을 일본어로 번역하고 계셔서 깜짝 놀랐다. 일본어판에는 약간 오자가 있었으나, 전체적으로는 원본인 한국어판보다 글의 짜임새도 훌륭하고 편집도 세련되었다. 문화국가 일본의 높은 수준을 보는 것 같아서 한편으로는 부럽고도 부끄러운 마음이 들었다.

《정감록 역모사건의 진실게임》은 출판사의 공이 많이 들어간 책이다. 삽화도 박시백 화백에게 부탁해서 특별하게 꾸몄고, 책의 구성에도 심혈을 기울였다. 이 책은 영조와 정조시대에 일어난 《정감록》 역모 사건 가운데 세 가지를 선택하여 특이한 방식으로 구성한 것이다. 어느 평론가는 차라리 소설이라는 제목을 붙였으면 일반 시민이 더욱더 사랑했을 것이라고 평했다. 어느 역사 소설가는 서술 내용을 검토해보면 주인공의 어투에 별 차이가 없어서 아쉽다고 말했다. 아마 옳은 지적일 것이다.

이 책을 쓰면서 나는 '역사적 상상력'을 동원했다. 일종의 실험적인 저작이었으나, 나는 소설가가 아니지 않은가. 문체로 보나 구성으로 보나 부족함이 많았을 것이다. 그런데 KBS 〈TV 책을 말하다〉에서 이 책 또한 특별히 대접해 주어서 고마웠다.

《읽기와 쓰기》는 대학교 국어 교재이다. 《정감록 역모사건》의 한 대목을 옮겨 예문으로 실었다. 역사에 관한 저자('나')의 관점이 독특하다고 여겨서 그렇게 한 모양이었다. 저자로서는 여간 반가운 일이 아니었다. 그 이후 어떤 사람은 나의 역사 서술 기법이 '포스트 모던'하다고 생각해 석사논문 주제로 삼기도 하였다. 나의 역사 쓰기 실험은 일부 사람들 사이에서 상당한 관심거리가 되었으니, 다행스럽고 감사한 일이다.

《예언가 우리 역사를 말하다》는 《정감록》에 포함되기도 하고 때로는 독립적 예언서로 취급되기도 한 여러 종류의 정치적 예언서를 일일이 검토한 책이다. 정치적 예언서의 전파 과정, 내용의 차이, 저자를 확정하는 문제 등을 폭넓게 다루었다. 이 책에서 나는 예언서의 진위를 따지는 작업이 별로 의미 있는 일이 아니라고 주장했다. 그 대신에 조선 후기에 '평민지식인'들이 이와 같은 예언서를 동원해서 그 시대의 희망 또는 절망을 표현하였다는 점을 좀 더 유심히 검토하고자 했다. 평자들은 나의 이러한 노력에 일리가 있다고 보았던 것 같다. 문화관광부에서 이 책을 우수교양도서로 선정해주어 감사했다. 과연 이 책이 시민들의 교양 증진에 이바지할지는 확신할 수 없으나, 평자들의 따뜻한 평가에 대해 감사한 마음은 숨길 수 없다.

《정조와 불량선비 강이천》은 회심의 역작이라는 평가를 받았다. 어느 신문사에서 '올해의 책'으로 뽑았고, 역사와 전통을 자랑하는 한국출판문화상(학술상)의 영예도 안게 되었다. 여러 분이 호평을 아끼지 않았으니 내게는 크나큰 영광이었다.

이 책이 호평을 받은 이유는 무엇일까. 세 가지 이유가 있어 보이는데, 첫째는 서술의 참신함이었다. 일반인에게는 이름조차 생소한 강이천이라는 선비를 책의 주인공으로 삼아서 당대 최고의 권력자인 정조와 대비시킨 점이 인상적이었다고 한다.

둘째, 이 책에서 저자가 시종일관 강조하는 한 가지 중요한 개념이 책의 배경을 장식하고 있다는 점이다. '문화투쟁(Kulturkampf, culture war)'이라는 개념이 그것이다.

셋째, 이 책은 정조시대에 일어난 한 가지 작은 사건을 다루었으나, '서구의 침입'이라는 조선 후기의 핵심적인 사회적 과제를 염두에 두었다. 그런 이유로 식자들은 이 책에 찬사를 베풀었다.

《인디고잉》(32호)은 《정조와 불량선비 강이천》을 특집으로 다루었다. '주제와 변주'라는 강연 및 토론 시리즈 기획의 일부였다. 나는 청년들의 부름에 따라 부산으로 내려가서 유쾌하고도 생산적인 대화를 나누었다. 사회 정의를 희구하는 청년들의 모습이 인상적이었다. 그 기억은 앞으로도 오랫동안 잊지 못할 것이다.

《정감록 미스터리》는 《정감록》에 관한 마지막 책이다. 그동안 못다 한 이야기를 묶어 한 권의 책으로 정리한 것이다. 아직도 《정감록》에 관해 더 하고 싶은 말이 남아 있다. 하지만 이쯤에서 멈추어도 크게 섭섭하거나 후회할 일은 아니다. 이제는 다른 연구자들이 더욱 깊고 다양한 《정감록》 연구를 하실 줄로 믿는다.

《조선의 멋진 신세계》에는 두 편의 글을 싣게 되었는데, 송찬섭 교수와의 인연 덕분이었다. 한 편은 《정감록》에 관해 쓴 글이고, 다른 하나는 '미륵신앙'을 다룬 글이다. 두 편 모두 내 생각에는 《정감록》 공부의 연장선상에서 태어난 것이었다. 그런 흐름이 결국 하나로 합쳐져서 동학사상을 낳았다고 생각한다.

《동학에서 미래를 배운다》는 긴 방랑을 마치고 드디어 내가 동학으로 귀환했음을 알리는 책자였다. 여러 해 전의 일로 기억하는데, 서울 영등포에 있는 '하자센터'의 요청에 따라 청소년들 앞에서 동학에 관한 강의를 했다. 모두 네 번에 걸친 연속 강의였는데, 들녘 출판사의 도움으로 아담한 소책자가 되어 나타났다.

곰곰이 생각하면 이런 기연이 없다. 군사독재 문제를 해결하겠다며 역사 공부를 시작했고, 그때 마음속으로 떠올린 연구 주제가 동학이었다. 1976년에 첫발을 뗀 탐색의 길이었다. 수십 년 세월의 풍파 속에서 동학의 길이 끊어질 듯하다가도 이어지기가 여러 번이었다. 드디어는 손바닥만 한 소책자가 탄생하였다. 인연으로 치면 감개무량하나, 책의 내용은 단순하다.

"관계의 질적 전환"이 책의 핵심 내용이다. 먼 길을 돌아서 도달한 나의 역사적 발견이 그 말 속에 함축되어 있다. 인간과 사물, 인간과 우주의 관계에는 질적 전환이 필요하다는 깨달음에 이르렀다. 수운 최제우와 해월 최시형 선생의 가르침이 바로 그 핵심이라는 것이 내 결론이었다.

《해월 최시형, 세상을 구한 평민지식인》은 동학에 관한 나의 인식을 한 걸음 더 나아가게 했다. 여러 해 전부터 강조해 온 "평민지식인"의 존재 형태와 그 역사적 의미를 분석한 책이다. 이 책을 쓰면서 나는 평민지식인 전봉준의 매력에 더욱더 깊이 빠져들었다.

사랑의 역사학

18세기에 《정감록》을 매개로 미미하게 시작되었던 한 가지 정치 사회적인 움직임이 있었다. 나는 그 흐름을 따라가며 조선 사회에 '대항 이데올로기'가 형성되는 과정을 탐색하였다. 그 탐구 과정에서 나는 동학사상의 핵심인, 인간과 자연, 인간과 우주가 지배와 종속이 아닌 상호존중과 공생 관계로 전환되어야 한다는 깨달음, 즉 '관계의 질적 전환'을 발견했다. 그리고 오늘날 이 사상을 현대적으로 확장하여, 파괴된 생태 질서를 회복하고 지속 가능한 사회를 이루기 위해 '생태적 전환'이 필요하다는 생각에 이르게 되었다. 그 생각을 한층 깊이 들여다보니, 새로운 깃발이 저 멀리서 펄럭이며 나를 부르는 것 같았다.

유럽에서 발생하여 여러 단계를 거치며 발달한 근대적 역사학을 나는 "지배/소유의 역사학"이라 부르고, 앞으로 내가 나아갈 길을 "존재/사랑의 역사학"이라고 구별하게 되었다. 그렇다면 "존재 또는 사랑의 역사학"이 무엇인가를 묻고 싶은 분들도 있을지 모르겠다. 굳이 설명을 보태자면 요령 없는 설명이 또 길게 이어질 것 같아서 생략한다. 한 가지 분명한 점은 역사를 바라보는 기성의 관점이 주류主流의 이해관계를 바탕으로 형성된 사실을 비판하고, 정반대 방향에서 역사를 새롭게 서술한다는 것이다. "사랑의 역사학"에 관해서는 훗날 재론할 기회가 있을 것이다.

‖ 4 ‖
'사회사'를 넘어

역사 공부를 처음 시작할 때부터 나의 관심은 사회사였다. 현대 한국 사회의 변화와 개혁을 꿈꾸며 시작한 공부였기 때문이다. 그래서 나는 본래 정치사, 경제사, 문화사와 같은 분야에는 마음을 빼앗기지 않으려 했다.

1970년대만 해도 역사학계가 분야사를 바라보는 시선이 지금과는 달랐다. 당시 정치사는 권력의 역사를 다루는 분야였고, 그런 서술은 지배자나 기득권층의 결정을 합리화하기 일쑤였다. 나는 그런 점이 싫었다. 보잘것없이 가난하게 몰락한 시민의 처지에 있던 내가, 왕과 귀족의 지배를 정당화한다면 처지에 맞지 않는 일이었다. 게다가 탐욕스런 정치가들이 현실 사회를 지배하고 있었던 점을 고려할 때 그들의 선배를 변명하거나 합리화하는 것은 도무지 생리에 맞지 않았다.

경제사도 탐탁하지 않았는데, 그 까닭은 두 가지였다. 하나는 시대가 흘러감에 따라서 생산력이 점차 발전했다는 경제사가의 일반적인 주장이 믿기 어려웠다. 그들은 일직선적 발전론에 집착하며 마치 역사가 제대로 성장·발전해온 것처럼 주장했다. 제3세계의 시민으로서 나는 그런 주장을 곧이곧대로 믿고 따르기가 거북했다.

또 하나, 경제사가들은 항상 자본의 편에서 부자들의 정치 사회적 성장을 찬양하는 데 익숙하였다. 나는 그들의 태도에 강한 거부감을 느꼈다.

그런가 하면 문화사라는 분야도 한심했다. 가령 미술사와 음악사는 현실 사회와 완전히 유리된 고답적 미학 논의에 빠져 있었다. 때로는 터무니없는 미신에 매달리기도 했다. 고등학교 교과서에도 나오는 '한국의 미' 같은 수필을 나는 곱게만 여길 수 없었다. 그들은 비합리적인 이유로 우리 민족이 우수하다거나 아름답다고 주장했다. 내 눈에는 그것이 값싼 선전 구호일 뿐이었으므로, 그들을 좋아할 수 없었다.

사회사란 무엇인가

나의 선택은 단연 사회사였다. 사회의 실상과 구조를 밝히는 일이라야 진정한 역사요, 이런 연구를 통해서 새로운 세상을 만들 수 있을 것이라는 믿음이 확고했다. 돌이켜보면 그것 역시 하나의 미신이었을지 모른다. 그러나 역사 초년병이었던 나는 그 점까지 생각하지는 못했다.

'어떤 사회를 어떠한 방법으로 연구할 것인가?'

이것이 나의 화두였다. 만약 내가 다루어야 할 사회가 인류 전체의 문제를 검토한다든지, 유교사회 전반이나 하나의 국가 전체를 대상으로 하는 것처럼 규모가 크다면, 너무 막연할 것 같았다.

젊은 시절 나는 규모가 작은 사회를 연구대상으로 삼는 것이 최선이라고 여겼다. 부족한 자신의 능력을 감안할 때, 몇 개의 마을 또는 면 단위 정도라면 안성맞춤일 것 같았다. 독일 유학 이후 그 생각은 더욱 굳어졌다.

연구 경험

독일에 유학할 때 신선한 자극을 준 역사가가 많았다. 영국의 역사가 맥팔렌(Alan Macfarlane)도 인상적이었고, 프랑스와 독일에도 사회사적 관심을 깊게 만든 역사가들이 다수였다. 유학 시절 나는 대학 도서관에 비치된 수십 종의 역사 관련 학술지를 훑으며, 거의 모든 최신 논문을 챙겨 읽었다. 서가를 누비며 새로 나온 책들을 찾아 읽는 일도 큰 즐거움이었다.

어느 날은 베르너 뢰제너(Werner Roesener)가 쓴 《중세의 농민》(1985)을 발견하고 뛸 듯이 기뻤다. 조선의 농촌사회는 유럽 중세의 농촌과 공통점이 많다고 생각하였기 때문이다. 그 책을 읽고 나서 나는 뢰제너 박사에게 편지를 썼다. 얼마 후 그와 만나기로 약속이 성사되어 막스플랑크 역사연구소로 직접 찾아갔다. 그때의 인연으로 위르겐 슐룸봄 등 여러 학자를 사귀었다. 한 권의 책이 장차 나에게 중요한 영향을 미칠 인적 자원을 한꺼번에 안겨준 것이었다.

나는 아루투어 임호프와도 편지를 주고받았다. 임호프 교수는 우리 식으로 말해 "읍"邑 정도 크기의 지역을 연구하는 탁월한 사회사가였다. 그런데 눈에 암이 발생해 우리의 관계는 크게 발전하지 못했다. 세월이 한참 흐른 뒤, 그는 완치되어 강단에 복귀하였다. 건강을 되찾은 그를 만나 흥미로운 대화를 나눌 수 있어 매우 기뻤다.

영국 케임브리지 대학교의 '인구사연구회'와도 인연이 닿았다. 피터 라슬렛 교수를 비롯해 그곳 학자들의 논저를 많이 읽었으므로, 케임브리지에서 연구할 기회를 얻고 싶었다. 마침 독일 정부에서도 연구비를 배정해 주었다. 그러나 안타깝게도 뜻밖의 가정 사정으로 그 계획은 물거품이 되었다.

네덜란드의 학자들, 그리고 미국의 여러 학자와도 안부나 묻는 단순한 친선관계를 넘어 상당한 신뢰관계를 형성했다. 특히 미국의 제임스 팔레 교수와 서로 장문의 편지를 주고받으며 조선 사회의 특성을 둘러싸고 서면으로 토론한 기억이 새롭다. 영국의 마티나 도이힐러 교수와도 정기적으로 연락을 주고받으며, 치열하게 토론하였다.

전문서적을 구해서 읽고, 다양한 흐름에 속한 학자들과 만나서 토론하는 시간이 즐거웠다. 그러한 경험이 축적되자 사회사에 관한 나의 시각에도 상당한 변화가 일어났다. 처음에는 '사회'라고 하는 좁은 의미의 특정한 분야를 다루는 역사로서 사회사를 생각하였다. 이것이 한 사회의 정치, 사회, 문화를 총괄하는 '전체사'로서 사회사로 확장되었다. 그보다 뒤에는 문화사인지 사회사인지 굳이 구별되지 않을 만큼 시야가 넓어졌다.

좁고 편협했던 나의 인식이 차츰 확장되면서, 저술에도 그에 걸맞은 변화가 나타났다. 근본이 한국 시골 출신인 내가 달라져야 얼마나 달라지겠는가마는, 사물을 바라보는 태도와 서술 방식에는 분명한 변화가 있었다. 다만 기대만큼 실력이 향상되지는 못해, 내가 쓴 글은 항상 꾀죄죄함을 벗어나지 못한다.

전문 연구서에서 통사로

1990년대의 나는 구조적이고 전체사에 근접한 사회사를 쓰고 있었다. 이후에는 여러 가지로 확장과 변형을 꾀했다. 그것이 과연 괄목상대할 만한 것이었을까? 그렇게 되지는 못한다. 이른바 우화등선 羽化登仙은 나에게 불가능한 꿈이다. 그래도 다음과 같은 연구 결과물이 나왔으니 큰 다행이다.

-《한국 사회사 연구》, 일조각, 1996

-The Stem Family in Eurasian Perspective. Revisiting House Societies, 17th-
20th centuries, ed. by Antoinette Fauve-Chamoux and Emiko Ochiai, Bern:
Peter Lang, 2009

-《역설. 백승종의 한국사 에세이》, 산처럼, 2013

-《금서, 시대를 읽다. 문화투쟁으로 보는 한국 근현대사》, 산처럼, 2012

-《생태주의 역사 강의. 근대와 국가를 다시 묻는다》, 한티재, 2017

-《마흔 역사를 알아야 할 시간》, 21세기북스, 2012

-《시민을 위한 이천의 역사. 조선 전기 편》, 이천문화원, 2022

-《시민을 위한 이천의 역사. 조선 후기 편》, 이천문화원, 2023

《한국 사회사 연구》는 칭찬도 많이 받았으나 상당한 반대와 저항에 직면하기도 하였다. 학자 생활에서 으레 일어나는 일이다. 이 책은 전라도 태인현 고현내면의 500년 역사를 통째로 기술한 것이었다. 그 당시 국내에도 지방사/지역사/향촌사를 연구하는 이가 많았는데, 그중에는 이 책을 읽고 심하게 반발한 이도 있었다. 그는 나를 지목해 "학문적 시민권"이 없는 사람이라고 했다. 나와 그는 학문적 배경이 전혀 달랐고, 그런 점에서 어느 정도 예측된 저항이었다.

《스템 패밀리》라는 책에, 나는 제주도 대정현의 호적을 바탕으로 쓴 한 편의 글을 실었다. 위르겐 슐룸봄 교수와의 인연으로 유럽과 미국의 여러 학자를 알게 되었고, 그 덕분에 호적을 해석하는 나의 태도에도 변화가 있었다. 국내에서 열린 어느 학회에서도 이 논문을 발표하였는데 청중의 반응이 싸늘해서 충격을 받았다. 우리는 서로 생각이 달라도 너무 달랐다.

《역설》은 조선 사회의 다양한 측면을 나름대로 생각해본 것이다. 2008년부터 2012년 초까지 나는 어느 일간지에 일주일에 한 번씩 역사 칼럼을 내보냈다. 마음에 떠오르는 역사 주제를 자유롭게 다루면서 세상 돌아가는 풍경을 비평할 기회를 얻어 4년씩이나 특권을 누린 것이다. 그중에서 몇 가지 칼럼 주제를 골라서 좀 더 깊게 설명하는 방식으로 이 책을 만들었다.

본래는 〈백승종의 역설〉이란 제목으로 일간지에 200개도 넘는 칼럼을 썼다. 그때 나는 동서양사와 한국사를 넘나들며 마음껏 글을 쓸 수 있었다. 한 편의 작은 칼럼이 나에게는 짧은 논문 한 편과도 같았다. 그런 마음가짐으로 늘 성실하게 쓰고자 했으나, 부족한 사람이 하는 일이라 만족할 만한 글이 이뤄진 적은 별로 없었다.

신문 연재가 끝난 다음 조선시대의 정치·사회·문화적 특징을 분명하게 드러낸 것만 추렸다. 거기에 자료를 보강하여 긴 글로 다시 썼다. 마치 조선시대에 관한 새로운 개설서 한 권을 쓰는 듯한 기분으로 작업했다.

《금서》는 근현대사의 문제를 한 가지 특별한 관점에서 바라본 책이다. 처음부터 한 권의 책을 염두에 두고 쓴 것은 아니었다. 출판사의 도움으로 강의 원고를 다시 정리하자 두툼한 책이 되었다. 이 책에는 근현대사에 깊은 충격을 던진 8권의 금서가 등장한다. 각각의 금서가 어떤 식으로 당대에 '문화투쟁'을 촉발했는지를 검토한 책이다.

지금부터 20년 전, 곧 2005년에 나는 세 가지 키워드로 나의 연구를 설명한 적이 있었다. 하나는 '생존전략'이요, 또 다른 하나는 '재량권', 마지막은 '문화투쟁'이었다. 역사를 해부하는 나의 작업도구가 바로 이것이었다. 미시사 공부를 시작한 이래 이런 도구들이 필요하다고 여겼던 것인데, 2008년경부터 나는 '문화투쟁'을 조명하는 데 초점을 맞췄다. 《금서》의 탄생은 당연한 귀결이었다.

《금서》는 나에게 출판문화평론상을 안겨주었다. 또, 이 책은 김해에서 열린 청소년 인문학대회의 주제북으로 선정되었다. 덕분에 나는 전국에서 온 청소년들과 함께 '문화투쟁'의 의미를 성찰할 기회를 가졌다.

《생태주의 역사 강의》는 대구의 한티재 출판사가 호의를 베풀어 출간한 소책자인데, 이 책이 나오기 전 내게는 분에 넘치는 일이 있었다. 안타깝게도 연전에 작고하신 김종철 선생의 요청으로 《녹색

평론》의 귀중한 지면을 얻은 적이 여러 번이었다. 그 시절에 나는 '생태적 전환'이 아니면 그 무엇도 안 된다는 생각을 했는데, 이는 미시사 공부를 통해 얻은 결론이자,《정감록》과 동학에 관한 연구의 귀결점이었다. 또, 이찬갑의 〈신문 스크랩북〉의 긴 역사가 도달한 최종 목표 지점이었다.

한티재 출판사와 함께 소책자를 만들 때 나는 두말할 필요도 없이 《생태주의 역사 강의》라는 제목을 떠올렸다. 생태주의라는 렌즈를 통해서 근대의 역사를 바라본 것이다.

한 가지 설명이 필요할 것 같다. 내가 꿈꾸는 생태주의 역사는 좁은 의미의 생태가 아니다. 이를 알아차리지 못한 이들은,《생태주의 역사 강의》에 왜 그리스의 재정 위기나 영국의 브렉시트가 등장하는지 의아해하였다. 우리가 생태에 대해서 가지고 있는 고정관념이 너무 협소하므로 이를 청산할 필요가 있다. 세계 경제문제는 생태문제와 긴밀하게 연결되어 있다.

생태란 과연 무엇인가. 둘러보면 우리 삶 어디에나 생태 아닌 것이 없다. 여기서 중요한 것은 상호 간의 유기적인 관계요, 모든 사물 간의 상호존중이라고 생각한다. 그 이상 중요한 것은 없을 것이다. 그렇다면 생태란 무엇인가. 생태는 단순히 숲과 강, 동식물에만 한정되는 개념이 아니라, 인간과 자연, 인간과 사회, 사물과 사물 사이에 맺어진 모든 관계망을 포함한다. 우리 삶을 깊이 들여다보면, 먹고 입고 움직이는 일상에서부터 경제, 정치, 문화의 구조에 이르기까지, 생태의 작용이 스며 있지 않은 곳은 없다. 다시 말해, 생태는 개별 존재가 고립적으로 살아가는 것이 아니라 서로를 살리고 영향을 주고받는 거대한 순환과 연결의 체계이며, 이를 어떻게 유지하고 조화롭게 가꿔 나가느냐가 우리의 미래를 결정한다.

《마흔 역사를 알아야 할 시간》은 한국사 개설이다. 이 보잘것없는 책자를 통해 나는 자신의 과거와 화해하기를 꾀하였다. 역사 공부를 처음 시작할 때 가졌던 정치사와 경제사에 대한 혐오증이라든지 문화사에 대한 편견에서 벗어나고자 했다. 나이가 든다는 것은 아마 이런 것일는지도 모른다. 대상에 대한 인식이 변하면, 과거에 함부로 무시했던 대상과도 화해하고 싶은 마음이 싹튼다.

그러나 섣부른 화해를 바라지는 않는다. 감히 내가 조화로운 인간으로 거듭났다고 생각하는 것도 아니다. 다만 먼 길을 돌고 돌아 우리가 원하던 참된 상태에 도달하려고 노력하노라면 결국에는 자신이 본래 가졌던 마음이 얼마나 편협한지를 인정하는 날이 온다. 시간과 공간의 축은 세상사를 끊임없이 바꾸어놓기 마련이고, 바로 그러한 변화 속에서 우리는 살고 있다. 그런 사실을 받아들이는 것이 곧 내 삶의 '생태적 조건'이다.

《시민을 위한 이천의 역사. 조선 전기 편》과 《시민을 위한 이천의 역사. 조선 후기 편》에서 나는 다시 지역의 역사로 되돌아갔다. 다양한 자료를 총동원해 경기도 이천이라는 비교적 협소한 지리적 공간을 무대로 한국사의 흐름이 어떻게 굽이쳤는지를 세밀하게 검토했다. 학교에서 배우는 역사 교과서에는 한 번도 등장하지 않는 인물과 사건이 두 권의 책을 가득 메우고 있다. 그러나 그 속에서도 우리는 역사의 큰 흐름을 생생하게 포착할 수 있다.

‖5‖
전통 사상과의 화해

나는 성리학과 새롭게 화해해야 한다고 믿으나, 어떻게 그런 일이 가능할까. 우선 곡해는 금물이다. 역사적으로 문제를 많이 일으킨 성리학의 폐단과 영결永訣해야 한다는 데는 이의가 없다. 이미 허물어진 옛 사당을 다시 세울 필요도 없고, 신분적 위계질서라든가 남성 위주의 가부장주의도 회복할 대상이 아니다.

그럼 우리가 계승할 것은 무엇인가. 유교 또는 성리학의 보편적이고 합리적인 가치일 것이다. 알다시피 맹자는 사회 정의를 힘껏 강조하였다. 공자는 학문적 수련과 실천을 하나로 통일하고자 노력했다. 주자는 단편적 지식으로서의 유교를 벗어나 그것을 하나의 일관되고 체계화된 사상으로 되살려내는 데 힘썼다.

그들의 제자인 한국의 탁월한 성리학자도 훌륭했다. 그들은 세습적인 지위와 위세를 별로 좋아하지 않았다. 누구든지 끊임없는 학습과 수련을 통해서 인격을 연마하고 지식을 키워야 혼란한 세상을 바

새효각
백씨 이야기

로잡을 수 있다고 믿었다. 그들 성리학자는 신비주의에 빠져 미신을 숭상한 적도 없었다. 그들은 만물의 상이한 개성을 존중하면서도 그것이 제도화된 차별과 불의의 늪에 함몰될까 항상 조심하였다.

그런 생각의 실타래를 따라가면 조선시대에 존재한 다수의 선구자가 눈에 띈다. 다름 아닌 그들의 머리와 가슴에서 새로운 사상과 문물제도가 찬란한 모습을 드러냈다. 삼봉 정도전, 정암 조광조, 율곡 이이, 반계 유형원, 성호 이익, 다산 정약용, 연암 박지원, 추사 김정희, 담헌 홍대용, 혜강 최한기, 환재 박규수 등 백성을 살리고자 노력한 사상가들이 이 땅에 얼마나 많았던가.

창조적 하이브리드

전통을 강조할 때 우리가 경계할 지점도 있다. 문화 전통을 너무 미화하거나 앞서 살았던 선구자의 사상을 교조적으로 떠받드는 것은 도리어 새로운 문제를 낳는다. 누구나 크고 작은 허물은 있기 마련이고 시대적 한계도 따른다. 그 점을 애써 외면한다면 우리는 다시 역사의 절벽에서 추락하고 말 것이다.

하필 성리학만을 전통 사상이라고 고집하려는 것은 아니다. 불교도 좋고, 도교와 도가도 도외시할 이유가 없다. 무교巫敎라고 해서 하찮게 여길 것도 없다. 전통 문화와 사상 또는 종교를 일방적으로 폄하하거나, 그와 반대로 맹목적으로 신봉하는 태도를 멀리하는 것이 필요하다.

중요한 것은, 과거의 경험과 전통에서 보편적 타당성을 가진 유산을 살려내는 작업을 계속하는 것이다. 과거와 현재를 바탕으로 거기서 새 문화의 싹을 길러내려고 나는 역사를 읽고 쓴다. 역사를 공부하는 목적이 이에 한정된 것은 아니지만 문화를 새로 창출하는 것이야말로 역사 연구의 가장 중요한 과제이다.

2000년대에 접어들자 나는 전통 사상과의 만남을 구체화하였다. 《정감록》도 동학도 미륵신앙도 모두 좋으나, 그동안 애써 외면한 성리학도 버리지 말아야겠다는 생각이 내 안에서 고개를 들었다. 그 방면으로도 나는 몇 권의 책을 썼다.

- 《대숲에 앉아 천명도를 그리네. 16세기 큰선비 하서 김인후를 만나다》, 돌베개, 2003

- 《조선의 통치 철학》, 백승종 외, 푸른역사, 2010(공저, 문화관광부 우수교양도서)

- 《조선의 아버지들》, 사우, 2016(세종 우수교양도서, 경기도 평택시 '한 책')

- 《선비와 함께 춤을》, 사우, 2018

- 《중용, 조선을 바꾼 한 권의 책》, 사우, 2019

- 《문장의 시대, 시대의 문장》, 김영사, 2020

- 《세종의 선택》, 사우, 2021

- 《조선, 아내열전》, 시대의창, 2022

- 《모재 김안국. 16세기의 실천적 지식인》, 이천문화원, 2024

《대숲에 앉아 천명도를 그리네》는 16세기 문인학자 하서 김인후 평전이다. 그를 "선현先賢"이라며 무조건 미화하기보다는 그와 저자인 나를 수평적인 관계로 설정하여, 서로 묻고 대답하는 방식으로 이야기를 풀어갔다. 조선 성리학자의 진면목을 입체적으로 점검하는 기회였다.

《조선의 통치 철학》은 의욕적이고 유능한 몇 명의 역사가들과 함께 조선시대의 정치사상을 점검한 책이다. '통치 철학'이란 차원에서 최초로 조선의 왕과 성리학자를 만나는 작업이었다. 문화관광부 우수교양도서로 선정되었고, 외국어로 번역할 책으로도 뽑혔다.

《조선의 아버지들》은 우리 시대에 과연 아버지란 누구인가, 어떤 존재인가를 심층적으로 점검하는 질문에서 비롯된 책이다. 나는 조선의 대표적인 성리학자들이 '아버지'로서 어떤 존재였는지를 탐구했다. 그들은 어떤 의미에서 성공적인 아버지였고, 또 어떤 점에서 실패한 아버지가 되었는지를 헤아려 보았다. 다행스럽게도 이 책은 많은 격려를 받았다. 세종 우수교양도서로도 선정되었고, 경기도 평택 시민들이 뽑은 '한 책'이 되었다.

《선비와 함께 춤을》도 우리 시대가 옛 선비들에게서 무엇을 보고 들을지를 검토한 작업이었다. 2005년부터 나는 여러 신문과 잡지에 역사 칼럼을 쓸 기회가 많았다. 여러 칼럼 중에서도 조금 더 긴 이야기가 필요한 사건과 인물을 선정하여 부연한 것이 이 책이다.

《중용, 조선을 바꾼 한 권의 책》은 나에게 소중한 결실이었다. 조선 5백 년 동안 《중용》이란 책이 어떻게 읽혔고, 당대 사회에 무슨 영향을 끼쳤는지를 분석하였다. 아마 이런 주제를 다룬 책은 처음이었을 것이다. 반응도 좋아, 출간 직후 신문사에서 곧바로 저자 인터뷰를 요청해 올 정도였다.

《문장의 시대, 시대의 문장》은 문장의 역사를 쓴 것이다. 정확히 말해 문장 미학美學이 시대별로 어떻게 바뀌었는지를 점검했다. 이러한 관점에서 역사를 쓴 책도 다시 찾아보기 어려울 것 같다.

《세종의 선택》은 누구나 잘 아는 세종을 입체적으로 재조명했다. 세종이야말로 "유교적 문명화"를 위해 헌신한 인물이었다는 점을 부각하였다. 그러나 그가 왕으로서 한 모든 일을 칭찬하는 데 역점을 둔 책은 아니다. 균형 잡힌 시선을 유지하며 세종이 벌인 각종 사업을 깊이 있게 분석하고자 노력했다.

《조선, 아내 열전》은 《조선의 아버지들》과 반대 방향에서 역사를 읽으려 하였다. 아버지의 관점을 벗어나 어머니와 여성의 관점에서 조선 사회를 깊이 들여다보았다. 그 과정에서 여성의 "생존전략"을 살피고, 그들의 "재량권"을 가늠하려고 했다.

《모재 김안국. 16세기의 실천적 지식인》은 "실학자 이전의 실학자"를 발굴한 책이다. 김안국은 16세기 명인 가운데 한 사람이지만 후세에는 제대로 평가받지 못했다. 이 책에서는 그 이유가 김안국이 선택한 독특한 사상적 지향점에 따른 것이었다는 점을 밝혔다. 기묘사화(1519) 이후 조선의 성리학계는 형이상학을 추구하는 경향이 점점 강화되었으나, 김안국은 백성이 평안하게 살 수 있는 '부민富民 공동체' 구현에 전심전력했다는 사실이 독자들의 눈길을 끌 것이다.

위기지학

지나온 세월을 돌이켜보면, 나의 역사 연구는 군사독재를 청산하는 데 자그만 보탬이라도 되고자 시작한 길이었다. 그러나 한국 사회의 역동적 변화에 나는 실질적으로 기여하지 못했다. 다만 자신의 지적 관심을 따라 해외 여러 나라를 다니며, 내가 읽고 싶은 책을 찾아 읽는 한가한 세월을 보냈다. 그나마 다행이라면 끊임없이 부족한 생각을 정리해서 책으로 만든 것이다. 그러나 모두의 필독서가 될 만큼 의미 있는 책은 아직도 내놓지 못하였다. 자신의 무능을 실감하지 않을 수 없다.

학구學究로 살아온 사십여 년 세월이었다. 부족하고 초라한 내 삶의 이면裏面에는 세효각 선조의 모습이 겹겹이 드리워져 있는 듯하다. 송구한 말씀이나, 내 할아버지와 할머니들도 실은 나처럼 살았던 것이 아닐까 한다. 세상에 약석藥石이 되기를 꿈꾸며 책상 앞을 지켰으나, 혼란한 세상을 구하기에는 역부족이었다. 그래서 결국 평범한 시골 선비로 살다가 늙어갔다. 나 또한 그 길을 따라가는 것으로 충분하다고 믿는다.

"사과는 나무에서 멀리 떨어지지 않는다."

나를 위한 공부爲己之學가 남을 위한 공부爲人之學보다 우선이다. 전자는 자기 성장과 수양을 위한 공부이고, 후자는 명예·출세를 얻기 위해서 하는 공부이다. 세상사에 서툰 나는 제 분수를 돌아보며 조용히 책상 앞을 지키는 것이 허물을 줄이는 가장 좋은 방법이겠다. 이는 공자가 후세를 경계한 '자획自劃(스스로 한계를 설정해 자포자기함)'이 아니라 '안분安分(분수에 만족함)'에 해당한다.

여명餘命이 또 길게 이어진다면, 다시 책을 많이 읽고 힘이 닿는 대로 쓸 작정이다. 무명의 학구에게 이런 기쁨 말고 무슨 즐거움이 따로 있을까 한다. 부질없는 신변 여담을 읽어주신 여러분에게 깊이 고개 숙여 감사드린다.

세효각 백씨 이야기

초판 1쇄 발행 2025년 11월 3일

지은이　　백승종
펴낸이　　문채원

펴낸곳　　도서출판 사우
출판　　　등록 2014-000017호
전화　　　02-2642-6420
팩스　　　0504-156-6085
전자우편　sawoopub@gmail.com

ISBN 979-11-94126-09-6 03990